成为绩优

走向一流的中国式现代企业成长方法论

周忠科　周永亮　著

Becoming a Top Scorer
Towards first-class Chinese style modernity Methodology of Enterprise Growth

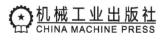

本书研究的重点是近十年乃至近三十年业绩较突出的中国企业，包括中央企业、地方国有企业和民营企业。绩优，不仅关注目标企业的总体营收、利润增长，更注重企业总体的价值创造能力，如科技创新能力、社会责任承担能力，以及品牌影响力等。本书认为，无论是国有企业还是民营企业，我国绩优企业的基础原动力主要源于以家国情怀、勇于创新为突出特征的中国式企业家精神。如何成为一家绩优企业？首先要有成为绩优企业的初心；其次要牢牢把握使命，让企业存在有价值，让愿景成为商业成功的出发点，让价值观成为企业成长的信仰基础，让远大的志向成为企业坚持不懈的内在动力。

本书适合企业管理研究者、企业管理人员及相关专业高校师生阅读。

图书在版编目（CIP）数据

成为绩优：走向一流的中国式现代企业成长方法论 / 周忠科，周永亮著 . —北京：机械工业出版社，2023.9（2024.1重印）

ISBN 978-7-111-73572-4

Ⅰ. ①成… Ⅱ. ①周… ②周… Ⅲ. ①企业管理—研究—中国 Ⅳ. ① F279.23

中国国家版本馆 CIP 数据核字（2023）第 137240 号

机械工业出版社（北京市百万庄大街22号　邮政编码100037）
策划编辑：朱鹤楼　　　　　　责任编辑：朱鹤楼
责任校对：张亚楠　张　薇　　责任印制：刘　媛
北京中科印刷有限公司印刷
2024年1月第1版第2次印刷
169mm×239mm・18.5 印张・1 插页・226 千字
标准书号：ISBN 978-7-111-73572-4
定价：88.00元

电话服务　　　　　　　　　　网络服务
客服电话：010-88361066　　　机　工　官　网：www.cmpbook.com
　　　　　010-88379833　　　机　工　官　博：weibo.com/cmp1952
　　　　　010-68326294　　　金　书　网：www.golden-book.com
封底无防伪标均为盗版　　　　机工教育服务网：www.cmpedu.com

PREFACE

前言

走向一流：中国绩优企业的必然目标

2017年10月，党的十九大报告提出要"培育具有全球竞争力的世界一流企业"。2022年10月，党的二十大报告明确提出要"加快建设世界一流企业"。2023年3月，国务院国资委印发《创建世界一流示范企业和专精特新示范企业名单》。

改革开放以来，我国经济之所以快速发展，一个非常关键的要素是一批绩优企业的成长和企业家集群的扩大。

所谓绩优企业，即为业绩优良企业。何谓业绩优良？是不是一段时间内超过两位数的增长就是业绩优良？本书所称绩优企业，指的是很长一段时间以来业绩持续优良的企业，这不仅体现在收入规模的扩大、利润的持续增长，更强调市场竞争力的增强与品牌口碑社会认可度的提升。

参照绩优中央企业（简称"央企"）的业绩评价标准，本书对研究范围进行了扩展，发现不少地方国有企业（如上汽集团、京东方、万华化学、华鲁恒升等）以及部分民营企业（如华为、海尔集团、晶澳能源、福耀玻璃、新希望、威达集团、方太集团等）也体现了与绩优中央企业同样的持续绩优特征。也就是说，在经济效益和盈利能力、市场竞争力及市场占有率、价值创造能力、行业引领能力等方面都表现出可持续发展性，持续增长超过20年，甚至有的超过30年，尤其是华为、海尔集团、新希望、福耀玻璃都成立于20世纪80年代中期，另外方太集团也过了28岁的生日。尽管这些企业不像某些企业或上市公司所展现出的短短几年市值超千亿元的"指数化"增长，但是连续20年以上的持续发展足以值得我们深入研究，因为它们创造的价值不仅限于短期亮眼的经济指标和庞大市值，更重要的是为中国经济的持续稳定发展提供了不可替代的力量，也为中国企业的成长模式提供了可供研究的对象。

当然，如果与世界一流企业的标准进行比照，我国不少绩优企业还有不小的差距，因此，迈向一流就成为绩优企业的必然目标，也是社会的呼唤，更是中国式现代化的重要基石。仅停留在业绩优良的企业，不一定具备国际竞争力，更难满足中国式现代化的需要。

走向一流，是不能凭空实现的。我们首先要看看绩优企业有没有走向一流的潜质？不可否认，目前业绩突出的国家电网、中国移动等具有一定程度的行业垄断性，但是，我们需要问的问题是，同样具有垄断性的其他央企为什么未能像它们那样能够做到持续绩优？如果连业绩都很难做到持续优良，走向一流就必然是无源之水。而招商局集团这样的企业则是纯粹的市场竞争类企业，可持续发展态势让我们对其充满期待。万华化学、华鲁恒升、北新建材、海康威视这样的地方国有企业或市场化中央企业子公司成长为行业巨头，它们展示出来的强劲市场竞争力是走向一流的关键动力。华为、海尔集团、福耀玻璃、新希望、方太集团等民营企业的可持续发展能力也同样展现了它们走向一流的决心和潜能。

根据我们的研究和观察，结合对"炮仗型"（其兴也勃焉，其亡也忽焉）失败企业的分析，上述持续绩优企业都具有走向一流的潜能，也深深体现了中国特色。本书力图向读者展示中国绩优企业的核心特征并期望寻找到持续绩优的原动力。而这些特征及原动力都必然成为"走向一流"的关键潜能。

CONTENTS

目录

前言　走向一流：中国绩优企业的必然目标　　　　　　　　　　III

上篇
创新超越，中国绩优企业的成长特征　　　　　　　　　　1

第一章　勇于创新，敢为人先的创造性思维　　　　　　　3

一、敢闯、敢试、敢担当，是一切创新的前提　　　　　　3

二、不唯书，不唯上，只唯实，实践才是硬道理　　　　　6

三、理论突破，展现中国智慧能量　　　　　　　　　　　9

四、制度创新，打造绩优企业成长的基石　　　　　　　　15

五、文化创新，构建绩优企业成长的精神动力　　　　　　20

第二章　以长期主义为原则的战略管理　　　　　　　　　25

一、善于战略思考，是绩优领导者的共同特征　　　　　　27

二、注重战略规划，是绩优企业的基本功　　　　　　　　31

三、强于战略执行，是绩优企业的成功关键　　　　　　　35

四、以辩证方式进行战略管理成为鲜明特色　　　　　　　37

五、战略定力，来自绩优企业的深层价值观　　42

　　六、领导者与核心团队的深度互动是战略成功的关键　　47

　　七、战略管理的长期绩效往往源于第一性原理　　49

第三章　保持组织活力的相变机制　　54

　　一、目标牵引，形成高效的组织一致性　　55

　　二、双元驱动，保持组织的持续活力　　59

　　三、三级金字塔，构建组织的反应敏捷性　　67

　　四、持续优化，推动组织的健康成长　　70

　　五、锻造队伍，修炼组织的内在能量　　74

　　六、相变原理，有机的组织驱动要素　　78

第四章　开放式创新与构建创新生态　　83

　　一、逆向式创新，绩优企业早期普遍选择的路线　　84

　　二、集成性创新，绩优企业务实学习的基本方式　　88

　　三、开放式创新，绩优企业走向自主创新的捷径　　90

　　四、自主型创新，绩优企业崛起的核心创新技能　　92

　　五、协同性创新，绩优企业的创新高阶选项　　95

　　六、平台化创新，数字化时代的创新路径新趋势　　98

　　七、引领性创新，是绩优企业成为标杆的新动能　　103

第五章　注重国家利益和商业利益的平衡　　108

　　一、国家战略利益是导向，市场竞争能力是硬核　　109

　　二、国家利益与市场能力：展现绩优国有企业的新力量　　113

　　三、义与利：体现绩优民企的使命与价值　　116

　　四、中国智慧："无执"面对国家利益和商业利益　　119

　　五、构建二元正力是绩优企业的必修课　　126

中篇
企业家精神，中国绩优企业的关键引擎　　131

第六章　核心推动：以企业家精神为内驱的领导力　　133
　　一、善用思想领导力　　134
　　二、用足搭班子功夫　　143
　　三、文化与制度"两手硬"　　149
　　四、注重内圣外王的修为　　152
　　五、奉行专业主义方法论　　155

第七章　将创新变现为价值：企业家精神的本质　　158
　　一、创新与套利：经济学家眼中的企业家精神　　159
　　二、价值与利他：管理学家眼中的企业家精神　　161
　　三、创造需求，推动创新成为价值的起点　　164
　　四、价值的建构与创造：企业家精神的归宿　　169
　　五、无限游戏：企业家精神的生命线　　175

第八章　企业家精神内核1：心力无边　　177
　　一、强大的信念是企业家精神的灵魂　　177
　　二、发自内心的喜爱才能到达巅峰　　179
　　三、创造力将信念和喜好变成了现实　　182
　　四、器量多大，事业就有多大　　184
　　五、任事担当，才可能成就大事　　186

第九章　企业家精神内核2：化繁为简　　190
　　一、简化，要害在于抓住本质问题　　191
　　二、追求简单，删繁就简真王道　　193

三、和结果无关的环节，尽量剔除 195

四、简单的工作不断重复，才能获得最佳效果 198

五、精细化，就是精致的简单 200

第十章 企业家精神内核3：人尽其用 205

一、用愿景聚人，靠分享留人 206

二、选人，需要"黄金搭档" 209

三、用人如器，人尽其才 211

四、奉行增值法则，让他人提升价值 211

下篇
绩优启示录：如何成为绩优企业 213

第十一章 初心最为关键 215

一、初心，即三观 215

二、使命，让企业存在有了价值 219

三、愿景，是商业成功的出发点 221

四、价值观，代表了企业的信仰，更意味着信任 223

五、立志，是绩优企业家能量的最大来源 226

第十二章 第一等事修炼 229

一、专注力有多强，专业化就有多硬 229

二、把专业化做到第一，成就冠军特性 232

三、对行业有超常认知，预测风口与趋势 234

四、冰峰下的底盘越坚固，冰峰上展现的力量越强劲 237

五、"单纯"的力量，是一种无敌的特质 238

第十三章　理解商业的本质　　240
一、对于盈利机会有高度的警觉性　　240
二、对于商道有足够的敬畏心　　243
三、对于财商有清透的体悟　　245
四、竞合是大道，商场非战场　　246
五、精于商业模式的建构与创新　　249

第十四章　经得住磨砺　　253
一、做企业，活下来才有话语权　　254
二、里子，比面子更重要　　256
三、伟大的背后都是苦难　　257
四、凡是重要的决定只能靠自己　　258
五、伟大挣扎中的领导力责任　　261

第十五章　掌握整合能力　　264
一、整合者，要有"局"思维　　264
二、整合力，一切资源为我所用　　268
三、整合术，从建构核心资源开始　　271
四、有定力，关于核心资源的非常识　　273
五、沉下心，整合资源的基础功夫　　275

结语　中国绩优企业的成功源于创造的实践　　278
第一个基因：如饥似渴地学习　　278
第二个基因：行于"天道酬勤"　　280
第三个基因：投身创造的使命　　281

参考文献　　283

上篇

创新超越，中国绩优企业的成长特征

2015年3月5日，习近平总书记在参加中华人民共和国第十二届全国人民代表大会第三次会议上海代表团审议时强调"创新是引领发展的第一动力。抓创新就是抓发展，谋创新就是谋未来"，并强调在激烈的国际竞争中，"惟改革者进，惟创新者强，惟改革创新者胜"。

创新是人类主观能动性的高级体现形式，是推动人类进步和社会发展的不竭动力，创新能力是人类特有的认识能力和实践能力。

中国绩优企业正是创新的产物。就国有企业而言，无论制度尝试还是技术突破，无论当初的承包责任制、成本核算制，还是治理结构、战略管理、技术研发、人才激励改革等，都是创新思维和创新实践的结晶；绩优民营企业更是"敢为天下先"的直接成果。华为创始人任正非的体会是"人们把创新看作冒险，不冒风险才是企业最大的风险。只有不断地创新，才能持续提高企业的核心竞争力，才能在技术日新月异、竞争日趋激烈的社会中生存下去。在这个领域没有喘气的机会，哪怕只是落后一点点，就意味着逐渐死亡"。

CHAPTER 1

第一章

勇于创新，敢为人先的创造性思维

只有创新，才能生存，才能成长。《易经》的"易"，就是"变"，"变"就是创新，强调"凡益之道，与时偕行"，就是要求时时把握时代的脉搏，反对凡事强调过往的教条主义。《大学》的"苟日新，日日新，又日新"，突出了天天保持创新状态的新人要求。

一、敢闯、敢试、敢担当，是一切创新的前提

敢闯、敢试，勇于承担责任，是中央企业领导者推动企业创新发展的基本特征。敢闯，就是企业领导者要善于发现问题和市场新需求、敢于提出新理念和新思路、敢于推进新体制及新机制、敢于在工作中打破常规、勇于超越前人和发达国家的标准制式，从而创造超常业绩；敢试，企业领导者要勇于承担责任，在拼搏中要有大无畏的精神，敢于做第一个"吃螃蟹"的人，当好"领头雁"和"排头兵"。熊彼特认为，企业家的"创造者破坏"是社会经济系统更新与变革的重要推动力。有人认为，国有企业领

导者不是企业家，更像职业经理人，因为他们有任期，由国资委或组织部门任命，而且任命过程有着明显的行政色彩。从熊彼特的定义看，是不是企业家并不是由任命方式决定的，而是由他是不是创新者决定的，即使是民营企业领导者，如果不能发挥创新作用，也不是企业家，最多是个老板。2017年，中央关于企业家精神的文件中反复提到"创新"这个词，体现了"创新"作为国有企业领导者能否成为真正企业家的核心要求。绩优企业的领导者往往在生产要素创新与管理创新方面都有着优异的表现。谭旭光，潍柴动力的掌舵者，被称为"铁血将军"。为了成为"第一"，他不惜与当时的母公司闹翻，不是甩手不干，而是要打破束缚自己发展的条条框框；为了追求"第一"，他想尽一切办法从全世界获取核心技术，重构卡车产业链。到2012年，潍柴动力已经成为一家年营收过千亿元的跨国企业。到2021年，他领导的中国重汽在相关领域的市场占有率达到20.5%，在国内重卡企业中，仅次于一汽集团，排在第二位。长期亏损、濒临破产的中国重汽经过艰苦奋斗，一跃成了行业领军企业。

中国电科旗下海康威视的成长，就是源于实现了技术、人才、资金等生产要素的"新组合"创新。该公司脱胎于中国电科52所第二研究室。1999年，几位核心技术骨干提出离开中国电科52所并将数码监控板卡市场化。52所负责人敏感地意识到，这是一个非常好的产业赛道。2001年，所里投入255万元并吸纳社会资本创办了混合所有制的海康威视，当年实现销售额3000万元；之后，营业收入和年利润复合增长率连续超过40%。截至2022年1月28日，海康威视的市值高达4430亿元，成为全球的行业龙头企业。这是典型的"经营创新+治理创新+激励创新+技术创新"的复合创新结果。其中，人才激励创新是鼓励团队创新发展的原动力。在集团领导的支持下，海康威视于2012年开始实施股权激励计划，截至2019年

9月，公司先后实施了四期限制性股权激励计划，同时实施了核心员工跟投创新业务机制，核心成员成为公司创新业务共担风险、共享收益的事业合伙人。

作为民营企业的领导者，任正非的危机意识极强，并将危机意识不断传导到公司上上下下，把"创新"视为华为生存和发展的基本法则。在创业之初，任正非押上华为的全部家当开发自己的交换机，20世纪90年代部署3G业务，同时开始提前研发4G、5G技术，体现了"不创新，无华为"的激情。

比亚迪创始人王传福对"勇于创新"同样有着强烈而持久的体会。他说："比亚迪所取得的一切，都离不开技术和创新。比亚迪的理念是'技术为王，创新为本'。"

比亚迪的销售额从1995年创立时的2000万元到2022年的4240.61亿元，稳居新能源汽车冠军位置，至此已经连续10年排名第一，同时也成为全球第三大汽车企业。这种跨越所依托的就是创新。从毫无电池技术积累到全球锂电池龙头，从简单生产线起步到全球手机IT电子重要代工厂，从生产电池到生产新能源汽车，一件又一件奇迹般的事情都在创新中发生。

王传福说："当时锂电池是很高门槛的技术，第一个发明和制造的都是日本人，一条生产线日本企业要价一两亿美元。1亿美元对我们来说想都不用想。但是我们又想做，结果只能是自主创新，只能自己摸索走自己的路。"比亚迪先是用劳动密集型方式化解技术壁垒，将生产线流程拆解成一个个可以人工完成的工序，实现所谓的"饭碗创新"，结果花了100多万元建成了一条日产4000只镍镉电池的生产线，被人戏称为"劳动密集型的高科技公司"。短短4年后，比亚迪的镍镉电池销售量就位列全球第四。这让比亚迪尝到了创新的甜头，点燃了比亚迪自主创新的星星之火，开始了"饭菜创新"和"烹饪创新"之路。2000年，比亚迪准备进入锂电池领域，王传福带了200万元去日本购买设备。日方直接开出500万美元的天价。谈到生产线，日方更是漫天开价1亿美元，而且直言相告："你们中国人是不可能做出锂电池的。"王传福既没有买到设备，也没有买到生产线。回国后，他先用镍电池生产线"拼凑"出一条锂电池生产线，然后用土方法配套了生产设备，并大胆进行工艺创新。结果，一条日产10万只锂电池的生产线，设备投资仅5000万元，用工2000人；而日系全自动生产线，需要工人200名，设备投资1亿美元。分摊到每块电池的成本费用，比亚迪是1元，日系厂商的在5~6元。到2001年，比亚迪锂电池市场份额已经迅速上升到世界第四位。到2021年，比亚迪已经成为国内唯一同时掌握整车和电池、电机、电控以及充电设施等核心技术的企业，尤其是其全球闻名的刀片电池以高安全、长寿命和长续航等优势，获得行业高度认可。

勇于创新，首先突出的是"勇"，是绩优企业领导者的基因，也是中国传统文化"仁、智、勇"三达德的核心要素之一。新常态下，勇于创新更成为企业发展乃至经济社会发展的"新引擎"。

二、不唯书，不唯上，只唯实，实践才是硬道理

中国的改革开放，是从大胆地试、大胆地闯，不唯书、不唯上、只唯实，敢为天下先的企业家实践创新开始的，其中既有一大批优秀的国有企业领导者，如招商银行的马蔚华、中国建材的宋志平、潍柴动力的谭旭光等，也有层出不穷的民营企业家，如海尔的张瑞敏、华为的任正非、吉利的李书福等。

第一章 勇于创新，敢为人先的创造性思维

从传统的计划经济体制到前无古人的社会主义市场经济体制，再到使市场在资源配置中发挥决定性作用和更好地发挥政府作用，都是企业家在没有现成结论和可借鉴经验的情况下，遵循"摸着石头过河"的方法论，以"实践是检验真理的唯一标准"为指导原则，进行无畏探索、大胆创新所呈现的新局面。

不少人认为，改革开放40年来中国企业取得的成就是因为享受了时代的红利，如大规模的市场、高性价比的劳动力等。其实，这只是答案的一部分，而且是答案中的客观条件要素，忽视了成功的真正关键要素：创造的基因所生成的主观能动性。

辩证唯物主义强调的是，客观条件只有通过主观能动性才能发挥作用。红利是时代的客观要素，每个时代都有特定的红利，绩优企业是真正使用红利的创造者。绩优企业领导者有一个共同的性格特征，信奉"实践出真知"，既不喜欢空泛的理论，也不蛮干，他们善于思考，强调结果导向，具有"敢为天下先"的创新思维，更有"没有条件，创造条件也要上"的不服输的技术创新胆识。

德国社会学家马克斯·韦伯（Max Weber）在《新教伦理与资本主义精神》一书中认为：新教精神及其形成的伦理是西方资本主义创新机制的根源，东方的儒家伦理可能是东方不能诞生资本主义式创新企业的精神根源，而且对现代社会的创新会产生阻碍。这一观点的提出似乎解释了西方资本主义工业化创新的崛起以及东方为什么不能诞生现代工业创新体系。这是典型的事后诸葛亮的总结式分析。英国历史学家马克·扎卡里·泰勒（Mark Zachary Taylor）在其著作《为什么有的国家创新力强？》中谈及20世纪70年代英国历史学家卡德韦尔阐述的一个定律：从数千年的历史看，一个国家的创造力只能维持短暂的时期。幸运的是，总有国家接过创新的

火炬。这位作者引申的结论是，创新更重要的推动力是"国家不安全感"。他发现，创新可以发生在任何一种体制下，只要这种体制活力充沛，有一种生存危机意识，即所谓的"不安全感"，当年文明高度发达、体制看似最为先进的罗马帝国，就是被危机意识极强的匈奴王阿提拉带着看似极为落后的野蛮人血洗蹂躏。而中华民族以儒家文化为主体的意识体系中，"居安思危""苦难兴邦"恰恰是其底层逻辑。中华民族之所以能够繁衍数千年，中华文明之所以没有出现断裂，与这种根深蒂固的危机意识密切相关。20世纪70年代末的改革开放全面释放了民族的这种危机意识，刺激了企业家群体"只争朝夕"的创新意识。

李书福"要造中国老百姓开得起的车"。吉利起步时的车售价只有3万元，在迅速跻身汽车销量前十位的同时，吉利车也成为"廉价""低端"的代名词。因为过于模仿其他汽车，吉利没少吃官司，李书福发誓一定要做高端品牌，从而萌生了收购高端汽车品牌的念头。2002年，拿到汽车生产许可证不久的李书福在公司内部会议上宣布"我们要收购沃尔沃"，员工们都以为老板在开玩笑。2008年，李书福正式向沃尔沃母公司福特公司提出收购要约时，员工们才觉得老板是认真的，而产业界和社会大众则一片震惊，连德高望重的企业家朋友都劝他"别胡来"。2010年3月28日，吉利与福特在瑞典哥德堡正式签约，吉利以18亿美元拿下沃尔沃汽车，成为中国历史上第一家拥有豪车品牌的汽车企业。2021年10月29日，沃尔沃汽车在瑞典斯德哥尔摩上市，市值一度超过220亿美元，成为瑞典20年来国内规模最大的一次上市。更为重要的是，吉利从沃尔沃获得了中国汽车企业最渴望的技术。并购11年来，吉利在全球建立了五大工程研发中心和五大设计中心，累计研发投入超过1000亿元，在很多技术领域跻身世界主流制造商水平。

三、理论突破，展现中国智慧能量

没有理论创新，就没有改革开放，更不会有持续的实践创新。中国改革开放的鲜明特点和成功经验就是改革实践与理论相互推动、相得益彰，形成了理论创新与实践创新相互促进的良性互动。

以"唯实"为基点的实践创新，是中国绩优企业领导者的普遍特征。如果没有理论的创新与跨越，很多企业就可能遭遇成长的瓶颈，甚至误入歧途。所以，绩优企业领导者无不是企业经营管理理论创新的追求者，如海尔的张瑞敏、华为的任正非、方太的茅忠群，以及历任两家世界500强中央企业董事长的宋志平等。

改革开放之初的中国企业经营管理理论主要以引进日本、美国乃至德国的相关理论为主，中国企业家基本上以如饥似渴的态度学习来自发达国家及地区的相关理论并积极实践，在取得成绩的同时，众多企业家也感受到了一种痛苦与困惑：发达国家和地区的企业经营管理理论，无论来自"现代管理之父"的彼得·德鲁克，还是来自经营过三家世界500强企业的日本知名企业家稻盛和夫，往往都很难直接用于企业的经营和管理，只有与中国的经营环境相融合、与中国人的人性特点与文化特质相符合，才能激活中国员工的主观能动性、推动中国企业的可持续成长。因此，绩优企业领导者在积极实践的同时不断探索中国特色企业经营管理理论的创新，其中最具代表性的就是张瑞敏提出的"人单合一"理论及实践模式，这被哈佛大学教授迈克尔·哈默（Michael Hammer）称为"最纯粹的市场经济模式"，被"量子管理"奠基人丹娜·左哈尔（Danah Zohar）视为"量子管理的标杆"。

2005年，张瑞敏首次提出"人单合一"理论，目标是调动一线人员的积极性以及及时响应客户需求。在他看来，要想让一线人员及时响应顾客需求，首先要让直接面对客户的一线人员认为这是他们分内的事情，而不是领导或他人要求做的事情。而要想达到这一目的，就要使一线员工的价值最大化，给人以尊严。

按照字面解释，"人单合一"的"人"，是指员工，重点是一线员工；"单"，字义指"订单"，内涵为"用户价值"；"合一"是指员工的价值实现与所创造的用户价值合一。"人单合一"的基本含义是，每位员工都应直接面对用户，创造用户价值，并在为用户创造价值的过程中实现自己的价值分享。员工不是从属于岗位的，而是因客户而存在，有"单"才有"人"。"人单合一"最初的想法就是根据市场贡献领取工资，而不是由上级为员工定工资。2000年9月6日《海尔人》报发表了一篇小文《今天谁给你发工资》，提出了"市场工资"的概念，打破了以前按职能发工资的理念，每个人的工资兑现由其下一道工序完成，最后一道工序则根据外部决定，因此每道工序之间都成了订单交接，形成买卖关系，如果后一道工序干不好或不能实现价值，前一道工序会提出索赔。因此，每个人不再对上级负责，而是对市场（订单）负责、对顾客（价值实现）负责。

随着海尔的实践探索，"人"的含义有了进一步的延伸。在张瑞敏的认知中，"人"应该是开放的，不一定局限于企业内部，任何人都可以凭借有竞争力的预案竞争上岗；其次，员工不再是被动的执行者，而是拥有"三权"（现场决策权、用人权和分配权）的创业者和动态合伙人。"单"的含义也进一步延伸，首先，"单"是抢来的，而不是上级分配的；其次，"单"是引领的，而且是动态优化的，而不是狭义的订单，更不是封闭固化的。人单合一是动态优化的，其特征可以概括为两句话："竞争上岗、按单聚散""高单聚高人，高人领高酬"。人单合一的"合一"就是形成"人—

单—酬"闭环,每个人的酬来自用户评价、用户付薪,而不是上级评价、企业付薪。传统的企业付薪是事后评价考核的结果,用户付薪是事先算赢、对赌分享的超利。这一理论的本质是"我的用户我创造,我的增值我分享"。

进入移动互联网时代,张瑞敏的"人单合一"理论进化为"链群合约",他说:"在工业时代,物的增值与人的贬值成正比,而新生态的'链群合约'是人的价值最大化,就是体现人的尊严。"在张瑞敏的理论体系中,"链群合约"应该是一个具有"三自"和"三新"特点的生态系统。"三自"是指自主人、自组织、自循环,"三新"是指新模式、新生态、新范式。而这个生态系统,永远不是静止的,而是无限循环的。张瑞敏说,在工业时代,人被假设为"经济人",人是机器的一个齿轮,可以随时被替代,而"人单合一"最重要的就是将"自然人"变成"自主人",人人都成为创业者;"链群合约"体现了"所有参与人的最优策略组成"。在链群里,产品成为爆款后,员工也可以分享增值部分的收益。用张瑞敏的话说就是:"链群与用户无穷交互,不断创造用户最佳体验,这个体验迭代的游戏没有终结。在物联网时代,单个产品可能不值钱了,但场景值钱;单一行业不要想成为'老大',所有行业都会融合起来,所以,产品会被场景替代,行业将被生态'复'盖。"这个"复"表达了"往复"的意思,意即不断变化、循环往复。

张瑞敏的"人单合一"理论可谓企业经营管理的中国答案之一。

另一位在理论上不断创新的企业家是任正非,他的"知本主义"具有独创性特征。

如果说张瑞敏的"人单合一"力图解决一线人员的工作动力和价值体现问题,那么,任正非"知本主义"理论的目的就是要解决中国高科技企业高级知识分子集群的工作动力以及高科技企业的可持续性问题。

1995年2月，任正非说："我国多年来一直坚持以工人阶级为领导，以工农联盟为基础，因为工人、农民是生产力。邓小平同志提出了'科学技术是第一生产力'这一重要论断，那么，知识分子可不可以作为主要的领导阶级呢？至少在我们企业是可行的。在我们企业里，知识分子几乎占领了所有的领导岗位。"当时，华为内部出现了"按劳分配"和"按资分配"的争论。如果不能解决相关的理论问题，势必会在公司内部积累更多的矛盾，长此以往会打击核心人才的积极性，进而导致人才流失以及企业失去竞争力。经过与专家们的研讨，任正非提炼出了一种理论，即"知本主义"。在他看来，资本主义国家中的资本具有决定性力量，掌握了资本就可以创造财富。华为是人才密集型、知识密集型、资金密集型的高科技企业，知识在华为是非常重要的，华为的股份制和按劳分配机制等隐含了对知识价值的重视和实现。

"知本主义"的提出不仅是任正非立足于高科技企业的实际状况对知识价值的发现，而且是对知识经济时代到来的一种思想反映，关键特征是把知识作为核心要素参与到企业经营与分配中，使"知本家"也可以像"资本家"一样通过付出自己的知识获取财富，甚至获得企业的部分所有权。如何将"知识"转化为"资本"？任正非的答案是，员工出知识，企业给员工相应的工资，同时根据员工的贡献，给员工出资权，即内部职工股。通过这种产权，员工和企业形成"命运共同体"，员工可以把自己的知识不断地贡献给企业。反过来，"资本"也可以转化为"知识"，公司投入巨资培养人才和进行研发，把优秀的员工培养成人才，这些人才再在企业内循环，二者之间互相转化形成良性机制，推动企业核心能力不断增强的同时实现健康可持续发展。

以此理论为基础，华为在"按知分配"方面逐渐探索出了一套制度体系：建立具有较强市场竞争力的薪酬体系，确保奉献者得到合理的回报；实行员工持股制度，打造利益共同体；强调集体奋斗，反对个人主义的单打独斗，提倡知识群体，反对知识领域的个人英雄主义。今天，以"知本主义"为基础的科创企业利益机制成为全社会的共识，但这离不开20世纪90年代初就开始理论探索的"任正非"们。

如果说张瑞敏、任正非等企业家的理论创新聚焦于企业员工动力机制，茅忠群关注的是中国传统文化能否成为企业发展的推动力、来自西方发达国家和地区的经营管理理论怎样才能更好地为中国企业所用。他经过近20年的探索，提出了"中西合璧"的理论体系。

1996年方太成立以来，前10年是"狂热"学习西方管理的典范，从战略管理、产品设计、产品管理、绩效管理、品质管理、制度管理到流程管理，尤其是茅忠群在中欧国际商学院攻读EMBA以后，在方太建立了比较完善的制度体系，并取得了不错的成绩。尽管方太获得了在外人看来不错的成绩，但茅忠群似乎对此并不满意。他认为，如果方太的成绩靠的是严格的制度和西方化的绩效管理，很难让员工心服口服，甚至会引发各种各样的冲突，其中最难以调解的是受过良好西方管理教育的管理人员与本地员工在行为管理上的冲突。正是在这样的状态下，他开始系统地学习国学课程。通过学习，他意识到，世界上任何优秀企业的管理都要根植于本土文化，美国企业的管理之花很灿烂，显然深深扎根于美国文化的土壤，其他国家和地区的企业都在学习，但却没有一个国家和地区的企业完全采用美国式经营管理之法，日本、韩国、新加坡的企业没有，欧洲大陆的企业也没能与美国企业更像，而是具有强烈的"欧罗巴"色彩。作为中国传统文化代表的儒家文化不知不觉影响着中国人的行为。在他看来，即使经历诸多实践证明的管理方法和制度，也需要精神支持，而且这种精神是不能移植的，必须根植于本土，根植于员工的内心。

不少人，尤其是具有丰富跨国公司服务经验的管理层，对于传统文化有着深深的疑虑，甚至怀疑这是不是用来否定西方管理方法的。茅忠群的回答是：引入传统文化，就是把中国管理哲学与西方管理科学相互结合、相互打通，寻找中西管理在科学思想、实践方法上的共性特征与普遍规律，实现真正的"合璧"。他说："东方管理和西方管理只是一个方便的说法，无法截然分开，二者有很多相通的地方，而且在实际的管理过程中更不能教条地理解。不是谁取代谁的问题，而是如何融合的问题。"这就是茅忠群正式列为方太文化核心的"中西合璧"思想，并将"合璧"的理论体系总结为16个字："中学明道、西学优术、中西合璧、以道御术"。

茅忠群认为，中国的企业家一定要从中国优秀的文化基因中汲取养分，领悟企业的经营哲学，应有中国传统的士大夫情怀，即所谓"道"，为政以德，注重人格领导，以此构建企业的核心价值观；"西学"更多地体现为管理技术、工具、方法、制度和规范。他的体会是，方太的管理制度是从西方发达国家和地区学习来的，需要传统文化的精神支撑。他认为，企业就像一棵树，不断施肥灌溉，也能够有一阵子的疯狂生长，但是，如果它所在的土壤不肥沃，如果它的根扎得不够深，大树迟早会倒下，而且长得越快，倒下去的速度会越快。方太这棵树，需要更加厚实的文化土壤，这片土壤只能是中国优秀的传统文化，其中最核心的是儒家文化。只有在深厚的文化土壤中，方太才能成长为屹立不倒的参天大树。

当然，中国绩优企业领导者的理论创新贡献不止这些，但是从此可以看到，他们不仅义无反顾地进行探索实践，也深知实践创新与理论创新是相得益彰的。

四、制度创新，打造绩优企业成长的基石

中国的企业制度创新主要围绕以下6个方面展开：建立出资人制度、构建法人财产权制度、强化所有者权益制度、完善法人治理结构、探索激励约束系统和优化企业的配套制度。企业制度创新是一个多层次体系，主体不仅包括企业及利益相关者，也包括政府及相关主管部门。

截至2021年，成立于1995年的国家开发投资集团有限公司（以下简称国投）连续18年被国资委绩效考核评级评为A级，是典型的绩优中央企业。作为一家国有的投资控股公司，国内外没有现成的制度体系与发展模式可供借鉴，尽管成立之后与新加坡淡马锡、美国GE等发达国家和地区的国家控股投资机构、大型投资控股集团进行了深入交流和学习，但由于其特殊性质，其他的类似企业只能作为参考，国投必须从国情和企业实际出发，逐步创立适应市场经济、具有中国特色的投资控股公司的运作体系。特别是2014年7月被国资委确定为首批国有资本投资公司改革试点以来，国投形成了"四试一加强"（试方向、试机制、试管理、试监督、加强党建）的改革思路，并将制度创新视为整体改革创新的基础与保障。

按照"一企一策、试点先行"的原则，国投启动了以"分类授权"为抓手的"试机制"改革，推动子公司成为独立的市场主体。国投是投资控股公司，业务板块相对多元，二级子公司不仅有高科技、工程设计和承包等实业领域，还包括能源、交通与金融，相当于一个"小国资委"，但又是一个企业，而不是像国资委一样带有行政管理和资产管理双重职能的行政管理机构。各业务板块发展阶段不同、市场化程度不同、管理要素不同，无法用统一的制度体系进行管理，如果管控不好，就会成为一片散沙。这种情况对制度设计的挑战非常之大。国投的制度体系有一个出发点，那就

是使得各业务板块充满活力且有良好的业绩，同时还要风险可控，形成整体效应。为此，公司结合各板块特点，按照"一企一策"的原则进行制度设计，将子公司划分为充分授权、部分授权、优化管理三类，分别授权，依法落实子公司的市场经营主体地位。

A类公司经营业绩优良，外部监管到位，内部管理比较规范，逐步推行充分授权，并根据国家相关法规，应该管的绝不缺位，不该管的依法放权。国投相继选择A类公司中的国投电力、国投高新进行充分授权改革试点，将产业经营职能下沉，能放的、该放的逐步下放到子公司。国投将选人用人权、自主经营权、薪酬分配权等由总部决策的70多个事项，分别授权国投电力董事会、国投高新董事会；将延伸到三级以下控股投资企业的管理事项，原则上交由国投电力、国投高新依法依规决策，推动决策责任归位和管理责任到位。

B类公司经营业绩一般，内部管理基本到位，国投给予部分授权，推动其建立独立市场主体地位，提升内部管理水平。这一类子公司包括国投矿业、国投交通、国投资本、国投财务、国投资产、电子工程院、中投咨询、国投贸易、中成集团等九家企业，按照"一企一策"原则实施分类授权改革。

C类公司存在一些管理的弱项，需要进行优化管理，国投则管控得更多一些，授权也更少，直接协助这类企业明确战略定位，调整结构，细化管理，并采用授权清单的形式，在人力资源、战略规划、投资决策、资本运作、产权管理、全面预算、投资分红、融资管理等方面进行授权。

在此基础上，国投建立专职的股权董事制度，进一步做实子公司董事会，强化子公司董事会的决策能力。为此，国投出台了《子公司董事管理暂行办法》《董事库建设方案》《股权董事工作指引》等制度文件，加强董事管理，明确股权董事职责，培育打造一支符合改革发展需要、专业化的子公司董事队伍。总部通过选派子公司的董事长、党委书记、纪委书记和专职股权董事，履行出资人及党委管理职责。

以"管资本"为出发点的"试管理"重心则是塑造总部职能，以"小总部、大产业"为改革目标，将产业经营职能下沉至子公司，实行专业化经营，缩短管理链条，提高管理有效性。其主要目标是对总部职能进行全面的梳理，建立责权利清单，下放部分职能，整合交叉职能，强化核心职能，推动服务类职能共享，加强总部的战略管控能力，提高总部运行和管理效率，重点管好国有资本的投向、运作、回报和安全。

以"大监督体系"为主要特征的"试监督"是国投重点打造的制度体系之一。从某种程度上讲，监督体系是否有效、合理，直接决定着上述制度运行的有效性。国投为此确定了"集中资源、提高效率、职能明确、责任落实、全面监督、统一归口"的原则，建立审计职能集中制度，实施审计、纪检、监察、巡视、后评价、监事会等协同监督，运用互联网构建过程监督平台，强调闭环追究责任，同步建立容错纠错机制，鼓励创新。以此为基础，国投建构了"基础制度、专门制度、操作规范"的三层级大监督制度，为公司监督体系的集中统一、全面覆盖、规范高效运行打下了基础。

以"强根"和"铸魂"为党建工作目标的"一加强"成为国投制度创新的重要保证。国投以实施"卓越党建管理"为抓手，落实管党治党责任，全面提升党建质量，通过项目化管理方法，细化党建工作，创建了150多个各具特色的党建活动项目，将党建工作与绩效考核挂钩，从而将党建工作落到实处并成为制度创新的关键推动力。

国投的制度创新不仅为其他方面的创新提供了制度性基础，还直接激发了产业经营单元的活力，总体效益连年增强，总体管理效率不断提高，国投利润从2002年的8亿元提升到2018年的193亿元，年均增长22%，2021年利润进一步突破历史新高，实现利润总额461亿元，同比增长108%。

如果说，"试"是国投制度创新的重要特征，那么另一家实体经济领域的中央企业——中国建材集团的制度创新则是以"混"为突出特点。与国投相比，中国建材集团的底子比较薄，资金也比较少，而且身处充分竞争的领域，所以，这家"草根中央企业"以"混合所有制"改革为制度创新的突破口，坚持市场化改革，进而逐步成长为全球建材制造业领军企业。自从2010年进入世界500强行列后，到2022年8月，中国建材集团连续12年入选世界500强，位列196位，稳坐全球建材行业榜首位，曾经的榜首法国圣戈班集团位列266位。

中国建材集团以"混合所有制改革"为核心的制度创新既是内外压力倒逼的结果，也是企业遵循市场经济规律和企业发展逻辑的主动选择。公司身处充分竞争行业，水泥、玻璃等行业产能严重过剩，中低端布局分散、恶性竞争严重，高端为极少数几家外资500强企业牢牢把持。中国建材集团要想在这样的市场环境下发展壮大，构建一个适应市场、反应敏捷、动力十足的机制势在必行。

第一，中国建材集团确定了"中央企业市营"的基本模式，探索建立适应市场经济的体制机制，努力实现与多种所有制企业共生共赢。"中央企业"是所有者属性，包括四个要素：坚持企业中党组织的政治核心作用；带头执行党和国家的方针政策；主动承担政治责任和社会责任；创造良好的经济效益，为国有资本保值增值，为全民积累财富。"市营"是市场化属性，包括五个核心：股权多元化、规范的公司制度与法人治理结构、职业经理人制度、公司内部机制市场化、依照市场规则开展企业运营。

第二，中国建材集团以"三七原则"设计股权结构。经过反复的研讨和调研，中国建材集团采取"正三七"和"倒三七"的多元化股权结构。"正三七"是中国建材集团持有上市公司30%以上的股份，作为第一大股东进行相对控股。时任集团董事长的宋志平提出，发展混合所有制要"混得适度"，就是在"相对控股""第一大股东""三分之一多数"等基本前提下，探索多元化股权结构，重点是要引入积极股东。改革中既不能"一股独大"，让所有者缺位，也要防止股权过于分散，否则就会"三个和尚没水吃"，股东无法统一意见或不会真正关心公司发展，使得公司权力被内部人控制。"倒三七"，指的是中国建材集团的上市公司采取"倒三七"的股权结构，即约70%的股份由上市公司持有，给其他投资者或民营企业创业者保留约30%的股份。

第三，中国建材集团以"对标优化"为原则健全法人治理结构，完善内部经营管理机制。"混合所有制"解决了利益相关者的利益结构，而健全的法人治理结构是确保利益结构实现的制度基础。在根据监管法规及国资委要求完成《股权董事管理办法》等一系列制度体系的基础上，中国建材集团不断创新管理方法、管理措施和管理工具，坚持"格子化"管控，将所属企业的职能分工、经营模式和发展方向固定在相应的格子里，不能随便"出格"。与此同时，中国建材集团积极探索适应混合所有制体制的职业经理人制度和市场化劳动用工制度，逐步打造了一支优秀的职业经理人队伍，有效地解决了关键人才短缺问题，激发了人才活力。对于关键岗位的职业经理人，公司一方面利用中央企业的社会地位、品牌形象和发展平台等综合优势，吸引优秀的职业经理人干事创业；另一方面也对这些人确定了比市场水平低、比国有企业现状略高、具有一定竞争力的"半市场化"

薪酬激励标准。对于所属科创型企业，公司根据《国有科技型企业股权和分红权激励暂行办法》等文件实施岗位分红制度。对于条件成熟的子公司，公司则按照《员工持股试点意见》《关于国有控股混合所有制企业开展员工持股试点的意见》尝试员工持股制度，并提炼出员工持股的四个关键点：主要在人力资本为主的企业开展；以骨干持股为主，设立回购和退出通道，保持持股者永远是骨干；以持股平台方式进入；与创业股不同，员工持股强调人力资本，创业股强调原始投入。

制度创新为中国建材集团带来了巨大的活力，不仅连续11年进入世界500强行列，而且从经营指标看，营业收入、利润总额年复合增长率都超过40%。当年国内一盘散沙而由外资500强控盘的水泥、商混、石膏板、玻璃纤维等领域，如今中国建材集团在相关领域的产能稳居世界第一，发明专利1000多项。

五、文化创新，构建绩优企业成长的精神动力

实践表明，文化创新为改革开放提供了强大的精神支柱，企业文化的创新自然也成为中国绩优企业创新发展的重要内驱力。

企业文化研究起源于美国经济衰落、日本经济异军突起的20世纪80年代，当时美国、日本的几本管理类著作提出了一个共同话题：特有的企业文化是日本企业赶超美国企业的深层原因。自此，国际学术界掀起了企业文化的研究热潮，并几乎同时传入中国，到90年代，我国逐渐形成了势头凶猛的企业文化建设与研究浪潮。

企业文化通常被认为是企业对未来追求的认知和内部形成的价值观和信念以及由此形成的行为规范。绩优企业的一个共同特点，是都拥有清晰、

鲜明的使命愿景追求而形成共识的企业文化体系，这样的氛围也确保了绩优企业推行变革及实施制度化管理的心理基础。

在绩优中央企业中，有一家"百年老店"——招商局集团。在150多年的发展历程中，招商局集团始终秉持"与祖国共命运、同时代共发展"的核心价值观和"以商业成功推动时代进步"的企业使命。

在成立之初，招商局集团承载着振兴中国船运业、重新掌控漕运运输的重要历史使命，在清政府和民国时期不断兴"变通之法"，围绕轮船航运主业，在成立的第一个50年创造了中国近代商业史上的16个第一。作为改革开放的先锋队和排头兵，招商局集团推进文化创新，倡导新理念，大胆改革，成就了新时代的标杆。可以说，没有文化创新，就没有招商局集团的快速成长。

招商局集团文化的核心是崇商文化，既敬畏商业、诚信经营、遵守商业规则，又善于利用市场资源助力自身发展。李鸿章在筹备招商局时向清政府明确表示"所有盈亏，全归商认，与官无涉"，成立之初的章程也明确规定了"所有官场习气，概行除却"。因此，尽管当时的招商局是"官督商办"的企业，崇商文化却根深蒂固，凡事重规则，讲究用市场化规则解决问题，逐渐形成了"平、实、容、合、诚"的行为文化。

新中国成立后，招商局成为新的国有企业，同时也是国有企业中"辈分比较老"的企业，尤其是在改革开放以及十八大以来，国有企业有了新的要求、新的定位、新的使命。招商局作为中央企业中的重要一员，既需要有新时代国有企业的责任担当，又要保持传统优秀品质的升级迭代。因此，文化创新必然成为招商局集团一切创新的基础，并进而形成了新的招商局集团文化特质，其中包括了两个鲜明的内涵。

第一，"国有"特性。首先体现出来的就是理想信念，招商局领导者显示了一种特有的敬畏感和使命感：尊重招商局集团的百年历史，肩负招商局集团在新时期的发展使命。这种敬畏感和使命感使得领导者必须从大局观、历史观、未来观思考招商局集团的发展，特别是带领招商局集团抓住时代机遇、再创辉煌的理想信念，是招商局集团领导者普遍具备的历史责任感。其次体现出来的就是责任担当与奉献精神。在招商局集团的领导者看来，做多大事业就要承担多大的责任，责任担当是理想信念的有力支撑。在实现理想信念的路途中，国有企业家会遇到很多重大困难与难题。如果没有责任担当的勇气和魄力，如果没有为目标坚持不懈、永不放弃的精神，就很容易放弃，也难以将不可能变为可能。而且，如果没有奉献意识，国有企业的很多事情也办不好，也坚持不下去。当然，国有企业家还有一个特殊的优势，就是要学会充分调动和利用多方资源的能力，国有企业本身就是一个大平台，可以获得国家资源的支持。正是有了国家力量的支持，招商局集团的全球港口布局才越走越快。

第二，"企业家精神"。自从诞生那天起，招商局就与国外对手进行竞争，因此，集团领导层始终强调要展现出全球眼光、战略思维、创新精神和海洋胸怀，并将这四个特质视为招商局集团内部提倡的"企业家精神"。招商局集团领导班子确定了公司以世界一流企业为目标之后，坚持以国际竞争参与者的标准严格要求自己，特别强调战略思维和要有"敢为天下先"的胆识以及"需要具备与利益相关者多赢和共赢"的海洋胸怀。

招商局集团的文化特质，强调了新时代国有企业家在"国"的层面上区别于民营企业家，应具备更强的理想信念、更有力的责任担当以及更强的奉献意识，充分运用国有企业的资源优势为国家谋福利；在"企"的层面上坚守了自己的传统基因，领导者及管理人员要区别于政府官员，应具备将企业做强做优做大的"企业家精神"，具备使用商业手段推动社会进步的能力与思维。国有企业家精神将"国"和"企"的要求融合起来,做到"顶天立地",上能响应国家战略要求,承担国家的政治责任和社会责任;下能满足市场需求,在激烈的国内外市场竞争中做强做优做大企业。

招商局集团历届领导者都比较好地处理了文化基因传承与创新跨越的关系,不仅适应了时代的发展趋势,而且在新的时代里创造了新的奇迹,既体现了国有企业的独特优势,又使人感受到了百年商企的深厚底蕴。

在绩优民营企业集群中,方太董事长茅忠群是一个对企业文化创新情有独钟且为之花费大量心血的企业家。他认为,民营企业不能仅仅为了赚钱,不能眼睛只盯着自己的"一亩三分地",要向古代的"君子"标准学习,要成为现代的"士大夫",要有家国情怀。基于此,茅忠群于2015年年初提出了方太的新愿景——"成为一家伟大的企业"。

在茅忠群看来,伟大的企业不仅是一个经济组织,要满足并创造顾客需求,而且是一个社会组织,要积极承担社会责任,不断导人向善,促进人类社会的真善美。因此,他于2018年年初正式把方太的使命升级为"为了亿万家庭的幸福"。

很多人初次看到方太的使命、愿景时,可能会在心里存疑:"方太追求这么高的使命和愿景,能实现吗?如何实现?"茅忠群说:"美善创新和中华优秀文化是我们实现企业使命的底气。""亿万家庭的幸福"是一个巨大而长期的工程,需要系统的支撑和不懈地践行。在他看来,文化永远都不能外化于经营,"文化是做业务的发心、方式和奋斗精神,业务是文化的呈现与结果",因此进一步提出了"文化即业务"的要求,强调在所有员工的行为中达到"知行合一"。

无论是绩优国有企业的领导者,还是绩优民营企业的领路人,无一不把文化传承与创新作为前行的基本功,在深厚的历史中挖掘精神支撑点的同时，根据时代的需要进行文化创新，找到新时代的精神依托，从而为推动企业的创新提供丰厚的精神营养与强劲的内驱力。

绩优企业的成长史，是一部不断突破的创新发展史，既有生产力领域的技术创新，更有生产关系领域的社会创新，包括制度创新、文化创新等。这一系列创新的关键在于思维的创新，一种敢于挑战既定权威的创造性思维，思维创新不仅决定了改革开放40多年的社会经济技术发展，也将决定未来中国社会经济以及相关企业的活力。

CHAPTER 2

第二章

以长期主义为原则的战略管理

绩优企业都有一个鲜明的特点，就是比较注重战略管理。宋志平说："战略是关乎企业生死存亡的大事。"任正非对战略情有独钟："为什么我们总是落后？就是因为我们没有仰望星空，没有全球视野。你看不到世界是什么样子，就把握不住世界的脉搏，容易被历史抛弃。华为要产生越来越多的大思维家、战略家，今天若不培养，到大数据时代，战略机会点就可能会一个个丢掉。"

较早的企业战略定义是由美国学者艾尔弗雷德·钱德勒（Alfred Chandler）提出的："战略是明确企业的根本长期目标并为目标而采取必需的行动序列和资源配置。"在业界比较有影响力的战略概念是由美国波士顿咨询公司创始人布鲁斯·亨德森（Bruce Henderson）概括的："任何想要长期生存的竞争者，都必须通过差异化而形成压倒所有其他竞争者的独特优势。勉力维持这种差异化，正是企业长期战略的精髓所在。"约翰·刘易斯·加迪斯（John Lewis Gaddis）在《论大战略》一书中给出的战略定义最为简洁："战略就是目标与资源的平衡。"

我们发现，绩优企业对战略的重视主要体现为三个关键点：战略意识、战略规划和战略执行。

战略意识，是一种善于长远考量并统筹全局的系统思考能力，具体包括以下四个方面。一是全局意识，即人们常说的大局观。思考问题时，决策者要善于通观全局，从整体最优功能出发，使局部服从于全局。二是系统意识。它是指能够将整体设想和布局分解为各个要素的基础上，再组合成一个整体，既不是只顾全局而丢了重要的局部，同时又能将局部整合成全局。三是长远意识。制定战略策略时，决策者基于更加长远的考量，能够为更长远的目标而牺牲短期利益或局部利益，且注重处理长远目标与眼前（直接）目标的关系。四是创新意识。决策者要不拘泥于习得的理论和既有的成功经验，不受条条框框的限制，善于形成新的思路、找到新的解决方法、发掘新的资源。

所谓战略规划，就是以战略意识为指导，明确公司的目标尤其是长远目标，将其分解为可以执行的年度目标；同时，根据长远目标及年度目标，规划、设计安排实现目标的原则、路线、措施、资源匹配、组织保障等。一般来讲，绩优企业领导者拥有比一般企业领导者更强的战略规划能力。战略规划是将战略意识转化为具体实践的重要环节。缺少了精细的战略规划，企业领导者的战略意识很难贯彻到企业管理层及员工的具体行为中。没有进行科学、细致的战略规划，是很多企业家未能将企业带向绩优的一个重要原因。

战略执行是将战略规划中确定的目标变成实际结果的过程。拉里·博西迪（Larry Bossidy）和拉姆·查兰（Ram Charan）合著的《执行》一书将副标题确定为"如何完成任务的学问"，将"执行"定义为"战略和目标的重要部分，它是目标和结果之间'不可或缺的一环'"。绩优企业无一例外都是战略执行环节的成功者。

一、善于战略思考，是绩优领导者的共同特征

社会经济发展的速度越快，面临的相关政策越是难以预测，战略意识以及战略规划就变得越重要，企业领导者越需要战略思考。善于战略思考，成了所有绩优企业领导者的首要共同特征。为什么会产生这种优于常人的战略思考呢？我们发现，以下品行及思维方式是战略思考的源头。

（一）极强的危机意识

居安思危，是所有绩优企业领导者的共同性格特征。海尔创立早期，张瑞敏有"永远战战兢兢，永远如履薄冰"的名言，他将这种态度一直保持到2021年11月5日的退休。即使退休了，他给继任者留言："企业是否有危机意识，关系着企业应对环境变化的行动力，亦维系着组织的成长和创新。一旦丧失危机意识，企业的创新动力就会不足，也就极有可能在竞争的洪流中遭受失败。"在2001年中国加入WTO之前，他就警告身边的同事："中国加入WTO后，外国企业大举进入中国，而且不仅进入，它们还要以中国为生产基地，面向世界。这对国内市场会很不利，因为再强的中国企业也只是在国内有优势。更加严峻的市场挑战已经扑面而来，这种竞争犹如与狼共舞，要么战胜狼，要么被狼吃掉。"到2018年，海尔集团的全球营业额达到2661亿元，集团旗下上市公司青岛海尔已经稳居世界500强行列，张瑞敏在2019年年初海尔年会上仍然大谈"危机感"，并提出了"要么进化，要么进博物馆"的警句。

任正非更是一位极具危机感的企业家。刚刚进入21世纪，华为的收益开始快速增长，国内电信业形势一片大好，任正非的《华为的冬天》在

社会上广为流传。他写道:"十年来我天天思考的都是失败,对成功视为不见,也没有什么荣誉感、自豪感,而是危机感。也许是这样才存活了十年。我们大家要一起来想,怎样才能活下去,也许才能存活得久一些。"2016年,华为在很多技术领域已经达到或领先世界水平,并在全球电信设备领域全面超越爱立信成为全球第一,任正非在当年5月30日的全国科技创新大会上却说了一段令很多人印象深刻的话:"华为现在的水平尚停留在工程数学、物理算法等工程科学的创新层面,尚未真正进入基础理论研究。随着逐步逼近香农定理、摩尔定律的极限,而对大流量、低时延的理论还未创造出来,华为已感到前途茫茫,找不到方向。华为已前进在迷航中。"

两位企业家不仅有着强烈的危机意识并不断地传播"危机理念",而且运用各种实践将危机意识传导给公司的每一个人,让危机感成为公司全体员工的行为价值观。2022年8月,任正非的《整个公司的经营方针要从追求规模转向追求利润和现金流》一文因其中一句"把寒气传递给每个人"而引发很多人的关注,尤其是文中提到"保证华为能够在挑战中挺得住、活下来"让更多的人感受到任正非深透的危机感。

(二)敏锐的超前眼界

卓越的战略思考源于企业家独特而超前的眼光。绩优企业领导者往往具有超常的商业机会嗅觉。他们总是能够率先从抱怨、挖苦、调侃中看到重要的商业机会。振华重工创始人管贤彤就是这样一位企业领导者。1992年,国家确立市场经济体制的发展方向,对外开放政策实施的步伐加快。面对当时全球经济一体化潮流对于集装箱起重机行业的极大促进,管贤彤及时准确地抓住了这一机遇。此外,未经开发的岛屿及狭长的海岸线以及资本、技术、劳动密集型行业的特点，都使振华重工具备了得天独厚的发展优势。振华重工选择了既有其一般性（从单项业务到多元化）也有其特殊性（从主攻国际市场到参与国内市场）的"集中经营单项业务＋国际化＋相关多元化"核心扩张战略路线，并依托资源优势，形成了"以钢为纲"的基本原则，确保了既有稳定核心业务又能扩张优势的成长。

就绩优企业而言，重要的是做到"棋先一招"，既要拉好车还要看好路，比较深入地解读国家战略、国家政策的变化趋势，提前进行布局与规划，从而抢占发展先机。国投集团之所以能够健康快速发展，原因就是对于国家战略及产业政策的准确解读，找准发展方向，超前投入泛北部湾地区、海峡西岸等重要业务区域；在国务院建设滨海新区的国家战略发布之前，抢先投入环渤海湾，重点建设了京唐港、迁曹铁路、蒙冀铁路、力神电池、渤海银行和北疆循环经济项目等。

敏锐的超前眼界不仅仅体现为看得准，还要下手"稳准狠"。这就要求企业领导者在参透大势的情况下，发掘产业价值新高地，善于将有限的资源合理地进行产业布局、构建具有核心优势的产品线。中国电科紧紧围绕电子信息核心定位，大胆打破众多研究所整合前各自为战的旧格局，强力优化主营业务布局，完善产（产品）技（技术）资（资源）融（金融）结构合理、协同互动、军民融合的主营业务体系，建构了军品尖端化、民品市场化的新格局，并在科技创新方面，成体系推进创新特区、创新平台建设，通过巩固加强电子信息装备技术能力，发展基于大数据资源的网络信息技术能力，推动安全和智慧两大事业发展，既打造出了跻身世界先进水平的空中预警机为代表的一系列尖端国防科技产品，又培育了海康威视这样在安防技术领域名冠全球的优秀民品系列。

(三）独特的建构能力

绩优企业领导者还有一种与众不同的战略思考能力——超强的建构力，即能够根据自己掌握的信息、知识、数据，以及零散的点子，迅速对其进行整合并形成比较系统的场景设想和系统思路的能力。企业家面临的形势往往是多变的、不确定的，甚至是模糊的，获得的信息往往也是零散的。即使到了今天的大数据时代，企业家需要快速决策时仍然面临难以取舍的海量数据、有局限性的算法以及各类信息噪声。优秀的企业家需要将以上信息在大脑中快速处理，迅速辨识、整合，对场景形成相对完整的轮廓，并以此形成一个系统思路，构建一个"心中的世界"。这种思路可以通过之后的市场调研、专家论证、头脑风暴以及深度研讨会进行校正、完善甚至推翻，但是将零散信息和数据建构成一个系统思路的能力是非常重要的战略思考能力。万向集团创始人鲁冠球，对国际市场的建构图像是不一样的，他的心中有一个"国际市场"。在万向成立之初，还没等中国加入WTO，他就认为国际市场是万向产品的主要市场，但他没有像其他人那样先找到目标市场城市进行布局，而是运用浙江华侨的社会网络，直接将产品送达目标国家和地区市场，只要能解决顾客的问题就行，先不管样式是否标准规范。

当然，这种建构力不能成为思维的藩篱，而是要形成持续的建构力。也就是说，企业领导者还要拥有一种重构力，既能颠覆自己曾经所爱的"心中的世界"，还能颠覆他人视为权威的"他人的世界"并重构为自己"心中的世界"。这与苹果创始人乔布斯所说的"现实扭曲力场"有点类似。只有企业领导者拥有了这种重构力，才能确保企业不断打破旧的约束、形成新的思路与模式。

战略思考能力不仅能够帮助企业领导者将模糊的、不确定性的、变化的、复杂的环境与要素整理成一个系统的解决之道，而且能够在市场停滞、组织系统变得过于适应环境而出现"大组织病"的情况下，帮助企业领导者发现问题并实现重构，带领企业迈入新的发展阶段和实现创新跃迁。人们常说"一个人挣不到认知以外的钱"，其实，一个企业肯定挣不到企业领导者认知以外的钱。所谓认知，就是运用所掌握知识和信息进行建构的能力。很多人掌握着几乎同样的知识和信息，但是他们之间的建构力却有着天壤之别，这也正是成为企业家的关键能力之一。

二、注重战略规划，是绩优企业的基本功

绩优企业都非常重视公司的战略规划，善于借助战略规划工具。规划的主要目的是进行有效的内外资源整合以完成年度经营任务进而实现更加长远的战略目标。

用海信人自己的话说，海信是处于"发展最成熟""竞争最激烈"的中国家电行业，太多中国家电企业在经历"无限风光"之后归于沉寂，海信是极少数"活下来"且活得很好的企业。海信之所以能够取得这样的成绩，是因为40多年来一直沿着一条清晰的战略路线走来，领导层很早就意识到，企业培育自身的竞争力，构建产业领域的竞争优势，取决于企业战略运行系统的连续性和目标一致性。这就要求公司必须对宏观环境、行业竞争、市场空间、自身资源与业务能力等要素进行前瞻性、系统性的分析和计划，制定出明确可行的近期、中期及远期的运营目标与事业发展方向。领导层坚信，只有系统的战略管理体系，才能确保企业日常运营与决策的连续性及目标一致性。因此，海信成为国内企业中较早在企业内部设立专

门战略研究机构的企业。战略研究部隶属于董事会，是董事会的参谋机构。这不同于目前国内上市公司董事会配置的战略委员会，战略委员会是对公司战略规划及相关方案进行决策研讨的，其本身没有专职工作人员，也不具有进行战略研究的职能。海信的战略研究机构叫作战略发展部，这也不同于很多公司用于进行长期投资或并购的战略投资部，而是着眼于研究分析，更像军队中的总参谋部，它具有两个主要职能：战略情报收集与研究、战略组织与控制。

在整个战略管理体系中，海信的战略研究职能发挥了重要作用：在海信，战略研究包括与战略规划相关的要素分析、具有长远战略性影响的要素研究。前者是对现在环境及未来环境的变化进行分析并据此确定具体的经营目标和战略规划；后者是针对国际形势变化、国内重大政策变化以及相关行业变化进行持续的跟踪和分析，并提出相关的应对策略建议。当制订战略规划时，战略发展部会与集团董事会及经理层进行充分沟通，要求各经营部门积极参与，根据环境分析和企业内部分析形成战略规划初稿，然后经过集团领导层和各经营部门的充分反馈达成共识，将规划定稿，提交董事会。这样，一方面，海信领导层能及时把握内在的主动权，掌握外在竞争的主动性；另一方面，战略发展部在战略规划以及提交建议的过程中，促使各经营部门积极参与，并充分吸收各经营部门的意见，使提出的规划和政策易于被各经营部门接受，从而增强决策的科学性和执行力。

从实践看，绩优企业的战略规划具备以下三个特点。

第一，目标志存高远。绩优企业在确定目标时无不志存高远。作为厨房电器领域的龙头企业方太，从1996年成立之初就将自己的战略目标确定为"做中国人自己的高端品牌"，将愿景定义为"成为一家受人尊敬的世界一流企业",到 2015 年升级为"成为一家伟大的企业"。今天已经是全球电信设备龙头企业的华为,在 1996 年制定的《华为基本法》的第一条就明确提出"成为世界级领先企业"的战略目标。

党的十九大报告提出了培育具有全球竞争力的世界一流企业的新目标后,中央企业,尤其是绩优企业,均把打造"世界一流"作为自己的战略定位。航天科技的战略目标是"推动航天强国建设,建设世界一流航天企业集团,支撑世界一流军队建设";中国海油的目标是"中国特色、国际一流的能源公司"。2022 年 2 月 28 日,习近平总书记主持召开中央全面深化改革委员会第二十四次会议,审议通过了《关于加快建设世界一流企业的指导意见》,中央企业打造"世界一流企业"的战略目标就更加迫切,而且成为承担实现中华民族伟大复兴的重要基础。中国兵器明确表态:要在既定"双一流"目标的基础上,加快打造先进的兵器工业体系,对标世界一流,为实现新时代强国强军目标做出贡献。

第二,战略资源有效运用。 战略资源是企业核心竞争力的有效保障,也是战略规划的重要内涵。进行战略规划的目的就是根据实现战略目标的需要对战略资源进行盘点、发掘、整合,从而确保战略目标的实现。绩优企业之所以能够在战略层面表现出色,主要原因是能够统筹多种战略行动,有效地利用各类战略资源,以确保战略目标的逐步实现。这些行动不仅包括多种创新模式的应用以及科技创新、商业模式创新、管理创新、产品创新等多方面的创新行为,还包括经营资源的专业化协同整合。

华为公司就是一个擅长整合战略资源的典范,比如当初与邮电局系统三产公司进行股权合作而形成的利益共同体、以"压强战术"为特点的集中优势资源为客户创造价值的技术服务创新、以与 IBM 咨询合作而形成的研发管理体系整合、与世界一流相关先进技术公司合作而形成的技术资源和创新资源大整合，还有投入重金整合高校优质毕业生的人才资源，以及最近几年充分运用技术优势和系统优势，与全国各地政府及相关产业园区进行的"创新中心"深入合作等。

中国海油的成长史是一部国内外优质产业资源的整合史。诞生之日，中国海油就通过国际合作引进资金和先进管理经验，针对资金、技术和人才均不足的状况，在国内浅海海域引入国外技术先进和管理先进的石油公司进行国际合作。在引进来的过程中，中国海油收集了120多种海上石油合同规范文本，形成了我国海洋石油勘探开发的标准范本，兼顾了各方的利益，提升了我国海洋石油开发的能力。在意识到LNG未来的战略前景后，中国海油启动了与澳大利亚相关能源公司的合作并通过国际并购掌控了相关战略资源，参与美国页岩油气开发，不仅夯实了中国海油在海外的油气产量和储量，而且推动公司成长为拥有较大规模海外资产全球化能源公司。

第三，动态迭代的闭环管理。绩优企业在战略管理领域均采取了动态迭代的闭环管理，首先是构建了战略制定、战略实施、战略考核、战略修正的战略闭环体系。这个闭环体系不是僵化的模板，绩优企业更强调这个闭环的动态性和适时迭代。航天科技领导层特别强调战略规划对于经营和发展的引领导向作用。集团总部以经济数据直报系统的推广应用为基础，及时掌握所属全体法人单位的基本信息、各主业投入产出效益、贸易出入业务等情况，通过数据汇总制度、数据审核制度、统计数据责任制等制度，做好月度经济运行监测、季度分析。在此基础上，战略规划管理部门通常根据规划目标完成情况、主要任务完成情况、各单位工作完成情况、市场环境与竞争态势、存在问题原因分析及应对措施六个方面对五年规划的执行情况进行评估总结，然后根据评估总结情况，对原规划的具体计划和策略进行相应的调整，形成年度滚动计划，构建以五年总目标为顶层指导，"年度战略研究成果"和"年度工作目标"滚动迭代、协同推进的闭环机制，确保了各项战略规划管理能够符合形势和任务的发展需要，切实有效地推进战略规划落地。

三、强于战略执行，是绩优企业的成功关键

较强的战略执行力，是所有绩优企业的鲜明特征之一，也是绩优企业战略管理的关键一环。而且，大部分绩优企业的领导者普遍认为，完善而闭环的"战略执行体系是准确实现战略目标的基本保障"。

综观绩优企业的战略管理过程，其战略执行体系基本上都是由目标分解、计划编制、绩效考核、过程督导、评估调整五个环节构成的，其中以战略目标为基点的绩效考核是战略执行体系中的关键环节和措施，既是对分解目标及相关计划是否完成的检验，又是战略调整的前提。绩优企业比较普遍的做法是，进行战略绩效考核，首先，以量化指标为主，战略目标往往是宏大的、定性的，但落实到具体做法上，战略目标考核必须用量化指标来衡量战略实施的结果，这样才能精准、精确地判断战略执行的效果；其次，一定有相应的激励约束机制保证，除了考核结果与绩效薪酬挂钩，绩优企业一般还通过相关的股权激励、职务晋升、年度审计、荣誉激励等综合手段对考核对象实施管控。

茅忠群比较强调组织执行力，提倡"组织绩效与个人绩效并重"。他指出："过去我们可能更多地偏向于个人绩效，我们把战略目标都分解到每个

人，但是对组织绩效不够重视，也没有相应的激励机制与之相配套，这个重要环节是存在欠缺的，那么多的个人，直接支撑整个公司的战略目标，这是不现实的，中间一定要有一个部门、组织的平台。"他对《绝密543》深有体会。他说，团长就管理四个营，让四个营之间产生一定的良性竞争。下面的士兵归营长管，层级比较清晰，组织绩效体现得比较明显。二营打下一架敌机，每个士兵肩上就会多一颗星，这就体现了组织绩效，不是哪个士兵打下了敌机，是整个二营将敌机干下来的。高度协同、团结拼搏，这样才能打下敌机。这就是组织绩效与个人绩效并重。就像《绝密543》中，干好的二营，墙上全是锦旗，士兵的肩上全是星；没干好的一营，桌上全是检讨书。

国投集团作为资本投资公司，最大的特点是行业跨度大。行业不同，经营模式有较大差异，发展阶段参差不齐，绩效考核指标既要满足集团整体的战略目标需要，又要兼顾企业个体差异以及所处的行业状态。国投集团的做法是，不搞一刀切，依据行业特点和功能定位差异，实施分类考核，并结合集团公司的总体战略、各板块战略定位和考核对象公司所处的不同发展阶段面临的主要矛盾，确定不同的绩效考核指标体系并在具体执行过程中适时调整考核指标及其内在的计分规则，不断优化，使之更符合市场的需求和公司的具体要求。

战略绩效考核的目标之一就是在一定时间内保持战略执行的稳定性以及确保具体目标的不断实现，但是，市场是瞬息万变的，新技术、新模式、人际沟通模式随时带来巨变，作为战略执行体系的重要环节，战略规划的修正、调整就变得必不可少。在通过绩效考核手段对战略实施的结果进行评估后，企业势必会根据当前的市场情况、政策环境、客观社会经济环境等因素，定期对当前的战略措施进行反思、讨论，并基于此对战略进行适当的调整和修正，为下一次战略过程的良性循环与动态迭代提供坚实可信的基础。

如何才能杜绝重复犯错，尤其是重大错误呢？茅忠群给出的方法是"复盘改进"："每一项任务、每一个项目、每一个问题、每一个阶段、每一级组织都应当认真进行复盘改进，具体应做到：根本原因分析、举一反三、再发防止，同时必须做到把措施落实到流程（干法）中去。"华为的经验是把在战略执行中做得比较好的做法编制成"最佳实践"在内部推广。

四、以辩证方式进行战略管理成为鲜明特色

中国企业家身处的中国市场是一个快速发展变化且市场经济规范尚待完善的市场，受到政策的影响非常大，一味墨守经典经营教条不仅可能在竞争中处于被动地位，而且有可能遭遇灭顶之灾。如何在这样一个变化莫测的市场中立于不败之地？笔者认为，良好的辩证思维不仅是必要的发展法则，更是基本的生存法则。

中国加入 WTO 之后，中国企业融入全球化浪潮，对中国企业家而言，市场的不确定因素更多、遇到的挑战更复杂，不仅要面对国内的问题，还要面对陌生的国际市场变化。尤其是以新一代信息技术为代表的第四次工业革命的到来，技术创新迭代的速度空前加快，致使中国企业除了面对不确定的市场挑战，还要面对更加难以把握的技术创新挑战，尤其是那些处于科技前沿的企业。在这种情况下，辩证思维会让企业家能够更快地抓住事物的本质，也能更迅捷地适应环境的变化。

所以，绩优企业领导者在市场、技术领域都显示出了"既温和又激进"的管理特征，在战略管理领域中体现为既是坚定的目标、原则和价值观的

坚守者，又是灵活处理问题的高手。

第一，在战略目标方面，绩优企业领导者既志向高远又相对保守。绩优企业领导者在战略目标上均志存高远，以盯住世界一流为主要标准，但在追求过程中体现了"小心翼翼"的特征。张瑞敏，既对西方各类管理思潮极感兴趣，非常注重世界技术潮流与管理趋势的研究，同时对中国传统文化有着极深的造诣。据说，他出差带的书只有《道德经》，因此养成了深厚的辩证思维习惯。20世纪90年代，张瑞敏访问日本一家大公司，这家日本公司的社长喜欢探讨哲学问题，特别是对一些经典的至理名言更是反复玩味。他向张瑞敏介绍说，他们公司文化的出发点是"真善美"，并说这是中国老子的话。张瑞敏告诉他，《道德经》里没有"真善美"的说法，倒是有一句话的含义与这种说法是一致的，那就是"天下万物生于有，有生于无"。由此可见，张瑞敏阅读经典之深。

海尔，从创业初期就将自己定位于成为一家国际品牌，并在1995年提出"进军世界500强"的口号，应该是家电领域里最早提出进军世界500强的企业；9年后的2004年，海尔以年收入120亿美元进入世界500强行列。张瑞敏说："进军世界500强是一个目标，这对振奋大家的斗志、凝聚大家的精神有重要作用。没有目标，就不知道走到哪里去。"到了2021年，海尔集团旗下的上市公司海尔智家稳居世界500强多年。

但是，在追求宏远目标的过程中，张瑞敏展现了"保守"的管理风格。他说："在海尔的历史上，有几次我也有过'求快'、快速做大规模的念头，如1989年家电行业普遍出现的不求质量、快速扩大规模的局面，还有1993年房地产热的时候，如果意识上稍微一冲动，那么海尔可能不再是今天的模样了。我做事是有目标的，不达到这个目标我就不走神，俗话说'将军赶路不追小兔'，许多人都认为有点保守，觉得我太求稳，其实，创新，就跟自己驾车在高速公路上一样，既想高速又想稳定。"

第二，在战略原则方面，绩优企业领导者既强调专注又拥抱变化。 专注，是每一位绩优企业领导者都强调的战略法则，专注力几乎决定了企业能否成为绩优企业的命运。对此，最为典型的说法是任正非反复强调的"力出一孔，利出一孔"。2012年12月31日，任正非在新年献词中讲道："如果我们能坚持'力出一孔，利出一孔'，下一个倒下去的就不会是华为；如果我们发散了'力出一孔，利出一孔'的原则，下一个倒下去的可能就是华为。"

"利出一孔"的说法最早出自春秋时期的《管子·国蓄》，管子提到"利出于一孔者，其国无敌；出两孔者，其兵不诎；出三孔者，不可以举兵；出四孔者，其国必亡"。到了战国时代，商鞅在《商君书》中也提出"力出一孔"的建议，并把"农战"作为唯一的孔道。"利出一孔"的原意是利禄和赏赐只能有一条途径。华为的用意是强调一心一意为客户创造价值而获利。"力出一孔"则是"利出一孔"概念的延伸，强调有限的资源必须聚焦于一个目标、集中在一个业务领域，不能发散华为的投资和力量。与此同时，任正非又重申："这个世界的变化是很大的，唯一不变的是变化。面对这样的变化，每个企业，如果不能奋起，最终就是灭亡，而且灭亡的速度很快。"

在任正非看来，能够适应环境、做出变化的前提是，要有"自我批判"的精神："自我批判不光是个人进行自我批判，组织也要对自己进行自我批判。"他相信达尔文的"物竞天择，适者生存"。迄今为止，人类经历过各种各样的环境变化、疾病和瘟疫，也经历过各种各样残酷的战争，为什么能生存至今？答案在于人类的理性和主体性。人类可以适应环境，更可以改造环境；人类可以理性地认识自己，不故步自封，自我纠正。任正非把华为设立的"2012实验室"看作"使用批判的武器，对自己、对今天、对明天批判，以及对批判的批判"。

第三，在战略路线方面，绩优企业领导者既坚持归核又充分运用整合。在战略路线的选择中，始终有一个重要的选项是所有企业家都要面对的，那就是专业化和多元化的选择，能否处理好这对矛盾或关系直接决定了企业的兴衰。在这个问题上，宋志平既有良好的战绩又有不少心得，他有一段比较简洁的论述："专业化和多元化是企业面临的重大选择，焦点在于'把鸡蛋放在几个篮子里'。如果放在一个篮子里就必须放对，一旦这个篮子出了问题就会全军覆没；分放在多个篮子里，虽然安全系数大了，但篮子太多又会增加成本。多元化发展对企业的投资水平、管控能力、财务管理等都提出了更高的要求，因此对绝大多数企业尤其是中小企业来说，专业化道路可能是更好的选择。在专业化的基础上，如有必要，也可以适度开展多元化业务，建立风险对冲机制，构建业务组合力。"他一贯的观点是"专业化是立身之本"："我是个专业主义者，'工欲善其事，必先利其器'。做企业首先要有专业化能力，这是企业的安身立命之本。但坚持专业化不等于产品单一化，在做好现有主产品的同时，可以按照有限相关多元战略，在产业链上做适当延伸，精耕主业内的细分领域，建立风险对冲机制。"因此，宋志平非常强调在发展中业务选择的归核化，主张"聚焦主业、做强主业，把主业做强做优做大"。但是，他又认为，"从大企业集团看，专业化和多元化并不是非此即彼的，二者完全可以相互促进、相得益彰。在具体操作上，专业化是就大企业所属的产业平台而言的，多元化则是就整个集团的投资方向而言的。在集团层面，要以适度多元化对冲经济周期，在实体公司层面，则要以专业化夯实竞争基础。"

按照这样的思路，宋志平在担任中国建材集团董事长期间，将总部定义为打造国家材料领域的产业投资集团，建立"政府—总部—业务平台"三层管理模式，同步完成管资产向管资本、建筑材料向综合材料、本土市场向全球布局的三大转变。总部作为产业投资公司，围绕基础建材、新材料和工程技术服务三大核心投资方向，以融资、投资和行使股东权利为手段，以管资本方式推动产业进退。所属企业没有投资权，目标是成为主业突出、技术领先、管理先进、效益优秀、混合适度的专业化业务平台，在基础建材、高端新材料、国际工程、科研技术服务、地矿资源等领域形成一批具有国际竞争力的上市公司群，打造若干具有国际影响力的行业领军企业和专注于细分领域的隐形冠军，从而组建起一支以国际一流为目标的材料产业"联合舰队"。

这里有一个非常重要的战略路线选择问题，很多人都认为走向专业化的基本路线一定是内生路线，依托现有资源，通过自主研发，实现自然增长，这被称为"有机成长"。宋志平不这样认为，他认为"联合重组"同样是企业的有机成长方式，而且是市场竞争的高级方式，关键在于要"制定清晰的战略、强化协同效应和管理整合，注重风险管控"。

正是在这种战略思维的指导下，中国建材集团在宋志平任期内先后并购重组了3000多家水泥企业，行业集中度由6%上升到70%，行业利润从80亿元上升到1900亿元；他到了国药集团担任董事长后，先后整合覆盖了290个地级市中为95%以上的三级医院提供医药配送服务的600多家医药分销企业，为国药集团奠定了坚实的网络基础。

面对外部争议"并购是否有利"的质疑时，国家工业和信息化部在一次大会上专门安排宋志平介绍并购重组经验，他说"中国建材的重组是从利润出发的"，当时在场的国资委的一位副主任评价说"志平的重组是赚钱的重组，是从盈利出发的"。

五、战略定力,来自绩优企业的深层价值观

所谓战略定力,既是一种冷静且不受诱惑的思考能力,也是一种坚定沉着的行动能力。在相当长的一段时间内坚守重要的战略原则并始终不忘战略目标,并根据具体的环境进行策略调整和创新变化,是所有绩优企业在战略管理层面体现出来的共同特点。

在一个相对稳定的市场环境中保持战略定力容易,但在不确定而快速发展、遍地诱惑的时代,保持战略定力是一件相当不容易的素质。很多知名的企业家都被眼前的诱惑迷晕,被看起来是机会的陷阱套牢。绩优企业领导者基本上都表现出了异于常人的战略定力,这往往源于企业领导者内心深处的基本原则与价值观。

第一,能看透行业本质。看透行业本质,方能有定力。行业本质,就是行业内在的发展逻辑。实事求是则是看透行业本质的价值观和方法论。越能够有实事求是的判断,战略定力也会更强。企业领导者只有真正地了解了行业本质,才能穿透眼前的"浮云",预测行业趋势,才能做到心中有数,找到解决问题的路径与方法。"求是"要求企业领导者崇尚科学、追求真理、把握规律。

海康威视,现在已经成长为全球安防领域的龙头企业,到2020年已经连续五年蝉联《A&S:安全 & 自动化》"全球安防50强"榜首。关于它的成功,三个基本要素已为人所熟知:一是中国电科集团对于这家公司在启动资金及管理模式上的创新支持;二是投资人龚虹嘉的投资与格局;三是创始人陈宗年、胡杨忠及其核心团队的坚持,"板凳要坐十年冷"成为公司的核心价值观。海康威视为什么能够长期坚持?为什么能有如此决绝的战略定力?有一个重要的因素值得我们关注,那就是陈宗年、胡杨忠两位创

始人通过多年经验形成的对所在行业超乎寻常的认知，以及龚虹嘉站在资本市场角度对行业赛道的坚信。

陈宗年、胡扬忠、龚虹嘉曾一起就读于华中科技大学，陈宗年、胡扬忠曾在原电子工业部52所（后成为中国电科集团所属研究所）共事，龚虹嘉沉浸产业投资多年，对于相关行业有着独到的见解。2001年"9·11"事件发生后，已经在52所从事相关技术研发16年的陈宗年、胡扬忠意识到以视频技术为基础的安防产业将是全球的重要产业赛道，有了将手中科研成果转化为产品的冲动，此时，他们研发数字音视频监控系统核心技术已经8年之久。这一领域，当时是日本技术占据全球垄断地位。在中国电科集团的支持下，海康威视于2001年11月30日成立，核心产品是MPEG-4标准的视频压缩板卡和硬盘录像机（DVR）。在不到一年的时间里，2002年，公司就实现了3240万元的销售收入。

基于对行业趋势的深度认知，在创业的前三年里，海康威视几乎以每季度推出一款新品的速度全力以赴将命运押在了技术开发上。在面对2001—2003年因互联网泡沫破灭导致的高科技公司普遍面临资金短缺的危急状态，海康威视对于行业发展有着坚定的信心，凭借新产品H.264系列压缩板卡获得了1.6亿元的收入，在高端压缩板卡市场牢牢占据了80%的市场，在经济不景气的时间段，硬生生地靠卖产品挺了过来。2004年后，在国家有关政策的影响下，安防市场开始从公共事业向消费领域扩张，海康威视更早地意识到这一行业趋势，提前布局金融、公安、通信、交通、司法、教育、电力、水利、商业、物业等众多行业。尤其是2005年7月7日伦敦发生连环爆炸案后，安防监控的重要性再次凸显，"平安中国、平安城市"建设成为我国社会管理领域的重要任务。海康威视也借助于行业前所未有的井喷趋势而成长为中国安防行业的龙头企业，进而成为全球安防的领军者。如果创始人团队没有对视频监控技术及安防产业长期而深刻的认识,海康威视就不会出现,也不会取得今天的成就。其间,他们既坐了10年以上对于核心技术的"冷板凳",又经历了疯狂的盗版围攻,还面对了高科技企业一度无钱可融而导致整个公司可能为了生存"拐弯向下"尽快生产低层次产品赚钱的压力和诱惑。如果当年海康威视将主要精力用于生产低层次产品拼命赚快钱,结果可能有两个:一是成了一家低层次产品的组装厂;二是大家赚了快钱各奔东西,这批创业者可能都财务自由了,但是中国就少了一家高科技行业领军企业。

第二,发展站位要高。作为中国新型洗涤清洁用品领域的龙头企业,中国蓝星集团的成长和发展与创始人任建新创业时期发展站位较高有着直接的关系。

1984年,时任化工部[一]化工机械研究院团委书记的任建新在北京的一个讲座上听到了令人震撼的数字"1750"——我国一年因锅炉水垢造成的原煤浪费大约1750吨,这让正在从事一项化学清洗技术研究的任建新产生了将技术专利进行产业化的冲动。借助于当时科技体制改革鼓励技术人员创业的政策机遇,他带着7名共青团员下海、借款1万元在兰州创办了我国第一家专业化清洗公司——化工部化工机械研究院化学清洗公司,即蓝星。尽管当时只有一间工棚,但是任建新坚定地提出了"要做中国最好的专业清洗公司"的目标。在他的心目中,进入清洗行业的蓝星未来不是研究所和个人的创收工具,他要创造一个产业,成就一番事业。正是这样的发展站位使得蓝星在进行战略选择以及在长远愿景与现实利益之间的平衡上有了自己的原则:在利益分配方面,任建新强调"先发展,后分配",使蓝

[一] 中华人民共和国化学工业部,简称"化工部",成立于1956年5月,前身是重工业部化学工业局。1998年3月10日,根据《关于国务院机构改革方案的决定》,撤销化学工业部。

星形成了创业而非"创富"的企业经营氛围，推动蓝星越走越远；在市场竞争方面，蓝星不拘泥于眼前利益，在公司员工仅有几十人的时候便开始进行技术转让、技术培训，培育市场，扩充赛道，成了清洗行业的"孵化器"。截至1992年，蓝星已经将技术扩散到6000多家工矿企业，为全国各地培养专业清洗人才逾万名，逐渐形成了一个全国性的清洗市场。这也使得蓝星由单纯的清洗劳务机构变成了一家以研制推广先进清洗技术成果为主业的松散型联合企业，有点类似后来的合伙制咨询机构，形成了一个强大的技术推广网和劳务服务网，确立了其在中国工业清洗行业的龙头地位。与此同时，任建新眼界更远，一直密切盯着国际上相关的科技动态，在快速进行国内技术推广的同时，推动公司先后与德国、日本、乌克兰等国家的相关科研机构及领军企业建立深度合作关系，引进国际先进的清洗设备及相关技术并进行吸收改造，形成蓝星独家的技术和设备优势，蓝星的无苯香蕉水、不冻液出口日本、韩国、东南亚和欧美等市场。为此，欧美的三大清洗公司CEO惊呼：中国的清洗技术至少已经领先欧美20年，蓝星已经成为全球最大的工业清洗企业。

尽管蓝星已经成为"清洗之王"，但任建新感觉到总部所在地兰州地理位置对公司发展造成的瓶颈，于1996年将总部搬到北京，"蓝星清洗"也在深圳证券交易所上市。无论人才引进、技术交流、国际化深入、资源整合还是政策支持等，公司都迈上了一个新台阶，公司战略也有了一个新高度。这在当时户籍管理极为严格的年代且蓝星已经成为行业领军企业（占据国内工业清洗市场的90%）的情况下，总部迁京涉及上千人的大规模迁移，面临核心骨干和关键员工的心态、户口、子女就业上学、住房、地方政府态度等一系列难题，如果没有超乎常人的发展站位，这种设想是不可能实现的。蓝星总部的进京则开启了公司新的历史，就在这一年，从并购原化工部星火化工厂开始，蓝星先后重组了数十家国有化工企业，一举转型为以化工先进材料为主的大型化工企业。到2000年，这家地方国有控股企业交由中央管理，成为一家新中央企业，蓝星的发展从此也进入了快车道。到2004年，经国务院批准，蓝星集团再次重组，成立中国化工集团，蓝星集团成为中国化工集团的下属专业控股子公司，任建新担任中国化工集团总经理兼蓝星集团董事长。2011年，中国化工集团进入世界500强，排名475位，2020年名列164位。2021年5月8日，中国化工集团与传统中央企业中国中化集团联合重组了一家新的中央企业——中国中化控股有限责任公司，总资产和销售收入双双超过万亿元，成为全球规模最大的化工企业。

第三，眼界放得要远。 企业家的胸怀越宽广、眼界放得越远，战略定力就会越强。就民营企业方太而言，在经营发展过程中遇到过各式各样的诱惑和重重阻力。茅忠群曾说："在方太发展的过程中，有过多次很好的赚钱机会，但我都放弃了，为的是什么？就为方太要做中国厨房电器第一品牌，我会集中我的全部力量来实现这个目标。"心中有了志向高远的目标，战略执行就有了定力，"不做大蛋糕，要做金刚钻"在很长的一段时间内成了方太战略的核心原则。

2015年2月5日，茅忠群在方太年会上郑重宣布了方太的新愿景——"成为一家伟大的企业"。此刻的方太将近20周岁，虽为厨电行业的龙头企业，但销售规模还没到百亿，与很多规模巨大的行业龙头有差距。就现实而言，所谓世界一流的企业均是优秀企业，销售额普遍较高，一般为行业龙头，企业历史悠久，产品品牌口碑良好。伟大的企业与优秀的企业有何不同呢？茅忠群说："优秀的企业满足人的欲望，伟大的企业导人向善。"他解释说，优秀企业的产品让人心动，它们满足用户需求的同时，还会不断地刺激用户的欲望；伟大企业的产品也会让用户十分动心，不会让用户的心躁动不安，反而会让用户觉得放心、省心、舒心，乃至安心；伟大的企业给社会传递一种正能量，通过自己的垂范导人向善，唤醒人们沉睡的良知，让更多的人从内心不安的状态转变为心有所安，获得真正的幸福快乐。方太认为，伟大的企业不仅是一个经济组织，要发现并满足客户的需求，而且是一个社会组织，要积极承担社会责任，不断导人向善，促进人类社会的真善美。基于如此愿景，方太将自己的使命升级为"为了亿万家庭的幸福"。很多人看到一家民营企业能够有这样的愿景和使命时都会有些质疑："方太追求这么高的使命和愿景，能实现吗？"茅忠群说："美善创新和中华优秀文化是我们实现企业愿景与使命的底气。"他将实现愿景与使命视为一项系统工程，体现在战略层面上就是2018年方太提出的"三大工程"，即十年助力一千万家庭提升幸福感，助力十万企业家迈向伟大企业，助力一万个幸福社区。

有了长远的伟大目标，战略管理就成了实现长远目标的基本功。以长远目标为终点，确定清晰的发展方向和路径，建构可靠的战略资源和关键能力，成为方太战略管理的重要选项。方太通过持续的创新强化在核心业务领域的领导地位，并通过持续的专注与坚持在核心业务领域形成强大而持续的核心能力。茅忠群要求：紧盯终点，竭尽全力。只有关注终点，眼界才能放远，即使领先也会竭尽所能跑出自己的最快速度，不是与对手竞争，而是争分夺秒达到目标。

六、领导者与核心团队的深度互动是战略成功的关键

战略执行需要各层级、各业务板块的整体化行动。制定战略、确定战

略目标是高层的事，但是将战略目标及相关战略措施让执行层了解并认同同样是企业高层必须做好的事情。

近百万员工体量的国家电网是如何将集团战略意图层层落实到一线员工的呢？除了大量的战略管理工具，公司通过召开各层次、各类别的战略落实会议，强化各层级管理者及员工的相关培训，增强各层级对于战略目标及相关战略举措的了解，统一广大干部职工的思想认识，使全公司上下对战略目标、战略思路、战略重点、工作重心等形成清晰的认知，推动战略在公司系统全覆盖。

与战略有关的工作会议（包括主要负责人会议）在凝聚发展共识、推动战略实施、解决重大问题、部署重点工作、加强队伍建设等方面发挥了重要作用。

为了落实上述会议精神，督促推进重大战略部署和重点工作有效实施，国家电网建立了"二十四节气"工作机制。从总部到各基层单位，每年组织编制重点工作"二十四节气表"，包括工作年历和工作月历，全景展示年度常规重点工作，明确每项工作的主要内容、时间要求、重点节点和各个责任方。"二十四节气表"增强了工作的计划性、系统性和预见性，是对战略目标的详细分解落地，有力地促进了重大战略部署和重点工作的有效实施。

宋志平对此深有体会："制定战略是董事长的责任，但是通过顺畅的沟通机制将战略落实下去，才是成功的董事长。"在他看来，就战略管理而言，董事长的沟通能力很重要，在召开董事会前最好能就有关关键问题做深入的沟通，安排好相关调研，让董事们尽量掌握更全面的信息，这样，关于战略相关的重大话题才能达成一致意见。否则，一个会即使开了十几个小时，一件事也解决不了。宋志平讲了一个例子：一次，国药集团董事会讨论一个重大的战略项目，外部董事对于购买某地区医疗网络有不同意见，但如果方案被否决，就会影响整个战略布局。对此，他建议休会，然后与外部董事逐一沟通，并就相关关键信息及整体战略安排进行了详细的答疑和剖析，最终方案获得通过。这个项目后来做得很好。

任正非在关于战略问题上也是与核心团队反复开会，甚至争吵，最终达成共识。尽管任正非是有名的火爆脾气，但华为在重大战略问题上没有犯过严重错误，与此有关。

从绩优企业的实际情况看，战略决策问题都依赖于企业最高领导者的决断，如果最高领导者没有强大的决断力，那么公司的执行力势必大打折扣，战略措施也很难贯彻到底；如果最高领导者缺少与核心团队（尤其是董事会成员及核心管理层）的深度互动，那么战略贯彻依然会成为问题，甚至会成为更大的问题。因此，最高领导者就战略相关问题与核心团队及利益相关者或战略执行相关方良好的战略互动就成了企业是否成为绩优企业的关键。

七、战略管理的长期绩效往往源于第一性原理

战略执行环节，是一个非常复杂的过程。就像一场战争，即使战前规划做得再精细、准备工作做得再充分，但计划往往没有变化快，实际情况甚至会发生意外性的颠覆变化，"刻舟求剑"式地运用规划肯定会输得很惨，"临场应变"就成了战略执行环节中一项主要的战略管理能力。就战争而言，没有战前的精细化规划，结果必然会输，而有了规划但不懂得临时应变，结果也是必然会输。有的临时应变会促使战争取得胜利，而有的临时应变会导致战争失败。导致这种截然不同的结果的原因很多，其中有一

个重要的决定性要素,就是根据什么原则进行临时应变:是随机性的临时应变还是有目的性的随机应变?实践证明,随机性的临时应变常常酿成更大的悲剧,有原则、有目的的随机应变往往会校正战略规划的不足并赢得胜利。绩优企业领导者在对战略管理特别是战略执行环节中遇到各种各式各样情况,甚至从未遇到过的变局或情况进调整时,都遵循了一个非常关键的原理:第一性原理。

第一性原理由亚里士多德提出,他强调:"任何一个系统都有自己的第一性原理,它是一个根基性的命题或假设。它不能被缺省,也不能被违反。"这一原理为国内企业界熟知还是由于高瓴资本的创始人张磊先生在《价值》一书的重点阐释:"价值投资者应该坚持第一性原理。"张磊认为,在一个逻辑系统中,某些陈述可能由其他条件推导出来,而第一性原理就是不能从任何原理推导出来的原理,是决定事物的最本质的不变法则,是天然的公理、思考的出发点、许多道理存在的前提。坚持第一性原理不是用类比或者借鉴的思维来猜测问题,而是从"本来是什么"和"应该怎么样"出发来看问题,相信凡事背后皆有原理,先一层层剥开事物的表象,看到里面的本质,再从本质一层层往上走。据此,在他看来,投资系统的第一性原理不是投资策略、方法或理论,而是在变化的环境中,识别生意的本质属性,把好的资本、优质的资源配置给最有能力的企业,帮助社会创造长期的价值。

绩优企业在战略管理层面做得比较好的,同样坚持了"第一性原理",不管环境发生了怎样的变化,即使当初的规划不时出现了重大的不适应,绩优企业领导者也会从第一性原理出发,思考问题的本质,从而校正规划,实现目标。对中央企业和地方国有企业而言,企业的最高领导者往往面临任期问题,为什么绩优中央企业和绩优地方国有企业会做得更好,就是继任领导者往往仍然会从第一性原理出发，思考企业的未来及战略，可能会对具体的战略规划进行调整，对于企业本质问题的思考有了传承。民营企业也会面临前任领导者的离开，如果继任领导者不能完成战略层面的传承，那么企业很难成为绩优企业。

中国海油的领导层几经更换，始终位列绩优中央企业行列，其中一个要素就是始终坚持战略引领并坚持中央企业的使命定位，其核心的逻辑就是"从机会驱动转变为价值驱动"。2009年开始，中国海油开始了"以战略管控为手段，引导下属企业在市场中以价值为导向寻求发展机会"的战略路线，将"价值驱动"视为战略基本原则，一切项目、一切举动，首先思考的是可以创造怎样的价值，而不是盲目地进行投资和选择项目，并将不能创造价值的项目进行剥离或转让。为了提高天然气资源开发、集输和销售的一体化能力，中国海油通过重组气电公司促进气电产业规模的发展；通过与英国天然气集团（BG）合作，重新塑造了中国市场的LNG价格曲线。即使在具体的经营活动中，中国海油也特别强调相关业务的商业价值特性。例如，天津分公司通过"三约"管理——高度集约、合理简约、严格制约，提出以地质油藏为核心价值的理念来实施勘探开发一体化的管理模式。无论研究院和勘探部发现了多少储量，都需要依靠后期的产能、产量定绩效。天津分公司的"三约"管理，具体就是将勘探研究、勘探作业和勘探投资相结合，与经济效益挂钩来创造和评估价值，以能否产生经济效益或更综合性的价值作为评价标准。

宋志平认为，战略思考一定要认清本质，抓住最基本的规律。他说："在国药工作的5年里，很多人认为我最大的贡献是带领企业跻身世界500强，但我跟国药的同事开玩笑说，在集团战略定位中加上'健康'两个字，明确了打造医药健康产业平台的目标，这可能才是我对国药集团最大的贡献。"宋志平刚到国药的时候,同事们告诉他,国药要主攻大病药种,因为有市场,会提升销售额。像高血压、糖尿病、胃病、心脑血管疾病等,就是大病种。"保健康"和"大病种"的概念对宋志平影响很大。他想,对国药这样的中央企业来说,一定要扎根大行业、做足大产业,一定要有一个大业务、大平台做利润支撑。中央企业的业务体量像块"大石头",如果市场像湖泊或海洋一样大,就能有足够的空间容纳度;如果市场容量像"脸盆"一样大,就很容易把"脸盆"砸坏,这些产业应由中小企业去做。基于这样的思考,国药集团的战略定位从中国医药的排头兵变为中国医药健康产业集团。

茅忠群则将企业的第一性原理总结为"企业三观",即"为什么""成什么""信什么",具体的解读如下。

第一个问题:为什么要做这家企业,做企业的目标是什么?第二个问题:未来10年、20年、30年,要把这家企业做成什么样子,即要做成一家什么样的企业?第三个问题:在经营管理企业中,什么是应该做的、什么是不应该做的;什么钱可以赚、什么钱不可以赚;到底应该有什么样的信条。

在茅忠群看来,"企业三观"就像企业家的第一颗纽扣,三观不对,努力白费。正是在这样的"第一性原理"指导下,在1999年、2003—2004年的厨电领域连续打价格战的时候,面对连续几个月销售业绩下滑及市场发展停滞,茅忠群毅然决然地回绝了降价的要求,即使面对强势的大渠道也硬抗住了,没有参与价格战,因为方太的愿景是以品质为基础的高端产品,不能随波逐流,而是聚焦于创造客户价值的新品开发。也就是说,茅忠群面对问题的第一思考点不是尽量多卖产品或者符合什么标准,而是是否符合方太的发心与基本原则,这种思考问题的方式也更大地体现在了产品创新上。2010年,一次偶然的机会,茅忠群在央视新闻上看到了一则关于"厨房油烟加剧家庭主妇肺癌风险"的报道,意识到方太的研发方向需要重新思考了,以往的研发都是以技术指标为依据、以达到什么样的标准为出发点,让顾客感知到吸油烟机的产品力,但这些指标与顾客的健康之间是否有必然联系,则有待于进一步研究。经过与研发人员及销售人员的反复沟通,茅忠群发现,顾客关心的重点是油烟是不是能够被完全吸干净而不是风量和风压多少。于是,他将研发团队的研发方向由量化的技术指标调整为"不跑烟",测试的标准就是在炒辣椒这样极端味道的情况下,在厨房要"闻不到味道"。结果,研发人员前前后后炒掉近1000千克的辣椒后,新开发的吸油烟机真的没有味道了。这款吸油烟机很快成为厨电领域的爆款,连续7年蝉联全国吸油烟机单品销售冠军。

CHAPTER 3

第三章

保持组织活力的相变机制

绩优企业行业不同、规模不一、特色各异，规模庞大如国家电网统御百万之众，历史悠久者如招商局集团上溯百年之久，技术领先如华为公司成就行业标杆，消费品牌如方太追求伟大愿景。它们之所以能够历经至少25年以上成为绩优企业，不能不归结于组织力的强大。这种强大的组织力，主要体现在以下两个方面。

首先体现为组织体系关键要素的一致性。这些要素包括战略方向、组织结构、核心流程、团队行为以及作为公司绩优基础要素的技术支持。不管领导者有多么大的个人魅力，如果其组织失去了一致性，领导者也无力回天。其次，体现为组织内部能够激发员工活力的微观（基层）活跃基因。根据美国学者迈克尔·塔什曼（Michael Tushman）和查尔斯·奥赖利三世（Charles O'Relly 3）的研究，比较成功的公司会产生"一致性遗产"，就是曾经依靠组织一致性而成功的企业会产生组织惰性，妨碍组织进行改革和适应新局面。越是成功的企业越容易出现这种"病症"。绩优企业领导者往往在强调组织一致性的同时，也会注重构建二元性组织，在确保组织一致性优势的同时，能够让基层员工始终充满活力。

一、目标牵引，形成高效的组织一致性

按照迈克尔·塔什曼和查尔斯·奥赖利三世提出的"组织一致性模型"，有效的组织一致性取决于四大构件的互动，即关键任务和工作流、人员、正式的组织、文化和非正式组织的互动，战略目标及领导力的牵引是四大构件互动的前提。所谓一致性，正是实现目标的战略与关键任务、人员、组织和文化这四大构件的匹配，形成企业取得成功的驱动力。

根据组织一致性模型，愿景、目标及战略是组织一致性的牵引力量，是整个组织的驾驶舱；高管（特别是企业最高领导者）的领导力及企业的核心竞争力是整个组织的驾驶员及车辆的硬件质量。如何保持车辆所有功能的一致性并使得车辆能够在确保安全的前提下，达到相对最高时速是对驾驶员操作能力的重要考验。有了足够的牵引力，领导者运用组织一致性模式就更可能对四大要素形成有效的运用、优化、变革，从而构建起强大的"战略执行链"。

从绩优企业的实践看，关键牵引力的形成就是企业使命愿景与价值观的"复制性"传递，上下达成共识，即"上下同欲"，形成统一导向，明确实现愿景与战略目标的关键任务，从而发挥各部门、各要素的协同作用。《华为基本法》最大的功效就是实现了任正非的公司愿景、战略目标与核心价值观的"复制性"传递，统一了华为所有人对于关键任务的认知，形成了"团队复制"效果。也就是说，华为搞了基本法，首先让任正非想透了华为应该成为什么样的企业、怎样才能干成、有哪些关键领域、每个领域的规律是什么、应该遵循怎样的指导原则去做。他想清楚了，通过《华为

基本法》梳理成更加清晰的逻辑关系，并将其通俗、准确、细致地传递给每一个员工。看到基本法的华为人目标清楚了、价值观清楚了、心也就定了，大家就不会迷茫了，也就达成了强大的共识，做任何事都有了共同的原则。华为的干部和员工通过对华为基本法的讨论、修改、学习，以及在实践中不断厘清认识，经过三年的梳理和总结，对每一个领域应该按照什么样的原则去行动达成了共识。

中国航天科技集团有限公司（以下简称"航天科技"）是于1999年7月1日在中国航天工业总公司所属部分企事业单位基础上组建的国有特大型高科技企业。2017年12月，航天科技完成改制，由全民所有制整体改制为国有独资企业，是我国航天事业的主导力量，拥有"神州""长征"等著名品牌和自主知识产权，创造了以载人航天和月球探测为两大里程碑的一系列辉煌成就；是我国境内唯一的广播通信卫星运营服务商；是我国影像信息记录产业中规模最大、技术最强的产品提供商，在中央企业绩效考核中连续16年被评为A级且多年排名第一，在2021年《财富》世界500强排名第307位。

如此庞杂的业务线、如此技术复杂的高科技产品线、如此巨大规模的资产规模与销售规模，如何保持组织一致性并持续创造优良业绩是一个非常值得关注的管理话题。按照"组织一致性模型"分析，我们发现，拥有17万人的航天科技确实体现了相当强劲的组织力，这主要归结于三大要素。

第一，航天科技的使命感牵引。航天科技自创立之初就打上了浓厚的国家印记，"国家利益高于一切"成为不变的使命，担负着有关国防军事装备与技术的研发、军品生产、重大任务的装备保障等重要业务，属于"主业处于关系国家安全、国民经济命脉的重要行业和关键领域，主要承担重大专项任务的商业类"国有企业。在国务院国资委对航天科技的业绩评价方面，航天科技是否完成国家型号科研生产任务情况，是影响公司得分和排名的最重要因素。公司通过内部绩效考核将这一关键任务逐级传递到所有成员单位，落实到一线人员身上，在每一次年度工作会上都把国家交付的任务放在最重要的位置上并提出具体的任务要求。此外，针对航天型号的关键任务，航天科技党组都会召开专门的型号工作会对关键任务进行直接部署。集团公司党组领导、承担国家型号研制任务的二级单位领导、型号两总（总设计师和总指挥）等负责人参加会议，由集团公司领导向二级单位主要领导颁发型号责任令，明确各单位年度型号工作任务，公布上一年度型号两总考核结果；集团公司分管领导做型号工作工作报告和型号质量工作报告，指出上一年度工作的不足，明确本年度的工作重点。每逢接到重要发射和试验任务，集团公司的主要领导和分管领导都会亲临一线现场，检查指导任务，勉励科研人员，并就相关细节进行了解与复盘，坚持把好最后一关，和一线工作者共同完善任务，确保重大任务"万无一失"。通过层层布置加一线督导的方式，航天科技领导层将"以国为重"的使命承诺直接贯彻到了科研和生产的一线，使得集团从上到下，层层树立起牢固的以"保成功"来报效国家的意识。

第二，确保目标完成为牵引的系统工程方法论。航天科技展现出的强大组织力量与其一个独特的方法论有关——由钱学森开创的既有普遍科学意义又具有中国特色的系统工程方法论。中国航天事业创建初期，首先遇到的不仅有技术问题，还有组织问题。航天工程同其他简单工程装备的开发与运用不同，具有系统复杂、技术密集、风险性大、研制周期长等特点，要求航天工程必须建立一种符合愿景与战略目标的新组织系统。成千上万名研制人员、数量众多的协同单位、难以统计的生产设备等各方面的组织协调，需要建立一种"组织管理系统的规划、研究、设计、制造、试验和使用的科学方法"，这就是航天系统工程方法论的起点。由于战略目标及客观环境等原因，中国航天系统工程不可能照搬国外已经成熟的系统模式，只能"走自己的路"。自从1978年钱学森先生发表《组织管理的技术——系统工程》论文之后，经过数次迭代和优化，形成了以"技术归零"和"管理归零"的质量归零"双五条"标准为原则的新系统工程方法论。2004年1月，集团公司颁布《航天型号管理规定（试行）》，对系统工程方法进行了全面优化。

这套系统工程方法论的主要内容包括以下三点。

（1）系统思维是前提。组织建设要从系统角度出发，着重在整体与局部、局部与局部、结构与功能、优化与构建、信息与组织、控制与反馈、系统与环境之间的相互联系、相互作用中综合研究和精确考察事物主体，以求达到最佳认识，获得整体最优效果。

（2）以总体设计部为基础实现系统集成统合运作。从目标出发，以系统整体要求为基础，将系统分解，在分解后研究的基础上，再综合集成到系统整体，实现1+1＞2的整体涌现，最终从整体上研究和解决问题。

（3）服务于关键任务的系统工程"四法"：层次划分法、功能分析法、计划管理法、反馈法。

第三，以确保业务专业化为基础的"院核心三级"体制。为了确保战略目标的完成，形成业务专业化的核心能力，圆满完成以目标为牵引的关键任务，航天科技采取了独具特色的"总部—院—厂（所）三级组织架构，其中的研究院为核心经营体"。集团公司总部为第一层级，是集团的战略中心、资源配置中心、监控中心、文化（制度）输出中心、支持服务中心、运营协调中心；各院、专业公司、直属单位为第二层级，是航天型号产品的经营和组织管理中心；其下属各厂（所）、子公司为第三层次，是航天型号产品的实施主体，是航天技术应用产品的经营主体，以航天业务为核心、相关技术或核心能力延伸形成的产品链为业务构成框架，由多个科研与生产单位组成，以系统研制链条、核心技术或资产为联系纽带，采用相似的组织架构，容纳不同的所有制形式，以市场机制为基本运行准则，科研与生产协调发展的科技型企业化经营实体。

二、双元驱动，保持组织的持续活力

迈克尔·塔什曼和查尔斯·奥赖利三世在强调组织一致性会给企业带来巨大成功的同时，也提出了"成功者的诅咒"："组织各大构件捆绑得越紧密，企业越容易发展壮大，而企业越壮大，组织对于市场的反应就会越迟钝。这种悖论如诅咒一般被植入了所有企业的基因。随着企业规模越来越大，构件之间的紧密性就会在组织表面结成一层动态的膜。这层膜可以弱化外界的负面因素，减缓或消化它们对于组织的冲击力。然而，企业的历史越辉煌、在行业中的地位越高，这层膜就会变得越厚、越硬，从而又会阻滞组织与市场即时反馈系统。"

如何才能破解这种"成功者的诅咒"而获得持续的成功呢？克莱顿·克里斯坦森（Clayton Christensen）的建议是，将那些代表颠覆性技术的新业务，也就是那些需要完全不同商业模式的新业务拆分出去，远离母体，另立门户。按照他的观点，管理者和公司根本无法同时参与成熟市场和新兴市场的竞争。在面临颠覆性的威胁时，公司应该建立其崭新的组织，但是，新的公司可能无法较好地运用母体的相关资源优势。

塔什曼和奥赖利三世给出的答案正好相反，他们认为：优秀的企业应该有能力管理好创新流，他们应该有能力在创造新产品和服务的同时，管理好原有的产品和服务。成熟的业务基于经过千锤百炼的技术和流程，而且拥有优秀业绩，而构建新业务的技术往往具有不确定性，其市场也处于快速变化之中。

就这两种业务而言，组织所需的一致性有什么区别呢？两位学者给出的结论是，二者显然是不同的，而且要想取得长期成功，组织必须完成两件事：第一，以成本和质量为基础，在成熟市场中竞争；第二，以速度和适应力为基础，在新兴市场中竞争。

要想成功地管理好两方面的一致性，管理者必须建立其二元性组织结构，这样的结构能同时具备多种截然不同的一致性。与此对应的是，二元性的组织要求领袖团队自身具有二元性。这样的领袖团队必须尝试在利用过去成功经验的同时发现机会，并有能力应对随之而来的压力和冲突。

所谓二元性组织，一元代表着基于成熟市场或"主战场"的公司正式组织架构，另一元代表着基于新市场、新产品、新技术等非成熟市场、非"主战场"的非正式组织架构或公司的非主体组织架构以及内部社交网络组织。

美国创新管理学者约翰·P.科特（John P. Kotter）也比较认同二元组织的说法，他说："双元驱动系统更多的是用来领导战略性变革活动，以把握重大的机会或避免重大的威胁，而不是用于强化管理。几乎所有成功的组织在其生命周期的初期发展阶段，都是按照这种方式运作的。只是它们在当时并不理解这一方式，而在它们进入成熟阶段后又没有维持这种方式。"

在他看来，这个结构是动态的：战略性变革活动和子项目根据需要进行组合或解散。随着时间的推移，虽然典型的层级组织并没有太大的变化，但网络组织会不断地发生变化，因为这里没有明确的管理层级、相对固定的指挥控制体系和标准的流程，从而为创新留出了空间。而且由于网络组织在很大程度上属于非正式组织,其成员来自组织不同层级、不同职位,把信息从层级组织的禁锢中解放出来,使信息的流动更快、更自由。科特的结论是:"在一个真正可靠、高效、敏捷、快速的企业,网络组织是与层级组织相互协调的。它从多方面与层级组织无缝对接,相互配合,其最主要的方式是调动同时处于两个系统中的人。组织中的最高管理层对于网络组织的发起和维持仍然发挥着关键性作用。最高层领导者必须发起网络组织,明确地肯定和支持它,保证它与层级组织的协调一致。"也就是说,一个既能保持主体组织结构良好运转以确保主营业务健康发展,又能善于培育非正式组织或者所谓网络组织以保持组织活力的企业更可能是适应力强的绩优企业,即公司不断发展的驱动力不仅来自最高层的领导及正式组织,还应该来自获得最高层领导支持的基层员工组织及以内部社交网络出现的非正式组织。

规模庞大、体系复杂、技术密集、人才密集的航天科技是如何形成二元驱动组织形态的呢?

(1)由于公司的使命与性质所在,航天科技主体组织架构形成了类似于"一国两制"的军民二元体制,在确保完成军用型号关键任务的同时,加强民用产品的市场竞争力,抢占市场制高点。这一体制成为航天科技组织建设的底色,形成了既能打技术硬仗又能在市场上显示执行力的风格,也为创新业务发展提供了组织基因。

(2)总体管理模式采用产品及业务导向的院核心三级体系,保持了型号及相关产业链的独立性,能够及时了解产业、市场、技术等领域的最新动态并快速做出反应。

(3)一部(总体设计部)两总(总指挥和总设计师两条指挥线)的体制确保了技术与运营的专业化和系统整合的有机融合。

（4）集团领导层通过各类工作会议与链接流程，形成横向连接的网络组织体系，并通过使命牵引、战略指导、复盘、资本支持、技术连接、激励手段等不断为之赋能。

（5）建设多个不同层级类型人员参加的内部创新平台，建构了以新产品、新技术为导向的横向连接机制，形成了国防科技重点实验室6个、国家工程中心2个、国家级企业技术中心10个、国家级企业研究应用中心4个以及各式各样、各个层级的创新中心数十个。

（6）与欧美发达国家、俄罗斯和国内的清华大学、上海交通大学、哈尔滨工业大学等外部顶尖科研机构及相关伙伴构建创新平台36个，形成了强大的创新赋能源。

（7）以上市公司为主体推进混合所有制改革，形成赋能通道与机制。目前，航天科技已经推进12家公司实现上市，引进实力雄厚的战略投资者，不仅实现了科技产业化的规模化之路，而且形成了强大的社会资源整合聚集效应。

（8）实施创新项目加速器机制，以可以实现产业化的优质项目为基础，培育创业创新团队。根据国家相关政策，在确保国有资产保值增值的前提下，航天科技积极实施员工持股等股权激励机制，将大批具有产业化潜力的优势业务推向市场。

目标清晰、层级明确的三级组织架构和多元化的横向非正式组织、网络组织、微型组织的有机融合形成了航天科技强有力的二元驱动体系。

任正非始终思考并实践着一件事：如何确保强大组织一致性的同时又让华为的组织充满活力，尤其是确保一线的战斗力极强。关于确保组织一致性的问题，熟悉军事领域的任正非通过文化的统合和严格的层级组织及流程找到了解决方案，在华为内部进行了一系列的尝试与变革，形成了华为特色的"二元驱动模式"。

第一，在重大决策体系中引进"蓝军模式"。 蓝军，是指在部队模拟对抗演习中，专门扮演假想敌的部队。他们可以模仿世界上任何一支军队的作战特征与红军（代表我方正面部队）或蓝军（代表假想敌部队）进行针对性的对抗训练。2013年9月，任正非在华为无线业务汇报会议上特意提到了华为"蓝军"组织。他说："我特别支持无线产品线成立'蓝军'组织。要想升官，先到'蓝军'去，不把'红军'打败不要升司令。'红军'的司令如果没有在'蓝军'锻炼的经历，也不要再提拔了。两军互攻最终会有一个井喷，井喷出来的东西可能就是一个机会点。我不管在'蓝军'上投资多少，但一定要像董事们《炮轰华为》一样，架着大炮轰，一定要把华为的优势去掉，去掉优势就是更优势。我们在华为内部要创造一种保护机制，一定要让'蓝军'有地位。'蓝军'可能胡说八道，有一些疯子，敢想敢说敢干，博弈之后要给他们一些宽容，你怎么知道他们不能走出一条路来呢？我相信防不胜防，一定要以攻为主。攻就要重视'蓝军'的作用，'蓝军'想尽办法来否定'红军'，就算否不掉，'蓝军'也是动了脑筋的。我们要肯定反对者的价值和作用，要允许反对者的存在。"大概在2002年，华为就有了蓝军组织，当时由创业元老、华为常务副总裁郑宝用负责。但是，"蓝军"组织的运行机制一直比较神秘，即使在华为内部也鲜为人知。后来，华为在战略营销部下面设立了"蓝军"参谋部，其主要职责是从不同的视角审视、论证"红军"的战略、产品与解决方案中存在的漏洞或问题，模拟竞争对手的策略，与"红军"唱反调，否定"红军"；这里的"红军"，就是华为的各个业务部门，"蓝军"就是华为的竞争对手。"红军"是华为现行的经营发展模式，"蓝军"代表主要竞争对手的经营发展模式。根据《第一财经日报》的报道，2008年华为曾经计划将子公司华为终端出售给贝恩资本，正是"蓝军"论证了终端的重要性，提出了云计算、数据管道和终端三位一体的"云、管、端"战略，从而避免了华为放弃终端业务。

第二，关键技术发展领域建立备胎组织。在华为被美国商务部列入实体清单后，任正非对媒体说，华为今天碰到的问题早在十多年前就有预测，已经准备了十几年，在建立"蓝军"的同时，启动了一个备胎计划（"蓝军"也可以理解为备胎计划的一部分，但是，备胎计划除了模拟对手的"蓝军"，还有各式各样的实际研发项目或方案）作为华为非主体组织中比较隐秘的组成部分。这些备胎人的行动是悲壮的，因为他们做的产品可能永远不会被启用，成为压在保密柜里的备胎。关于备胎的投入，任正非说"太多了，都说不清楚了"。也正是因为这些"备胎"，使得任正非在面对美国实体清单的时候说出了"影响轻微"这四个字。

华为高管透露，早在多年前，公司就做了极限生存的假设，预计有一天，所有美国的先进芯片和技术将不可获得，华为仍将持续为客户服务。为了这个被认为永远不会发生的假设，华为以集成电路设计中心为班底于2004年成立了海思，数千人的队伍从此成为隐形队伍。海思也不负使命，十年磨一剑，不仅打造出了自主研制的麒麟芯片，还开发出了鲲鹏系列服务器芯片、基站芯片、基带芯片、AI芯片、物联网芯片等已经站在世界科技产业第一梯队的高端产品。海思之所以能够"瞬间"拿出这么多自研芯片，华为付出的不仅仅是已经无法计算的巨额资金，至少还动用了700位数学家、800多名物理学家、120名化学家、六七千基础研究的专家、60000多名各种高级工程师、工程师的"多兵种"大兵团。正是这样基础扎实、实力不亚于主体组织的"备胎"在面临安卓系统可能断供的情况下，2021年再一次惊艳了全世界，用自主研制的"备胎"产品鸿蒙操作系统在华为手机中全部替代了安卓系统。

第三，主营业务领域强化基层活力的"少将班长"体系。一贯看重组织一致性的任正非在建构正式组织方面不遗余力，从通过《华为基本法》实现文化统合、统一思想到不断完善董事会决策体制，形成强有力的目标管理及决策系统；从利用知名咨询公司梳理组织架构、建构以世界500强企业为标杆的人力资源管理体系到以IBM研发管理体系为标杆的集成产品开发系统（IPD系统），无一不体现了贯彻"一致性"的意志。

在2009年年初的营销系统颁奖大会上，任正非做了《让一线直接呼唤炮火》的讲话，提出："谁来呼唤炮火，应该让听得见炮声的人来决策。而现在我们恰好相反。机关不了解前线，但拥有太多的权力和资源，为了控制运营的风险，自然而然地设置了许多流程控制点，而且不愿意授权。过多的流程控制点，会降低运行效率，增加运营成本，滋生了官僚主义及教条主义。"

2013年年底，任正非再次强调："公司管控目标要逐步从中央集权式，转向让听得见炮声的人来呼唤炮火，让前方组织有责、有权；后方组织赋能及监管。这种组织模式，必须建立在一个有效的管理平台上，包括流程、数据、信息、权力……历经20年的努力，华为已经构建了一个相对统一的平台，对前方作战提供了指导和帮助。在此基础上，再用五到十年，逐步实现决策前移及行权支撑。"2014年11月，他提出了"未来的战争是'班长的战争'"。"班长的战争"之所以能够实现，是因为"流程IT的支持，以及战略机动部门的建立，未来可能通过现代化的小单位作战部队在前方发现战略机会，迅速向后方请求强大火力，用现代化手段实施精准打击。当然，这并不是说班子可以不受约束，而是需要在资本的监督下行使权力"。

任正非将华为过去的组织和运行机制看作"推"的机制，现在要逐步转换为"拉"的机制，他认为："推的时候，是中央权威的强大发动机在推，对于无用的流程、不出功的岗位是看不清楚的。拉的时候，看到哪一根绳子不受力，将它剪去，连这根绳子上的部门及人员一并减去，组织效率就会有较大的提高。"在这里，任正非提到了"少将连长"的概念，他说"少将有两种：一是少将同志当了连长，二是连长配了少将衔"，其实，其目标是要求一线的指挥官应该有足够的指挥权，应该把最能打硬仗的优秀人才放到一线去，赋予足够的权限。时任华为轮值 CEO 的郭平为此提出："华为未来管理体系做三件事，一是前方是项目管理，是目标清晰的行动中心，犹如海豹突击队，他们的"少将班长"相当于我们的项目经理；二是中间是强大的信息与资源支持；三是后方是清晰的决策与监控中心，确保前方按照业务规则进行。"

第四，面向未来不确定趋势的 2012 实验室建制。 在华为内部，目前最神秘的组织机构是任正非于 2011 年创办的华为 2012 实验室。据称，该实验室名称来自任正非观看美国灾难电影《2012》后改的，寓意是对未来的生存发展趋势要有自己的预判，要构建自己的"诺亚方舟"，主要研究对于未来影响较大的技术。其前身是成立于 1996 年的华为中央研究院，现在成为华为的"总研究组织"，旗下有六大部门：中央研究院、中央硬件工程院、中央软件院、诺亚方舟实验室、海思半导体、研发能力中心。除此之外，还有香农实验室、高斯实验室、谢尔德实验室、瓦特实验室、欧拉实验室（自研操作系统）、图灵实验室、热技术实验室、结构材料实验室。华为前后投入了近万亿元的资金，截至 2020 年年底，华为专利技术位列全球同行业第一。2021 年，华为研发投入 1259.1 亿元，超过苹果，排名第二，主要投在了 2012 实验室的项目。据统计，2012 实验室约有 1.5 万人，已经成为华为创新、研发、平台开发的责任主体，也是华为探索未来方向的主力团队，更是华为整体研发能力提升的责任者，既代表着华为的核心竞争力，也代表着华为自身的基础研究水平。

三、三级金字塔，构建组织的反应敏捷性

绩优企业的一个共同点是：不断变革和优化组织系统，千方百计地保持组织的敏捷反应能力。

什么样的组织结构才是最高效的？管理学界有个"三层金字塔"组织架构理论。该理论认为，三层组织结构是最有效的：第一层次在塔尖，强调创造、革新、决策功能，并且保持公司的锐意进取精神；第二层次在塔腰，强调平衡、计划、制度功能，并且保持公司的稳定求进；第三层次在塔底，强调公司的执行、协调、反馈，并且保持公司的团结、务实。

从实践中看，任何一个组织，无论其规模多么庞大，只要在宏观上保持"三层金字塔"的组织层次就足够了，也是事实上最为简单而稳定的组织结构。德鲁克认为，现代组织最初在19世纪末出现时，唯一的模式是军队。从宏观层次看，每一支军队其实只有三个层次：决策层、谋略层、执行层。军队里所有复杂的其他功能都可以归结到这三个层次里。

1998年金融危机后，招商局集团希望进行组织变革以更加敏捷地应对外界的变化。2000年，招商局集团聘请知名管理咨询机构对相关方案进行了设计，打散了公司原来的复杂组织层次，形成了一个"三层金字塔"：①创造和革新的最高管理委员会；②产业经营与谋划的四大产业板块；③各执行子公司。这种简单框架避免了公司原来的各种利益集团含混不清的局面。

当然，即使是实现了三层金字塔架构，企业也仍然要优化组织结构，

不断"瘦身减重",力求简约有力,尤其是那些从机构臃肿、人员冗余、历史包袱重的传统国有企业转型成现代企业的大型中央企业。对此,国家电网的组织变革最具典型性。

为了精干有力的主业,提效增质,2011年,国家电网首先完成主辅分离改革,移交121家分离企业,涉及资产总额800多亿元,职工13万人,牵涉百万人以上的利益。国家电网采取"先省后地市、县,逐步深入,先试点后推广,全面覆盖"的步骤推进主(主业)多(多元化经营)分开改革,累计处置多经企业3000余户,累计清退员工股权200多亿股,分流安置从业人员20多万人(约占集团员工总数的20%),涉及资产总额3000多亿元。为了落实国家剥离企业办社会职能和"三供一业"(供水、供电、供热和物业管理)分离移交有关政策,国家电网稳步有序地剥离相关机构,推进相关企业进行重组、转让、清算等,实现了"减重瘦身强干"的初步目标。

关于主业自身的改革,国家电网以"集中力量办大事"为优势,以扁平化为原则,建构了"专集结合、协同运作"的集约管理模式,推进总分部一体化和市县公司一体化,建成"两级法人、三级管理"的组织架构,改变了原来的"总部—区域—省—市—县"五级组织架构(部分单位的管控链条甚至长达八级,而且每一层都是独立的法人)导致的执行力层层衰减以及低效。"两级法人"是指国家电网公司和省公司,县市及以下不再是具有法人资格的独立经营实体,只是省公司的分公司及直属单位;"三级管理"是指总部—省—市县公司三个管理层级。国家电网采取自上而下分阶段推进的方式,先调整区域公司法人层级,随后取消市县公司的法人层级,逐步完成了"两级法人、三级管理"的组织架构。层级减少了,原来的职能如何理顺呢?国家电网的具体做法是分两步走。

首先，设立区域分部，推进总部分部一体化。调整区域公司定位，设立华北、华东、华中、东北、西北五大区域分部，后续还成立了西南分部，一共六个区域分部，将原来区域公司的电网规划、调动运行等关键业务上划到国家电网公司总部或保留在分部，建设、检修等属地化业务调整到省（市）公司。总部分部实施一体化运作，区域分部定位于总部职能的延伸，主要承担基础性、日常性、监督性职能，重点负责电力调度、安全监察、生产技术、审计财务监督等工作，对区域内省（区、市）公司发挥管理、协调、服务和监督的作用。总部职能更加突出战略性、决策性、全局性，总部与分部的职能相辅相成、协调统一。

其次，推进市县公司一体化运作。具体是指推动规划、建设、调度、检修等生产型业务的管理职能向地市公司集约，突出规划、调度的统一性、权威性，发挥设备、人员的规模优势，避免县公司"小而全"。

在完成总体架构的扁平改革的同时，国家电网启动优化不同层级职能界面和责权配置的工作，确保在新的组织结构下各层级责权对等、不重不漏、协同行动。其具体做法包括以下三个方面。

（1）建设强有力的集团总部，明确了总部作为战略决策中心、资源配置中心、电网调度中心和管理调控中心的"四中心"定位。

（2）做优省公司，围绕公司总部的总体战略部署，加强业务管控，承担法人职责，突出主营业务，统筹省内人、财、物资源，组织做好电网发展、建设、运行、检修、营销、安全等各项工作。

（3）做实市县公司。在功能定位上，市县公司是整个组织体系的重要基层单元，是各项政策落地、改革创新的执行者，同时也是电网实物资产的管理者、配电业务的运营者、客户服务的提供者。

在明确了三层组织层级的责任与功能后，为了有效推动这一体系的高效运作，并充分释放一线的市场化能量和服务能力，国家电网一方面强调"集中"，以"标准化"为总体方针，全面推进全价值链的相关技术标准，按照"一元订立、一贯统一、一体遵循"的要求，制定发布覆盖主要业务和流程的通用制度，强调集团一盘棋，消除"自转"，强化"公转"，实现集团整体价值最大化；另一方面注重"敏捷"，在相关多元化业务领域，以"专业化"为准则强调混合所有制、高度的自治及市场化机制，对电网业务中具有高度同质性、规模效应的"规划、建设、运行、检修、营销"五大环节实施专业化管理，构建贯穿各层级、覆盖全经营区域的专业化运营体系。

对于基层的供电终端，国家电网强调服务反应能力，提升客户体验，积极试点建设供电服务指挥中心，全面建设"全能型"供电所，以集中资源赋能终端，为业务一线提供资源和支持，形成反应敏捷、服务及时的一线队伍和机制。

四、持续优化，推动组织的健康成长

再完美的组织结构设计也不能一劳永逸，企业在不同的阶段均需要与之相适应的组织结构，随着企业的发展过程不断地演化、创新、迭代，从而在变化中保持相对最佳状态。绩优企业的组织结构都经历了设计、确定、改进、调整、优化、迭代的过程。绩优企业领导者都是在组织结构方面不断"折腾"的典型。

2012年，马化腾在致合作伙伴的信中谈到，在互联网时代，产品创新和组织管理都要时刻保持足够的灵活性，时刻贴近千变万化的用户需求，并随趋势而变。他从生态的角度观察思考，把腾讯创业以来的内在转变和经验得失总结为创造生物型组织的法则，这个法则包括七个维度：需求度、速度、灵活度、冗余度、开放协作度、创新度和进化度。在马化腾的思想里，灵活与平衡是生态型组织的关键特征，而根据环境变化不断进化是组织生存的基本法则。

腾讯开始采用的是典型的职能式组织结构，分成三大部门：M线（市场部门），包括市场部、移动通信部等业务部门；R线（研发部门），包括无线开发部、基础开发部等；职能部门，包括总办会议等。当时的腾讯规模较小，只有一个核心产品QQ，管理简单，职能式组织结构可以发挥最优作用。

随着经营规模的发展壮大，业务多元化拓展，原先的组织结构无法适应新的经营要求，腾讯于2005年10月进行了创立以来首次重大战略升级和组织结构调整，重点推出事业部制（Business Unit，BU），将旗下业务归类，形成了五大事业部，分别是：企业发展系统，负责投资业务；B线业务，是腾讯当时的主流业务，包括B1无线业务、B2互联网业务、B3互动娱乐业务、B4网络媒体业务；R线平台研发系统，既包括腾讯的新产品研发，也包括正在成长或不确定性的新业务，主要有R0平台研发部线、R1即时通信线、R2搜索业务线；运营平台系统，是公司的行政管理系统；智能系统，是公司的信息化支持系统。

这一组织结构的最大特征是将变得复杂的业务进行了分类，尤其是将成熟的和不确定的分开，既建构了一个内部的赛马体制，又能充分利用公司的资源进行必要的协同，腾讯也在战略上由原来的单一产品转换成一站式社交生活平台。

2012年，腾讯进行了第二次大规模组织架构调整，其中最为重要的变化是将BU升级为事业集团制（Business Group，BG），内部称为事业群制。

内部人称，"系统"或"部"似乎已经无法涵盖其内务范围，也有相对封闭的感觉，群则有生态、连接的感觉，体现了内部互联、内外互联的特征。腾讯以此组织结构为基础，对业务进一步整合，以应对从PC互联网向移动互联网的快速变化，并通过技术"连接一切"，为更大规模的客户及用户提供更为优质服务的同时，也建立起来开放的生态，既有内部的业务归类，又不断与外界进行连接，以群的形式打开了企业边界，体现了移动互联网时代的"无界"特点。

调整升级后的结构为企业发展事业群（CDG）、互动娱乐事业群（IEG）、移动互联网事业群（MIG）、网络媒体事业群（OMG）、社交网络事业群（SNG），将原来的研发和运营平台两个系统整合成一个新的技术工程事业群（TEG），将更多的人手和精力用于研发与服务，强调了后台的服务性质和价值创造定位。后续因微信异军突起，单独成立微信事业群（WXG）。

腾讯的第三次大规模组织结构调整发生在2018年。2018年5月，《腾讯没有梦想》的文章火遍全网，也深深地刺激了腾讯的决策者。9月30日，腾讯宣布公司组织结构调整，在原有七大事业群的基础上进行重组整合，新增了面对产业互联网的ToB组织模块，突破了原有主要是ToC的组织属性，以适应"互联网下半场"时代的到来，内部称为"930调整"。

此次调整，腾讯在保留了原有的企业发展事业群（CDG）、互动娱乐事业群（IEG）、技术工程事业群（TEG）、微信事业群（WXG）的基础上，原来的社交网络事业群（SNG）、移动互联网事业群（MIG）、网络媒体事业群（OMG）被拆分，其业务也被重组加入新成立的平台与内容事业群（PCG），这个事业群也包括了互动娱乐事业群（IEG）与社交平台、流量平台、数字内容等相关业务。

此次调整的一个重要新单位是新成立的云与智慧产业事业群。如果说其他事业群都是 ToC 的，这个群则是 ToB 的，而且从名称可以看出来，提出了"产业"概念，整合了腾讯云、互联网+、智慧零售、教育、医疗、安全和定位技术等行业解决方案，推动产业的数字化升级。腾讯称，在互联网上半场，腾讯的使命是做好连接；在下半场，腾讯的使命是成为各行各业最贴身的数字化助手。2021 年迅速崛起、2022 年走向高峰的腾讯会议就是其中一个产品。

此次调整的另一个重要动作是成立了腾讯技术委员会，强化技术中台，通过内部分布式开源协同，加强基础研发，促成更多的协作与创新，提高公司的技术资源利用效率。这是腾讯构建生态化组织的重要一步。

与此同时，腾讯把原有的社交与效果广告部与原网络媒体事业群广告线整合在一起，形成广告营销服务线。这是腾讯组织体系中的"线条型"体系的重要组成部分，希望借此构建更加系统的营销广告能力，消除因各自为战而导致的内耗与不良的客户体验。

经过以上调整，腾讯的新组织结构为：企业发展事业群（CDG）、互动娱乐事业群（IEG）、技术工程事业群（TEG）、微信事业群（WXG）、云与智慧产业事业群（CSIG）和平台与内容事业群（PCG）。

针对此次重大调整，腾讯的解读是：长期以来，腾讯的业务都是以 ToC 为主的，其组织结构都是围绕这个核心设计的。经过多年的演化，腾讯的组织结构已经十分顺应 ToC 业务的发展，其在游戏、社交领域的成功已经充分证明了这一点。但是，随着外部形势的变化，ToC 业务发展面临越来越复杂和困难的形势，游戏、社交等业务面对越来越多的强管制。相比之下，ToB 的商机正在逐步展现，云服务、物联网、智慧零售、数字化办公等领域都展示了很好的前景。如果发展这些业务，长期演化形成的适应 ToC 的组织形态显然无法适应新的市场形势与环境。马化腾表示：此次主动革新是腾讯迈向下一个 20 年的新起点，是一种非常重要的战略升级，腾讯将在产业互联网时代助力产业和消费者形成更具开放性的新型连接生态。

2021 年 4 月 15 日，腾讯迎来了又一次大幅度的组织结构调整。腾讯平台与内容事业群（PCG）发文，将整合腾讯视频、微视、应用宝业务，组建"在线视频 BU"。这次调整的重点是将短视频、音乐、社交、资讯等各大面向用户端的内容板块聚集在一起，改变了原来的"赛马机制"，采用"马群机制"以集中火力，达到共享资源、互补短板、合力作战的目的。

这是腾讯第一次在事业群（BG）下面设立 BU，其目的是应对近两年来短视频领域如抖音、快手等新生力量的巨大冲击，以及解决长视频长期落后的难题。此次长短视频平台合并后，国内最大的综合视频平台将诞生，腾讯也将与字节跳动展开正面竞争。

有人说，互联网企业的组织结构是跟着行业风口跑的，用在腾讯身上也很合适。腾讯组织结构不断变化的关键是把组织架构视为实现愿景与战略目标的工具，把保持组织活力以适应行业的新发展和竞争的新态势作为组织架构的基本原则。从这个角度讲，企业的成长就是组织架构不断演化的过程。

五、锻造队伍，修炼组织的内在能量

组织是人的组合。所谓优秀的组织，就是优秀的人的组合。优秀的人往往也是通过组织锻造出来的。优秀的人才支撑了组织的优秀。因此，锻造优秀人才队伍，就成为企业走向绩优的基本功。

（一）航天科技：人才高度就是事业高度

航天科技坚持"人才高度就是事业高度"的理念，通过强化顶层设计，把握人才成长规律，推进人才优先战略，实施人才差异化培养，完善人才保障措施，逐步培养造就了一大批思想过硬、技术精良、作风顽强的航天领导人才。据《经济日报》2021年10月6日报道，截至2020年年底，航天科技的科技人才队伍中，35岁及以下的占52.5%，45岁及以下的占83.1%；现拥有两院院士31名，130名国家级专家；各类高层次人才数量位居中央企业前列。其铸造人才队伍做法有以下三种。

（1）打造"四好"领导班子。因为领导班子是领头雁，只有领导班子好了，队伍才可能好。航天科技对此的要求是"政治素质好、经营业绩好、团结协作好、作风形象好"的"四好"标准。为了打造综合素质过硬的领导班子，航天科技不仅广泛利用国家及有关机构进行培训，更重要的是采取"走出去"战略，委派人才到境外有关公司锻炼，从而培养了一支视野开阔、综合能力强的干部队伍。

（2）注重培养领军人才。因为领军人才是人才队伍"金字塔"的塔尖，是人才队伍建设的核心与关键。航天科技按照人才分层分类差异化管理要求，遵循人才成长规律，针对科技领军人才、技能人才的不同成长特点，采取更具针对性的措施和行之有效的管理办法，将科技人才分为骨干（专业技术主管等）、专才（学术、技术带头人等）、将才（型号总指挥、总设计师等）、帅才（重大工程总师、系列总师、领域首席专家等）和大家（杰出科学家、学术巨擘）五个层次，并提炼出每个层次的基本特征、角色定位，凝练成"工程实践，培养骨干；长期积累，成就专才；一专多能，培育将才；艰辛历练，造就帅才；重德修身，成就大家"的育才规律。航天科技坚持重大工程和重大研发项目每推进一个阶段，人才就跟进一批、储备一批。

（3）营造人才创新气氛。针对青年人的"成才成业"志向和"求学求为"需求，航天科技着力在培养人、凝聚人、造就人、激励人上下功夫，建立了一套激励人才创新的机制，如收入向关键岗位、高绩效人员倾斜，健全核心骨干特殊津贴制度，全面推进骨干人才中长期激励制度，完善成果转化机制以及多层次的荣誉奖励机制，构建宽容失败的保护人才机制等。以上多层次、多途径的人才培育模式充分体现了航天科技的特色，也充分发挥了国家科技创新主力军的作用。

（二）华为：以奋斗者为本

华为的人才济济以及不惜代价抢人才、给予人才业内最高薪的做法是众所周知的，这与任正非对于人才的认识相关。在实践中，华为是如何做的呢？

（1）提倡企业不仅要招聘人才，还要培养人才，更重要的是经营人才。创业阶段，面对强大的竞争对手，任正非饱受人才之困。为了解决这一难题，华为一方面不惜重金到处搜寻关键人才；另一方面每年到有关高校招收大批应届毕业生进行培养。华为将人才队伍建设的重点放在了内部培养上，因为招聘到合格的人才比较难；即使招聘到了，有可能不适应华为的企业文化而离开。华为在人才经营上的主要方式包括员工培训、轮岗实践、任职资格与考评三个方面。据不完全统计，近年来华为每年的培训投入都在1亿元以上，而且培训注重实用性，强调721法则，即70%的能力提升来自实践，20%的能力来自导师帮助，10%的能力来自课堂学习。

（2）营造"金子发光"的"光源"。华为认为，金子会不会发光，取决于是不是在有光的环境里。如果把金子放在漆黑的夜里,那么它就不会发光;如果把金子放在灯火辉煌的厅堂中,金子肯定会闪闪发光。也就是说,在华为看来,人才也是相对的,只有在适合自己的舞台上才会体现自己的价值,没有绝对的人才一说。

(3)留下来的才是企业的人才,离开的和企业无关。这就是华为将现有人才的价值最大化的缘故。《华为基本法》第二条规定:"尊重知识、尊重个性、集体奋斗和不迁就有功的员工,是我们事业可持续成长的内在要求。"华为通过高薪、员工持股计划及良好的工作、生活、学习环境为主的利益分享体系给员工戴上"金手铐",通过利益的统一实现员工的凝聚力。

(4)强调"以奋斗者为本",而不是以传统的"忠诚度"为本。华为更强调员工的职业化程度以及对于工作的投入,不过多强调对于企业的忠诚。因为在华为看来,忠诚度是一个很难考评的项目,如果以在企业服务的时间长短来评价,工龄长的员工容易产生惰性。因此,《华为基本法》里明确规定"我们不搞终身雇佣制,但这不等于不能终身在华为工作。我们主张自由雇佣制,但不脱离中国实际",并在实践中废除了"工号文化",就是为了激活组织,清理沉淀员工,使企业保持创造的活力。在华为的价值评价体系中,学历、技能、潜能、工龄、素质等都不能作为薪酬的评价依据,只看绩效状况与贡献能力。

(5)主张"金无足赤,人无完人",以扬长避短的原则用人。任正非认为:"完人实际上是很少的,我不希望大家去做一个完人。大家要充分发挥自己的优点,做一个有益于社会的人。每个人的优势加在一起,就形成了一个具有完人特质的集体。"根据这样的要求,华为对人才的使用与考评遵循以下原则:华为绝大多数员工是愿意负责和愿意合作的,是高度自尊和有强烈成就欲望的;金无足赤,人无完人;优点突出的人往往缺点也很明显；工作态度和工作能力体现在工作绩效的改进上；失败铺就成功，但重犯同样的错误是不应该的；员工未能达到考评标准要求，管理者有责任，员工的成绩就是管理者的成绩。

（6）人才更需要人性化的组织。尽管任正非的管理作风硬朗，华为员工的工作压力也非常大，但是他对于人性化的理解也很深刻，在华为做了两件非常重要的事：一是用高薪与员工持股计划充分展现了对于人性化中的物质激励能力；二是随着公司的发展，对于员工生活和健康的关注度越来越高，设立了首席员工健康与安全官，成立健康指导中心，规范员工餐饮等健康标准，负责疾病预防工作，提供健康与心理咨询等。员工关系部还出面组建了几十个与健康锻炼有关的协会，强制员工休假，为之提供五星级酒店住宿，协助员工购房等。

（7）企业需要各种各样的人才，不仅需要顶尖的技术开发人才和科学家，还需要各个领域的能工巧匠，他们也是企业的宝贵财富。华为在新员工招聘时会有一定的学历门槛，不同学历和专业会有不同的起步薪酬，但是进入公司后就不再唯学历论。任正非认为唯学历论就是形而上学，他说："进华为大门时看学历，进了门后，就把学历证书扔在箱子底下，华为只注重你的实际能力和贡献，一切从基层做起。"

六、相变原理，有机的组织驱动要素

相变，是物理学、化学领域的一个词语。物质系统中物理、化学性质完全相同，与其他部分具有明显分解面的均匀部分称为相。在此，我们可以将它理解为一种状态或结构。与固、液、气三态对应，物质有固相、液相、气相。相变，就是物质状态或结构从一种相转变为另一种相的过程。

美国学者萨菲·巴赫尔（Salf Bahcall）把相变这个概念移植到人类行为和人类组织研究中发现，比较有活力的组织都是具有"相态分离"和"动态平衡"的组织，而不是强大的单相态组织。

换句话说，"两相"之间既要保持分离，又要保持联系。

他的结论是"为了生存，国家需要同时具备两方面的优势"，他说："一个分子不能大喊大叫着让它旁边的分子们松动一下把固体冰变成液态水。我们很难改变军事文化的结构。这是一种不同的压力。但是采取边缘生存的原则，在某种特殊条件下，两相可以共存。"也就是说，在他看来，越是具有活力的组织，其组织结构在保持主体组织结构相对稳定运转的基础上，一定允许各类有益的非正式组织和大量的自组织存在，而且保持两类型组织的良性互动，甚至在需要的情况下互换。

绩优企业在组织系统层面上都能保持长期的"相态分离"和"动态平衡"，并且能充分运用相变原理激活企业组织内在的能量，持续保持组织的活力。归纳起来，绩优企业的这种动态组织结构主要有以下三种特征。

（一）整体性组织

所谓整体性组织，就是把组织视为一个整体的系统，而不是"联邦式"单元组合，善于进行动态的整合，保持领导层与员工、员工与员工之间的良性互动，确保部门与部门之间的动态链接与深度配合，同时与环境保持密切互动，确保对市场与行业变化的敏捷反应。

就绩优企业而言，无论什么行业和规模大小，激活员工潜能，持续保持组织活力，确保组织的一致性，从而实现企业的战略目标，都是每家企业领导者心有所想且不断追求的。

中国电科，是在原电子工业部直属的46家电子研究院所和高科技企业基础上组建而成的，早期保持了"以所为本"的组织管理模式，资源分散，各个所单打独斗，无法形成合力，尽管每个所都拥有比较雄厚的技术实力，但长期"内战内行，外战外行"。经过反思，领导班子深刻地认识到联合起来才能办大事，时任董事长说："改变单兵作战的局面，优化资源配置，就可以联合起来办大事，就会有精力投入前沿技术的探索研究，就会有能力联合起来攻克当前的很多瓶颈技术，就能极大增强中国电科的综合实力。"随后的中国电科，以战略目标为导向，以技术整合为基础，进行了组织重组与优化，形成了强大的整体实力，攻克了不少技术难题，创造了很多市场奇迹。更为重要的是，这种组织整合的同时注意保持了各个所的相对优势带来的活力，鼓励有关所以自己的优势整合社会资源，面对市场。海康威视就是其中一个比较成功的例子。

（二）包容性组织

通过观察绩优企业的组织结构，我们发现它们都展现了包容性的特征，就是允许组织内不同类型单元的存在。左哈尔在《量子领导者》一书中说："一个量子组织应该同时拥有结构性和非结构性的流动自由，既具备自上而下的指令型组织的特点，又具备自下而上的自组织型企业的自由。"

华为、腾讯等民营企业的组织模式比较典型，但是像规模之大且负有国家战略使命的航天科技、中国电科这样的大型中央企业，也存在各种类型的混合所有制单元以及非正式组织单元，还有大量合作类型组织。组织内部的多元化、多重性和多样性体征成为组织活力的源泉。"兼容并包"替代了"非此即彼"，集体决策、分享机会和共担责任，代替了传统的僵化的层级组织。中国电科内部称为"自治发展"，即体系内的各级经营管理系统能够按照自身基础和发展需求，具有一定自主性地选择发展目标和组织管理模式,追求合理的自治式发展,形成了各系统特点的组织形式、资产类别、业务构成等,激活了组织内人员、技术等优质要素的活力,实现了体系的高效发展。

中国电科按照专业化原则,根据战略需要成立了装备、海康、通信、太极等子集团,以及声光电、网络安全、仪器仪表、中科芯等专业公司,子集团之下的三级公司更是以开放、灵活为主,可以自主选择合作伙伴,建构适应自己发展的组织形式,既推动了现有成员的发展,也有效吸纳了社会各个类型的能量,激活了内部组织能量,从而服务了集团的整体战略目标。

(三)可变性组织

《量子领导者》一书写道"海森堡不确定性原理告诉我们,当我们介入一个量子系统时,我们就改变了这个系统",强调了人的行为与结果之间的互动性。因此,在建构组织体系时就要强调组织的可变性,量子领导者明白自己拥有主旋律,设定了愿景,不用固定的格式,而是让实现者有着选择自己做法的自由,最终形成强烈的共鸣。量子型组织是随势而变的组织,也是一个参与式"宇宙"。量子组织在环境中存活的同时也创造环境,要为自己参加创造的环境承担责任,这包括了组织内部人员共同创造的产物。组织的建构与演变其实有无限可能性,现实结构只是其中的一种呈现,两相态的组织形式随时可以切换,以适应变化的市场与环境。

中国电科的组织优化实践充分证明了组织形态"相变"的力量。

第一,中国电科认为,体系不是固定不变的。 为了应对电子信息行业的快速变化和国家重大战略的转型,要求组织体系必须随着使命与环境变化而演化,从而提升业务布局和经营决策的灵敏性,强化体系生存能力。

例如，中国电科在西北地区立体化社会治安防控体系建设过程中，以"需求与技术双牵动双驱动"理论为指导，创新性地形成了以"需求对接、战略协同、组织协同、技术协同、保障协同"等协同创新要素为手段的合作模式。

第二，中国电科主张"分布经营"。认为体系可以容纳不同的系统在一个环境中共同发展，可以有"多相态"的组织形式存在，注重历史沿革和产业发展布局，借助体系内多样性系统的协作集成，提升体系的经营稳健性。

第三，中国电科提倡"开放协作"。认为体系的高效运行需要保证内部系统和外部系统的连通性，在保证成员单位合作的基础上，向产业上下游开放平台和标准，在丰富的产业生态体系中形成高效竞合状态，增强了体系的网络结构。中国电科一直致力于与合作伙伴共同打造良好的产业发展生态，不仅提供能力开放平台，还提供开放式体验环境和兼容性验证环境，发起了新型智慧城市建设企业联盟、物联网产业技术创新联盟等，为合作共赢保驾护航。

第四，中国电科关注"涌现效应"。相信在围绕战略目标进行的组织要素协同过程中，通过多系统同时执行和不断修正，一定会形成体系的正向涌现。可见，中国电科由于跨地区分级结构、专业分工、能力层级、大协同下的个体竞争等，具有较强的自组织性、动态演进性和异质复杂性，构成了复杂的可变性、可进性、可持续性、开放性的复杂经营管理系统。而这一系统通过不断的优化、调整，为达成愿景与战略目标奠定了可持续进化的坚实基础。

CHAPTER 4
第四章

开放式创新与构建创新生态

科技创新是绩优企业的核心密码之一,更是社会生产力和综合国力的重要驱动力。中国绩优企业的起点不一样、性质不一样、行业不一样、领导者的管理风格不一样,技术创新的风格与路径也不一样,但是它们都懂得一个质朴的道理:一个没有科技创新能力的企业,根本不可能成为一个绩优企业。没有科技创新,一个企业在一个阶段可能会盈利,也可能会暂时成功,但是盈利不可能持久。

中国企业的科技创新有一个特殊的背景:在冷战时期,中国与外界的联系在很长一段时间内被中断了。改革开放之后,国家领导人及企业家发现,中国企业在很多方面已经落后西方发达国家和地区很多,它们的领先优势形成了强大的壁垒,其中包括技术壁垒、知识产权壁垒、规制壁垒,还有政治要素和竞争要素的限制等。因此,向西方发达国家和地区学习并设法绕过或突破壁垒,成为改革开放后中国企业的首要选择,同时加以消化、改良、调试、迭代、创新成为主要形式。随着中国企业的不断成长以及中国经济的逐渐发展,中国企业的科技创新逐渐有了更多的主导权和更多的自主知识产权，总体上由改革开放早期的以模仿学习为主的科技创新模式走向以自主创新为主的新模式，但这并不意味着走向封闭，而是有了技术路线主导权的、合作方式更加开放的、路径也更加丰富的创新。其中，绩优企业的创新路径与模式最为值得关注与研究。

一、逆向式创新，绩优企业早期普遍选择的路线

改革开放以后，尤其是中国加入 WTO 之后，中国企业界进入了"与狼共舞"的时代，拥有强大技术优势的世界 500 强企业纷纷进入中国。处于弱势的中国本土企业，那时的中央企业也一样实力偏弱，既有主动抱着强烈的学习态度也有被动无奈的选择，基本都采用了"低端切入"的战略路线，先从低端技术获取改进切入，绕开技术壁垒，开启了中国式的科技创新之路，吉利、比亚迪、华为等都是其中的典型代表。从产业价值链和技术链的角度看，关键和核心技术往往都在技术链的前端（或称头部），构成了产业价值链的高端，是高额利润的主要创造基础。在科技创新的战略路径选择方面，通常有以下两条路线。

一是"正向创新"。即从前端（头部）开始逐渐向后端（底部）推进（这基本是发达国家和地区的标准式创新，如美国、欧洲、日本等发达国家的世界 500 强企业），然后通过知识产权的扩散使用，形成技术普及的金字塔效应，如苹果、高通、IBM、微软、英特尔、西门子、爱立信等依靠专利产品、技术授权等获得了丰厚的利润。

二是"逆向创新"路线。即从后端（底部）开始向前端（头部）爬升。我国企业，尤其很多绩优企业由于底子薄、基础弱，采取了"逆向创新"路线，通过这样的方式绕开壁垒，用比较低的成本获得相关技术，同时潜

心进行技术积累，等成长到一定程度后再变换其他科技创新路径。

绩优企业的一条经验是，低端切入是有效的，但是不能停留在低端状态或满足于低成本技术的获得。如果那样，就会永远被国外的行业龙头企业"卡脖子（关键技术）""夹脑袋（头部技术）"。

吉利于1997年投资5亿元（尽管这个数字在当时算是一笔巨额投资，但在汽车制造行业，这是一个在当时不被看好的投资项目）正式进入汽车行业，首先从模仿"夏利"开始"练兵"，后来又学富康等畅销车型，通过"逆向工程"消化吸收引进成熟技术，用"干中学"的方式逐渐熟悉了汽车制造领域的核心技术体系和工艺流程，逐步提升市场占有率和减少对引进技术的依赖。到2002年，吉利推出了第一款三厢轿车"优利欧"，标志着吉利对汽车生产技术的掌控灵活性大大增加，其经济型轿车销量已经占据了当年全国汽车总销量的4%，出口量占据了全国轿车出口量的50%以上。

随着中国社会经济的发展以及国人生活水平的逐步提高，吉利的低价战略饱受质疑，发展出现停滞，核心部件也受到供货厂商涨价的威胁。面对这一局面，李书福毅然决定进行转型，追求核心技术的获得，重点获取发动机、变速箱等高端核心技术部件的知识产权。2003年，吉利邀请韩国大宇汽车前副总裁加盟吉利，担任副总裁和技术顾问，同时又通过技术手段建立起与国际接轨的开发流程，实质性地帮助吉利迅速建立起了现代化生产线。2005年，吉利在造车技术上实现重大突破的"自由舰"下线，标志着吉利的整车技术上升到一个新台阶，在关键零部件的设计和生产上拥有了更多的自主权。2006年，吉利研发的首款CVVT发动机JL4G18在吉利宁波基地正式投产。这是吉利在汽车核心零部件研发方面的又一里程碑事件，也标志着我国汽车核心零部件研发已经与世界接轨。

李书福显然不满足于吉利现有的技术能力，这一年开始进行研发体系的系统改革，推行平台战略和通用化建设，在管理模式上推行矩阵式管理，解决了各研发中心资源协调成本高的问题，将大部分的零部件、材料和结构进行了标准化和通用化设计，进一步推动技术的内在升级，扎实了技术创新的基本功。同年，吉利汽车的年出口量达1万辆，超过此前出口总额的三分之一。

2007年5月18日，李书福面对全国100多位经销商发表了吉利历史上重要的"宁波宣言"，发展战略由"总体跟随，局部超越，重点突破"升级到以"超级对标"为牵引的"创新驱动发展，技术引领品牌"战略。李书福发现，走向高端品牌是必然之路，高端品牌需要高端技术作为支撑，吉利目前自有知识产权的核心技术肯定是不够的，最重要的是汽车领域的高端技术几乎全部在国外知名厂商手里，通过合作或购买技术是一条漫长且被国内其他厂商证明不太可取的路。"并购"成为李书福的基本战略选项。

2009年3月27日，吉利在澳大利亚DSI公司宣布破产后40天内收购了这家全球第二大变速器制造商的全部股权，包括厂房、生产设备等有形资产和研发中心、知识产权等无形资产。对一直在自动变速器技术刻苦钻研的吉利来说，这是一次巨大的提升。

DSI是全球仅有的两家独立于汽车整车企业之外的自动变速器公司之一，有80多年的历史，拥有雄厚的技术积累和产业经验。吉利收购DSI后，保留了DSI的运营独立性，继续为全球客户提供自动变速器，同时为DSI在中国寻求低成本采购零部件的途径，并为之提供了丰富的研发资金。

两年后，吉利控股在国内成立了吉晟国际动力传动系统有限公司，用统一的技术标准和质量标准进行生产，填补了国产高档自动变速器领域的空白，打破了外资垄断市场核心技术的局面。

2010年3月，吉利控股出资18亿美元收购了沃尔沃轿车的全部股权，获取核心技术的目标更加明确。沃尔沃是全球知名的豪华汽车品牌，安全基因举世无双，车内空气质量技术控制及环保技术全球领先。

此次收购，吉利拿到了沃尔沃轿车商标的全球所有权和使用权，以及其10个可持续发展的产品、产品平台及发展升级策略、已进入量产前准备沃尔沃全新的SPA平台，哥德堡、比利时等4个整车厂约57万辆的生产能力、物流能力以及工艺制造设备等，还争取保留了沃尔沃的技术人员并获得了其多年的用户数据，以及分布于100多个国家和地区的2325个网点的销售、服务体系。更重要的是，吉利获得了涵盖发动机、整车平台、模具安全技术、电动技术的10963项专利和专用知识产权（在福特会计报表中，体现为无形资产达16亿美元）。

2013年，吉利以沃尔沃的技术力量为基础，整合欧洲更多的研发技术人才，在瑞典哥德堡建立了中欧汽车技术服务公司（CEVT），成为吉利汽车的全球工程研发中心之一，拥有全球20多个国家和地区的2000余名顶尖的汽车工程师，定位是全力打造新一代中级车的模块化架构和相关的部件。2017年，吉利与沃尔沃联合协同打造的全新高端合资品牌领克汽车上市，品牌发布会放在德系车的大本营德国，创下了137秒6201台订单的骄人战绩，标志着吉利与奥迪、大众等主流合资品牌的"越级对标"战略全面实施。

2018年2月24日，吉利宣布通过海外经营实体以90亿美元左右（约合人民币为570亿元）的价格收购戴姆勒9.69%的具有表决权的股权，成为戴姆勒集团第一大股东。这一决策展示了李书福进一步掌握高端汽车核心技术及进军高端品牌的决心。

当汽车行业开始由传统燃汽车向新能源动力汽车转变的新时代，吉利也开始布局，于2015年提出了蓝色吉利计划；到2019年，吉利已汇集全球数千位新能源技术和工程研发领域的"最强大脑",并推出首款新能源纯电汽车"几何A",实现了真正100%自主研发的中国新能源技术体系和解决方案;同时,吉利还与戴姆勒联合成立合资公司,在全球范围内联合运营和推动SMART品牌转型,打造全球领先的高端电动智能汽车品牌,初步实现了"逆向创新"路径基础上的技术追赶到完全自主研发的"正向创新"路径。2021年11月,吉利在杭州湾研究总院发布了涵盖所有动力总成系统的动力品牌雷神动力,以及"智能吉利2025"战略,意图引领中国品牌进入智能终端时代。

二、集成性创新,绩优企业务实学习的基本方式

集成性创新是中国很多企业创新发展过程中的必然选择。逆向式创新也是集成性创新的一条途径,但是强调了从底部向头部的逻辑进化,集成性创新范围更广。通俗地讲,集成性创新就是"拿来主义",博采众长,融会贯通,实现关键技术的突破。

据《中国式企业管理科学基础研究总报告》一书介绍,招商银行早期的业务创新和技术创新具有典型的集成性特点。无论是早期的离岸业务还是后来的信用卡业务、个人零售业务,招商银行都是针对市场需求,学习海外发达国家的成熟经验、整合相关资源,引进相关技术完成的。

招商银行看到了以信用卡为代表的零售业务发展的历史机遇(这一点其他银行也看到了),却拒绝了与花旗银行的合作,因为信用卡业务是一个个人业务,品牌是这个业务发展的基础。为了建立自己的信用卡品牌,招商银行决定自主发展业务,这不意味着全面拒绝与外部合作,而是"以我为主",整合需要的资源和技术,聘请了海外有成功经验的专业人士担任顾

问，成套学习（一对一）引进先进的技术与管理经验，同时在业务实施上注意与中国国情相结合，形成了"以我为主，整合资源"的创新经验。

集成性创新是一个内涵比较宽泛的名词，不是简单的"拿来主义"或"拆解—集成"，而是技术创新领域比较常用的一种创新方式。对现代人而言，技术创新很难从零开始，总要站在前人的肩膀上，尤其是巨人的肩膀上进行技术创新。

技术集成式创新，就是将公知技术、有效专利和部分自创技术，根据目标需要系统化地组合集成为一个新的具有创造性的技术方案直至获得实际应用，运用起来有最为简单直接的"复制式"，也有一点一滴模仿学习的"学习式"，还有结合了其他技术和自有技术融合成的"融合式"等。

中国绩优企业在科技创新领域都不同程度地采用了集成式创新方法。即使现在的很多世界级企业巨头，也对集成式创新方法爱不释手，如谷歌、苹果、特斯拉等，一旦发现好的、领先的相关技术就利用自己的资金优势将其整合进自己的技术体系，要么模仿学习，直至掌握技术要领；要么通过强大的市场地位逼对方就范，直至将其整合进自己的技术体系。所以，很多人认为特斯拉汽车就是一个世界级相关技术的整合体，没有太多原创性的技术，认为马斯克就是一个成功的技术整合者。其实，苹果的创始人乔布斯也拥有这个称号。

上海振华重工，在1993年时只有四台小型起重机要发往美国迈阿密，但当时不得不向总部位于荷兰的一家全球整机运输领域垄断企业去订船，这家企业提出苛刻要求：首先不能保证按时到船；船抵达迈阿密之后，振华重工三天内必须安装好；两台机器的运费为150万美元。面对无法满足的苛刻要求，振华重工只好筹集资金买了一条旧船，聚集国内外技术专家进行改装，经过4个月的努力，独立改造成功，于1994年4月5日发船。看到了前景和自己能力的振华重工,之后又购买了3艘6万吨级二手船进行改装,一跃成为世界上最大的港机专用船队。起初,整机运输船改装都是模仿学习荷兰这家企业的相关技术,但在实际应用中发现这些技术实操性欠佳,振华重工的技术人员根据实际需要,寻找各种相关技术,进行大胆集成改装。现在,振华的整机运输是世界上最先进的,已经是世界同行业的标杆。

三、开放式创新,绩优企业走向自主创新的捷径

德国学者利兹坦赛尔教授提出了一个开放式创新的理论框架,他认为企业在创新过程中要经历知识吸收、知识转化和利用吸收的知识自主创新的阶段。

从实践看,无论逆向式创新还是集成性创新,都是开放式创新的一种路径,都要吸收外部的知识进行消化并进而创造出自主创新的成果。不过,这里之所以将开放式创新单独罗列出来,是因为绩优企业还有更典型的开放式创新路径,最为常见的是直接引进技术进行消化进而实现超越并走进行业前列。

陕鼓集团自1968年开始建厂到1975年,历经7年建设投产并生产出第一台风机,期间技术进步一直比较缓慢。1979年的改革开放是陕鼓集团快速崛起的肇始。这一年,陕鼓集团开启了通过高起点技术引进实现技术水平跨越的新征程。1979年,国家机械工业部组织国内机械行业的重点企业进行技术引进,陕鼓集团是其中之一。陕鼓集团通过经贸合作方式,购买国外设备,要求技术一并转让,引进了当时在轴流压缩机方面技术处于国际领先水平的瑞士苏尔寿公司技术,包括气动、设计、图纸、实验、检验、质量控制、工艺等全套技术,并先后派出几批人员出国学习,一直到

1984年合作生产第一台轴流压缩机，1988年实现了主机国产化。除了瑞士苏尔寿，日本川崎重工株式会社、德国MAN透平公司等世界行业标杆企业都成为陕鼓集团技术引进和技术学习的对象。由此，陕鼓集团实现了技术来源的多样性，为技术创新奠定了基础。到了2021年，有着天然"开放"基因的陕鼓集团已经不再仅仅是一家引进技术的企业，而是把技术创新的触须延伸到了海外，拥有了欧洲研发公司以及EKOL（捷克）等12家海外公司和服务机构、38个运营团队，其智慧绿色产品、方案和系统服务已经覆盖全球100多个国家和地区。2020年，陕鼓集团董事长李宏安说："陕鼓积极融入双循环，与全球合作伙伴互为市场、互为资源，推动国际产能合作，实现互利共赢。"这意味着陕鼓集团的开放式创新不仅仅指向海外优秀企业，也包括国内的优秀企业。2020年以来，陕鼓集团与国家电网、国家电投、中国投资协会、中国一重、中石油长庆油田及长庆石化等进行战略合作，布局国内能源领域"数字新基建"。

在数字化时代，开放式创新有了新的含义。2020年，一家知名管理咨询公司和美国大学合作，调研了总部位于美国和欧洲的数十家大型企业的研发情况，把它们的开放式创新模式归纳为以下四种。

（1）传统IP合约，指的是某一方提供特别的技术，然后双方合作。绩优企业的技术引进基本上都是这一模式的实践。

（2）开放式创新合作。一般来说，企业都在技术攻关比较难、研发项目比较复杂、自己很难搞定的领域与特定合作伙伴合作，发挥双方优势进行互补，实现创新。华为与IBM的合作、陕鼓集团与合作伙伴的合作以及吉利与一些伙伴的合作都属于此类。

（3）开放式创新平台或开放式创新竞赛。企业已经很明确自己的需求，但却没有明确的合作伙伴，就通过开放式创新平台的模式，如专题大赛、专业领域孵化器、专业飞地、专业加速器等，获得相关技术创新资源与合作伙伴。绩优企业以及很多龙头企业都采用这样的路径。

（4）开放式创新社区。这种模式比较适合问题比较复杂、需要多边合作、共同解决问题的情况；这种模式的优点是覆盖面比较广。近几年，企业推出的产业双创方案、小米等互联网企业建立的相关创新社区等都是这类模式的典型。

每一种模式都既有优点也有缺点，绩优企业并不会只选择一种创新模式，而是会选择一种主体模式并辅以其他模式，或者形成各种模式"混搭"的格局。

四、自主型创新，绩优企业崛起的核心创新技能

要实现可持续经营，成为市场竞争的真正强者，自主型创新是必由之路。自主型创新不是闭门造车，而是将全球优秀技术为我所用，以自己的战略为出发点，通过自身的改造、转换、迭代，形成具有自主知识产权的"自主可控"的科研成果，形成真正的市场竞争优势。

中央企业，特别是一些事关国计民生、国家战略安全的绩优中央企业开辟了具有中国特色的自主型创新道路：本土创新和二次创新。在那些无法获得技术引进的领域，肩负国家使命的中央企业别无选择，只能充分利用国内的科研力量，迎难而上，努力实现在这些领域的自主创新。

面对西方发达国家在电子基础领域的封锁遏制，中国电科聚焦"先进计算、射频与光电器件、微系统、电子制造装备、半导体工艺、共性支撑"六个基础方向中长期受制于人的重点薄弱环节，形成26个领域、115个子领域、342类产品的自主可控产品谱系和发展路线图，为我国网络信息基础

设施和武器装备自主建设奠定了基础，成功推出了完全自主设计、每秒运算千亿次的国产处理器"魂芯二号A"，单核性能超过美国同类产品四倍；利用自主设备、自主工艺实现了99.9995%以上纯度的SiC粉料批量供货，有力地支撑SiC基GaN微波功率器件突破西方禁运，性能指标已实现与国际同步发展。

在没有国外引进技术的背景下，40多年来，航天科技坚持自主创新，实现了"风云系列"气象卫星核心技术和器件研制的自主可控，达到国外同类卫星的先进水平。据2022年2月9日中国新闻网报道，2021年全球共实施146次发射任务，为1957年以来最高发射次数，发射航天器总数量1846个，创历史新高，总质量777.70吨，为航天飞机退役以来的最大值。其中，美国航天发射51次，发射载荷总质量403.34吨，超过其他各国发射航天器质量总和。中国实施发射55次，发射次数居世界首位，发射载荷191.19吨，居世界第二。俄罗斯、欧洲、日本、印度的发射载荷质量分别位居世界第三到第六位。其中，航天科技长征系列运载火箭完成48次发射任务，全部取得成功，发射次数居世界宇航企业第一。

华为的创新路线图既典型又独特，说其典型是因为它也是从逆向创新开始的，采用了典型的集成性创新模式，逐步走向以自主研发为核心的自主创新之路；说其独特，是因为它在采取上述跟随性创新的同时，另起炉灶搞起了以自主研发为代表的自主创新，长期采取"双线"创新路线。

2006年12月，华为内部刊物《华为人》刊登了华为战略规划部部长的一篇文章，文中说道："华为在过去的18年里每年坚持投入销售收入的10%以上在研发上，有超过25000名员工从事研发工作，资金投入都维持在70亿～80亿元。迄今为止，华为没有一项原创性的产品发明，主要做的、所取得的是在西方公司的成果上进行一些功能、特性上的改进和集成能力的提升。对于我们缺少的核心技术，华为只是通过购买的方式和支付专利许可费的方式，实现了产品在国际市场的准入。"

这篇文章文字平实，事实令人震惊，既代表了华为当时的技术路线，也说出了当时很多中国企业的无奈或务实的选择。不过，奉行"灰度"的任正非对此也没有什么不适感，反而干成了独特的华为创新模式。从那个时候起，华为悄悄开启了以自主可控为目标的研发，其中包括备胎计划。任正非坦率地说："华为知道自己的实力不足，不是全方位地追赶，而是紧紧围绕核心网络技术的进步，投注全部力量。与此同时，又紧紧抓住核心网络中软件和硬件的关键中的关键，形成自己的核心技术，在开放合作的基础上，不断强化自己在核心领域的领先能力。"到2015年，"备胎集中营"海思进入了十大芯片设计公司，收入达到31.2亿美元。2016年6月，任正非在全国"科技三会"（全国科技创新大会、两院院士大会、中国科协第九次全国代表大会）上做汇报时提出"重大创新是无人区的生存法则，没有理论突破、没有技术突破、没有大量的技术积累，是不可能产生爆炸性创新的"，并表示"华为跟着人跑的'机会主义'高速度会慢下来，创立引导理论的责任已经到来"。当海思于2019年因芯片正式走向前台的时候，华为已经形成了自主可控的核心技术系统。2022年3月16日，华为召开了专利许可业务汇报会，强调专利收费不能收得太低，太低会遏制整个社会的创新，形成事实垄断，也不符合法律要求的公平合理无歧视原则。到2021年12月，华为已经成为全球最大的专利权人，华为在全球共持有有效专利4.5余族（超过11万件），90%以上专利是发明专利。华为在中国国家知识产权局和欧洲专利局2021年度专利授权量均排名第一，在美国专利商标局2021年度专利授权量位居第五。在专利申请上，华为没有片面追求数量世界第一，而是强调多申请高端专利。

五、协同性创新，绩优企业的创新高阶选项

协同性创新，是近几年企业界比较关注的创新模式，尤其是数字化时代的到来，依托于数字化技术与新一代网络技术为基础的协同创新成为更多绩优企业的必然选项。

协同性创新，一般是指创新资源和要素在数字化网络的基础上，创新主体通过各种正式组织与非正式组织形式，打破主体间传统的企业边界壁垒、部门边界壁垒和专业分工壁垒，释放并分享彼此间"人才、资本、信息、技术、平台"等创新要素活力而实现深度合作。

中国电科集团组建成立后，针对纳入集团的各个科研所既有各自优势又存在科研、生产"混叠"的现象，从2012年开始实施了"三三三"技术创新体系重构工程。

以科技、军工、民品"三业互动"，系统、整机、元器件基础软件"三级协同"，核心层、紧密层、松散层"三层布局"为主线，中国电科实现了国内外创新资源的有效汇聚，全面提升了自主创新能力，探索了一条具有中国电科特色的技术创新模式。

"三级协同"，即系统、整机、元器件基础软件技术协同，按照系统带整机、整机带元器件基础软件的模式，带动技术链上下游的协同发展，实现核心技术自主可控。"三级协同"首先解决技术显性化问题，研制项目的总体单位形成"技术结构描述表"并以此为前提建构"关键技术谱系图"。这样，成员单位都由大大小小的研制项目牵引进来。在形成产业链的同时，创新链中的"缺失的一环"也得到了弥合，上下游的技术信息、项目信息、市场信息得到了即时分享，明显促进了内部技术能量的发挥。

"三层布局"中的"核心层"是组建中国电科信息科学研究院作为"创

新大脑",所以也叫"创新院",是基础性、前沿性和共性关键技术研究的龙头,统筹建设和充实了国家、国防、省部、集团公司共27个重点实验室,形成致力于增强国家电子信息领域和国防军工装备未来能力的"技术引擎"。

"紧密层"聚焦中国电科优势技术领域,与国内知名高校、科研院所共同建立了雷达、核心材料与器件、可信网络通信等协同创新中心,与军队共建协同创新重点实验室,形成了作战需求与装备应用效能研究的专业化平台。

"松散层"重点面向国内外高水平创新机构建立常态化合作机制,先后与法国泰雷兹、欧洲微电子中心签署了协同创新合作协议,共同致力于电子信息领域前沿技术研究。

"三业互动"的成效在实践中得到了充分的检验。2017年11月,西方对我国禁运关键原材料,严重影响了我国功率器件和集成芯片的生产,大量用于通信、航空和航天领域的雷达装备面临断货威胁。中国电科立刻组织相关单位协同攻关,仅用了半年时间就实现了完全国产化,快速拿下了高端电子功能材料自主创新的又一座高地。

创新,是一项群体智慧的系统工程。中国电科认为,协同创新不仅仅是中国电科内部各个单位的协同,也不仅仅是与国内科研院所的协同,还应充分利用社会创新的力量。有用的知识和技术分布非常广泛,没有一家企业能够独占其所在领域中的全部知识和技术,没有一项技术能够永远领先。企业只有向外部更广泛的知识源开放从而使自己的技术加速走向市场,才能缩小内部研发技术差距,降低创新成本;通过创新获得的知识产权反过来又能推动知识产权市场正常运转,使企业技术外部转移获得收入。因此,中国电科将知识产权的管理纳入全生命周期管理范畴,通过《中国电科知识产权管理办法》等文件在机制上进行全方位保障，明确规定了在知识产权转让、许可、作价入股等形成的收入中，拿出不低于30%的收入用于奖励发明人，且不纳入其单位工资总额。

在开放式创新思想的引导下，中国电科自2014年起开始举办熠星创新创意大赛，力争建立以市场为导向，资本、管理、技术分阶段投入的开放型创新生态。首先开放的是中国电科的科研条件资源，外部创业者可通过熠星创新创意大赛直接对接使用中国电科总价值500亿元的高端仪器设备，数十个国家级实验室、研发中心，累计服务额超8000万元。由此，外部创新创意得以快速形成技术成果。另外，企业内部的技术储备也得到了释放，集团内外的创业者开始对接中国电科10000多项知识产权和3000多项专有技术实施集成创新，成员单位和社会资本也不断参与项目投资，"沉睡"状态的科技成果被逐步唤醒。最为关键的环节还是产业生态的开放，熠星创新创意大赛的创业者可视技术类型搭载中国电科公共安全、软件与信息服务、电子装备制造、基础元器件等优势产业。在为中国电科产业生态添砖加瓦的同时，创业者也得到了巨大的客户资源和流量资源，实现了协同发展。

2016年，从第二届开始，大赛正式升格为中央企业熠星创新创意大赛，主办单位是国务院国资委，中国电科作为具体承办单位。截至2021年，这个大赛举办了三届，累计征集创新创意项目4000多个，200多个项目获得天使基金关注，80多个获得天使基金投资意向，上千个项目通过企业内部培育、企业间科研合作和外部资本注入等不同方式成功孵化。"智能擦拭吸尘机器人""工业级电动安全防撞多用途无人机""高分遥感影像服务平台""光刻机等精密光学设备高精度控制用电微马达""'雨燕'敏捷智能集群计算系统"等一批优秀项目都找到了很好的合作伙伴和资金支持。

中国电科还认为，大企业做创新一定要坚持政府引导和市场配置资源相结合，聚焦国家发展战略布局创新资源，坚持基础研究与应用研究相结合，实现技术创新融通发展。因此，中国电科在推进内部协同创新、建立创新创业生态的同时，积极对接各类社会资源，尤其是相关行业领军者。为了协同共建新型智慧城市，中国电科携手华为、腾讯、微软等70多家国内外优势企业和研究机构，共同发起成立了国内首个"新型智慧城市建设企业联盟"，创新合作模式，共同推进新型智慧城市建设和智慧经济发展。为了充分发挥军工企业在国防科技工业中的使命担当，围绕国家重大战略需求，建立协同攻关机制，联合社会优势创新力量，中国电科近五年共引入800多家非军工企业参与900余项军品科研生产配套任务，其中民营企业参与560项军品科研生产配套任务；与百度合作在南京建立"智能指挥控制技术联合实验室"，着眼于提升当前指挥信息系统的智能化程度，共谋开发下一代指挥信息系统。同时，中国电科还积极融入全球创新体系，参与国际大科学工程，成为SKA项目的创始者之一。SKA是国际天文界计划建造的世界最大综合孔径射电望远镜，也是人类有史以来建造的最庞大天文设备，由全球多个国家出资建造。中国电科承担了天线、低频阵列孔径、中频阵列孔径共3个工作包的研制任务，预算约占SKA总预算的1/5。在研制过程中，中国电科的技术能力获得了国际认可，中国电科在国际上的地位和作用日益提高。

六、平台化创新，数字化时代的创新路径新趋势

2022年3月，工业和信息化部专家发文称："今天，新一轮大国竞争，很大程度上体现为各类技术平台及其生态系统所承载的创新体系之间的竞

争。"他的结论是，平台化技术创新体系正在成为下一个十年全球数字经济竞争的制胜点。平台化技术创新体系基于数字技术平台，面向海量创新需求进行精准感知和洞察，通过对全球创新资源的广泛连接、高效匹配和动态优化，构建起多主体协作、多资源汇集、多机制联动的创新生态，进而形成新技术、新产品、新业态快速孵化、规模扩散、持续迭代的新创新体系。

应该说，本章中提到的几家绩优企业的技术创新模式都具有一定程度的平台化创新特征，但是最为典型的是数字经济的提倡者——腾讯。腾讯的平台化创新有一个演化或进化的过程，大致分成以下四个阶段，而后一个阶段也都包含了前面阶段的内容和特征，所以，腾讯的平台化创新是一个由内向外、由核心到外围的进化。

腾讯的第一阶段平台化创新是平台内"微创新"阶段。在这一阶段，腾讯关注的是内部人员运用平台进行各类产品创新、技术创新和模式创新，内部称"赛马机制"，鼓励"微创新"，允许部门之间、事业群之间以及部门内部、事业群内部围绕客户或用户需求进行竞争性的产品级别创新。微信这个产品就是在腾讯内部创新的机制下淘汰了原来有名的QQ手机版而脱颖而出的。在微信诞生前，腾讯已经有了QQ，而且QQ产品具有相当强大的影响力和流量，但是微信的开发和推广还是得到了鼓励。腾讯内部形成了一种创新竞赛氛围，每一个产品经理要对自己的项目负责，只要项目与公司的目标是一致的、能够为用户或客户创造价值，产品经理就可以放手去做，不管内部是不是已经有类似产品做得很好了，最终由用户检验成果。在产品开发制度上，腾讯提出了允许适度浪费的原则。在资源许可的前提下，即使有一两个团队同时研发一款产品也是可以接受的，只要这个项目在战略上是必须做的。公司对"内部试错"有比较高的包容性。

腾讯第二阶段的平台化创新是从内部平台"微创新"走向开放平台化大众创新。这既是由于腾讯的大批第三方开发商对于3Q事件腾讯要求"选边站"的强烈反弹，也是因为移动互联网时代给腾讯提供了新的要求。2011年6月15日，在合作伙伴大会上，马化腾宣布腾讯建立开放平台，希望让更多的软件开发者从腾讯平台获得成长，实现开放协同、产业共赢。关于开放平台的规则，马化腾认为，需要满足两个基本原则：一是在将平台资源对外分享的同时，这块"蛋糕"也能被共同做大；二是确保平台上各品类的第三方能够存活下去，以满足平台上用户的长尾需求。最终平台以及平台所关联的各方都在腾讯的平台开放中共赢。按照一般性规则，平台实施梯度分成制度。

腾讯采取的是"抓大放小"分成模式，即"扶持小的开发商，均衡大的开发商"。对于大的开发商实行较高的分成策略，有助于平台生态健康，既能确保为大批中小开发商预留更多的生存和发展空间，也能减少平台对某单一第三方的过度依赖。流量，对互联网企业至关重要，开发商最终都要通过流量实现商业变现和盈利，第三方之所以愿意在腾讯平台上进行各种软件产品开发，就是因为腾讯的巨大流量。所以，流量分配成了平台管理的关键要素。

考虑到开发商群体的创业者在创新初期会面临人才、资金缺乏的问题，腾讯制定了平台扶持政策，平台腾讯云为开发商提供开发、数据存储和接入服务。与一般服务器租用规则不同，腾讯云能够实现弹性存储、弹性收费，即使用多少则收费多少，且在应用成长的各个阶段，平台会相应赠送一定的云费用，这在一定程度上降低了第三方早期的开发成本和入驻平台的门槛。当开发完成，应用即可上架平台。在这个环节，平台为应用提供推广机会，获取用户流量，最终实现盈利，再与平台进行梯度分成。随着平台应用的增加，页面位置有限，有些应用会有升级推广的需求，需要更快、更精准的推广，以触达其目标受众，那么就可以进入腾讯的付费推广广告系统；对于有些应用，用户活跃但很难直接流量变现，腾讯就引入平台直接管控的交叉推广功能。

腾讯将以上扶持流程细化到开发商成长的每个阶段，并提出了"腾飞政策"，即在育龙（创业阶段）、飞龙（处于A轮投资阶段）、腾龙（处于B轮投资以后或将上市）等不同阶段，分别在流量、云服务、广告推广、能力开放、线上客服等方面对开发商提供线上扶持，同时也运用腾讯的资金、资源为其一定程度的线下资源整合、运营发展提供支持。

腾讯第三阶段的平台化创新是从线上平台走向线下平台，即开始提供以孵化器和加速器为主要功能的众创空间服务。马化腾认为，虽然开发商在线上云集于开放平台，但在地域上较为分散。基于互联网行业高度的知识性、创新性，地域的分散不利于开发者之间的知识分享和交流。并且对创业者来说，初期精力投入较大，心理上也需要一定的集体归属感。因此，腾讯提出"创业O2O模式"，决心打造"线上线下一站式创业孵化器"，塑造地域集中式创业氛围。而地方政府基于对招商引资的渴望以及对于"双创"事业的支持，也很愿意与腾讯这样的互联网巨头合作，在政策和基础性资源上予以优惠。2013年11月15日，腾讯首个众创空间（时称"腾讯创业基地"）揭牌仪式在北京启动。腾讯众创空间从技术、产品到市场层层对接，还不定期举办开发者沙龙、创业训练营、大讲堂、创业大赛等活动，活络资源，推广创业项目。此外，平台（线上）、场下（线下）、资金、人才四个方面形成联动，全方位扶持创业者。马化腾认为，创业园区的建立，对腾讯和地方政府可实现"双赢"局面。对腾讯而言，创业园区突破了仅仅线上沟通的局限性，形成线上线下无界限沟通，同时也解决了创业者初期的启动能力问题及相关服务事宜，逐步建成了完整的生态链。对各地园区政府而言，腾讯的品牌效应以及相应的扶持政策，可以吸引更多的创业者入园，为地方政府创造税收，而且带动了地方政府相关产业的发展。到2015年12月创业基地正式升级众创空间的时候，据腾讯移动互联网群副总裁介绍，腾讯开放平台上累计收益超过1亿元的创业公司达24家，超1000万元的108家，融资额过1亿元的创业公司超过100家，20多家创业公司已经或者正在上市进程中。2015年4月28日，腾讯开放战略发布会在北京国际会议中心举行，腾讯首席运营官在大会中表示，希望众创空间未来三年再造100个亿万富翁。据《经济观察报》2021年12月9日报道，腾讯众创空间在内地及香港已经创设38家，累计入驻创新创业企业超过4600家，空间总计获得550次融资，累计融资金额88亿元，空间累计项目总估值1480亿元。

腾讯第四阶段的平台化创新由众创空间内部生态走向以打造科创联合体为主要诉求的社会创新生态。2021年12月7日，腾讯在大湾区科创峰会上表示，公司不仅继续扩展众创空间形式的创新事业，而且将助力更多中小科创企业向"专精特新"迈进，解决更多"科技痛点"，推动培育更多世界级"隐形冠军"。作为互联网头部企业，腾讯不仅开展内部生态的创新，还要做推动社会创新生态的"链接创新"先锋队。在这次大会上，腾讯正式推出了一项公益创投计划：腾讯将为信息无障碍、应急救灾、生态环保、文化遗产保护和科技助老五类社会企业和公益组织提供开源技术、链接资源和支持资金在内的三方面扶助。

在2021年全球数字生态大会中，腾讯宣布，未来三年将投入超过200亿元资源，培育超过1000家收入突破1000万元的伙伴企业。同时，腾讯还将升级腾讯云，通过产业加速器、产业共创营、产业基地、产业生态投资四大板块,以产业资源和资金双重助力,培育面向腾讯产业互联网未来的核心生态圈,全力服务中国 ToB 创新领域,扶持最具竞争力的创新企业。

2020 年 7 月,腾讯云与工业富联达成战略合作,针对工业互联网多租户、多场景、按次计费等需求,双方联合进行创新工业 PaaS 平台创新,形成灵活扩展、开发运营一体化的先进工业互联网平台,加速富士康工业科技能力输出。腾讯还与中国商飞进行了 AI 辅助检测系统合作,使得整体缺陷检出比例提升了 99%。这些共享创新不仅体现在技术层面,同时也帮助产业实现模式创新,实现资源更高效的利用。

七、引领性创新,是绩优企业成为标杆的新动能

我国绩优企业在技术创新方面基本上都走过了一条追随、追赶进而实现自主创新目标的过程,其中有一批企业逐渐成为行业的领先者,其构建的技术创新体系在很大程度上发挥了创新引领作用。其中的代表者就是已经在特高压输变电技术和智能电网领域具有全球领先水平、2022 年位居《财富》世界 500 强第三位的国家电网。

作为国家基础能源领域的国家使命承担者以及事关国计民生的超大型中央企业,国家电网近年来始终瞄准世界电网科技前沿,不断完善科技创新体系,加大研发投入和人才培养,敢为人先,着力攻克具有自主知识产权的关键核心技术,在特高压输电、大电网安全、新能源并网以及智能电网等多个领域取得了世界领先的创新成果,实现了技术从跟跑到领跑的转变。

我国电力技术和电工装备在过去很长一段时间里是跟随西方发达国家发展的,国内 500 千伏工程设备级关键原材料、组部件曾经主要依赖进口,

技术、标准和设备均建立在引进、消化、吸收的基础上,关键环节受制于人。国家电网作为我国电力行业的领军企业,从国家大局出发和长远发展需要,决定走自主创新之路,对核心技术、核心设备、核心系统的研发建设和运维,立足自主,严控外包,敢于在独创上下功夫,敢于闯世界前沿科学技术的"无人区"。为解决我国能源大范围优化配置的难题,国家电网发展特高压输电技术,在国外没有成熟技术和成功商业化运行经验的前提下,采取主业主导、产学研协同攻关的创新模式,全面掌握了特高压直流输电核心技术,自主研制特高压交直流成套装备,建成了一批技术水平国际领先的重大工程。

为了实施科技强企战略,国家电网以"一流四大"(一流,即建设一流人才队伍;四大,即实施大科研、创造大成果、培育大产业、实现大推广)的整体布局为基础,构建其以"世界一流"为目标的科技创新体系。

(一)持续完善科技组织体系

国家电网对集团内部科技资源进行了多次重组整合,不断优化主体功能定位,逐步形成了以直属科研单位、直属产业定位、省属科研单位、海外研发机构为主体,以外部科技资源为协同,层次清晰、分工明确,利于发挥各自优势,便于业务协同的科技创新组织体系。国家电网成立之初,集团科技资源比较分散,各科研单位的分工定位不清晰,专业重复建设,彼此协同合作不强,科研和产业混业经营,集团科技创新力量没有形成合力,科技创新的投入产出效率不高,不能适应时代的要求。为了解决这些问题,根据国家电网编写的《大国经脉,创新引领》一书披露,国家电网对科技创新体系先后进行了四次大的重组整合,打破了过去资源分散、各自为政的科研管理模式,实行统一管理、统一运作,形成了分工明确、优势突出、协同运作的科技创新工作格局，显著提升了集团科技创新能力。当然，根据环境与战略的需要，国家电网的科技创新体制也在不断地进行优化和调整。

经过优化布局，国家电网的科技创新主体分工定位如下。

直属科研单位主要包括中国电力科学研究院、国网经济技术研究院、国网能源研究院、全球能源互联网研究院等，重点开展基础前瞻性技术、重大共性关键技术、重大应用技术研究。

直属产业定位主要包括南瑞集团、国网信通产业集团、许继集团、平高集团、山东电工电气五家企业[一]，重点围绕电工装备制造产业链，发展具有核心竞争力的高端装备产品，开展产品及工艺研发与集成、科技成果转化和市场推广工作。

省属科研机构主要包括省市公司下属的电科院和经研院，重点承担重大项目配套研究、现场应用技术研究、技术标准编制、新技术试验示范等科研任务。

海外研发机构，主要包括在德国和美国的两个海外研究院，重点开展前沿技术研究，跟踪和掌握世界能源电力行业技术发展前沿动态和趋势，吸纳海外人才；同时，还与葡萄牙国家能源公司联合设立了能源研究中心，开展智能电网等技术在当地的应用研究，以及其他新型电网技术研究和技术交流。

外部科技资源，重点是利用国内外高校的基础理论、制造企业的工艺技术、知名科研机构和跨国公司的前沿技术储备等优势，开展重大项目协同研发。

[一] 2021年9月，经国务院国资委批准，许继集团、平高集团、山东电工电气集团与中国西电集团进行重组成立中国电气装备集团，成了一家新的中央企业，总部设在上海。

（二）建立健全科技创新关键机制

国家电网强调上述创新主体的协同合作和内外部的协同，而不是形成新的各自为战。为此，国家电网组建了科技咨询委员会，进一步完善了公司科学决策体系，集全公司高层次人才智慧，按照"实施一批、储备一批、培育一批"的思路，总部和下属各单位两级项目储备库，确定重点创新领域和任务；同时，不断加大研发投入，从2010年的214.09亿元到2021年超过500亿元，一直保持在中央企业研发投入的前列，其申请专利数量也长期位居中国企业前列。与此同时，国家电网积极探索"科技成果转化评估和推介一体化"方式，通过科研产业单位合作开发、技术转让、授权许可等多种方式，高效推进科技成果转化工作；针对具有重大影响和公司急需的重点产品，从立项源头建立面向应用的培育机制，推动科研单位、产业单位合作点前移；积极探索科技成果作价投资和股份制合作，实现知识产权资本化运营；加速推动优秀人才成长，鼓励所属科技型企业实施以股权激励为主要手段的中长期激励。

（三）建设世界一流实验室体系

国家电网紧紧围绕公司和电网发展需求，大力开展重大实验研究能力建设，持续加大投入，不断优化实验室布局，形成了"国家级、公司级和各单位级"三级实验室体系，作为科技创新的重要基础支撑，拥有了国网安全与节能、先进输电技术、新能源与储能运行控制、智能电网保护和运行控制、电网输变电设备防灾减灾、电网环境保护6个国家重点实验室，拥有国家级实验室（中心）19个，拥有公司级实验室91个，其中公司重点实验室32个、公司实验室50个、公司联合实验室9个。以此为基础，国家电网形成了世界一流的以"四基地两中心"为基础的特高压实验研究体系，成为国际上功能最完整、实验能力最强、技术水平最高的特高压实验研究平台，综合性指标和研究能力居世界先进水平。

正是在强大的科技创新体系支持下，国家电网用短短 4 年走过了俄罗斯、日本等国 15～20 年的道路，实现了全面超越，成功研制出代表最高水平的全套特高压设备，掌握了关键核心技术，占领了世界输电领域的技术制高点，诞生了"中国标准"，实现了"中国创造"和"中国引领"。

绩优企业科技创新道路各异，这些道路之间既有不断进化的逻辑，也有相互交叉的成分，不存在一家企业只有一种创新路径的情况，只是在某一阶段或者在横向比较的时候，哪一种模式的特点更突出而已。

CHAPTER 5

第五章

注重国家利益和商业利益的平衡

能够较好处理国家利益与市场利益的关系并取得较高水平的平衡是绩优企业的突出特点。这里所指的国家利益不仅是政府提出的整体社会经济发展战略目标,而且包括社会公众利益。商业利益,是一个企业的现实追求,但企业又是社会中的重要一分子,是社会价值的主要创造主体。从原则上讲,国家利益和商业利益是统一的,因为国家利益的形成与实现是靠商业运作支持的,如最能代表国家经济发展水平的GDP都是由企业的商业化运营实现的,《财富》世界500强排行榜代表着一个国家创造财富的主体及能量。同时,国家利益和商业利益又是矛盾的。商业利益的无节制获取会影响到一个国家和社会的稳定,进而影响国家利益。所以,如何处理好自身商业利益与国家利益之间的关系就成为企业的重要战略与价值观。

2020年,新冠疫情席卷全球。2013年度诺贝尔生理学和医学奖得主托马斯·霍夫曼(Thomas Hofman)在北京的一个论坛中以"疫情之下,全球生物医药产业的机遇与挑战"为主题的发言强调:"相比谁先研制出第一款疫苗,谁先研制出最好的疫苗更为重要",他说:"我们一定要平衡好商业利益与国家利益。作为科学家,我们重视疫苗公司的盈利需求,这是需要实现的需求。盈利需求会刺激创新发展,这是积极的驱动力。但我们需要找到一个平衡点,让疫苗创新为所有人服务。一旦最好的疫苗研制出来,要让每个人都能够接种疫苗。这一点不应该因为国籍或其他因素而有所差异,不管是在科学领域还是在社会领域,我相信这是我们都应该有的主张。"

由于悠久而特定的历史文化与现实,中国企业在处理国家利益和商业利益方面有着自己独特的理解和实践,尤其是中国的绩优企业。

一、国家战略利益是导向,市场竞争能力是硬核

中国的绩优企业领导者都有着强烈的爱国主义情结,永远把国家战略利益放在首位,同时也深知:作为企业家,助力于国家战略利益的基础是形成强大的市场竞争力,这是力量来源的硬核。这就是为什么很多人都认为,中国优秀的企业家往往都是比较出色的"政治家"。

蓝星创始人任建新为人低调,因其"无我"的行动而形成了强大的人格魅力。从某种程度上讲,蓝星源于任建新的"实业报国"之初心,相信"事在人为"。创业之初,一无融资环境,二无成熟的市场环境和政策环境,任建新却有技术知识分子的责任感和倔强,在做出战略决策时,以国家和社会利益为先。进入清洗行业,他首先考虑的是为国家节约能源,然后才是为单位创收,没有考虑自己的个人利益实现问题。在考虑产业转型、寻求更大的发展空间时,任建新依然先从国家的角度考虑,将我国化工产业当时最困难但对国防科技、国计民生又极具意义的新兴化工产业选为企业下一步发展的业务领域。在企业发展过程中,他讲得最多的话是:"我们不

但要讲经济效益,更要注重社会效益;我们的眼睛不能只盯在钱上,应当使公司更好地造福人民、造福社会。"

正是任建新的这种以国家战略利益大局为主的产业报国、服务社会的精神,推动蓝星以胸怀国家的情怀将企业规模壮大、不断强化自己的核心能力,他知道:没有强大的市场竞争力,一切伟大的口号都只能成为别人的笑柄。所以,蓝星的成功,全部来自市场竞争。在外部,蓝星不断开发适应市场空间且具有核心竞争力的新产品;在内部,蓝星建立了灵活的内部市场机制,形成了内在的活力。

有专家认为,蓝星的成功再次说明,在所有的资源配置手段中,市场是最具效率的,是企业寻求发展的最有效途径。如果没有市场机制,蓝星创业时所依托的专利技术恐怕永远也无法转化为生产力,更不可能成就日后的成功奇迹;如果没有市场机制下的改革契机,蓝星恐怕永远也没有机会进入化工新材料领域,去整合资源、获得新的发展空间。同时,如果任建新仅仅盯住了市场机会,可能会通过一两个好产品迅速实现个人的财务自由,但是蓝星可能就会变成一颗大市场中的小星星,最后就像很多因好产品而一时成市场热点的"炮仗型"企业或者被实力雄厚的大企业吞并,抑或自己发展后劲不足逐渐衰亡,成为数不胜数"昨日星辰"中的一颗。

任建新是一个胸怀宽广、眼界更远的中国企业家,将民族的需求、国家的重大战略利益放在首位,在企业发展进入"有限"的极限之前,培育了更大的市场空间,推动蓝星进入了"无限"增长的空间。

成立于1994年的恒力集团,是一家以炼油、石化、聚酯新材料和纺织全产业链发展的国际型企业,经过28年的奋斗,现在已经成为全球单体产能最大的精对苯二甲酸(一种重要的大宗有机原料,简称PTA)工厂之一,2021年营收7323亿元,超过华为的6368亿元营收,紧随京东集团的9500

亿元，成为中国的第二大民营企业，到 2021 年跃升到世界 500 强第 67 位，成为全球最大的制造业之一。

从当初一家小小的纺织厂到打通全产业链，是恒力集团创始人陈建华的战略选择，不是自然而然的结果，因为逆流的风险最大、所需要的资源也更加强大而复杂，但陈建华做了选择：这是国家的需要，是中国化工行业及纺织行业的必然需要。他的人生哲学是"什么时代做什么事"，价值观是"企业家有祖国，企业家也有家乡"。在人生的三次最重要的选择中，每一次，他都不是出于个人喜好而投入，都是选择了所在行业的"卡口"突破，也没有因为艰难、误解或个人享乐而急流勇退，一路踔厉前行，盯住行业的高峰，拿下了行业的"卡口"，成为自主产业链的控制者。

2002 年，在纺织行业做得风生水起的恒力集团遇到了外企集体哄抬丝价的危局，当时的高端纺丝均被意大利、日本、韩国、德国等控制，国内对民营企业尚未放开纺丝领域。陈建华没有等待，也没有坐以待毙，而是联合多家化纤企业向国家有关部门反映诉求，并通过了解相关政策，意识到纺纱领域放开是早晚的事，要尽快走到前面，于是联合外资筹建了中外合资公司，进入纺纱领域，引进了具有国际先进水平的生产线。2005 年，国家政策全面放开了纺纱领域，恒力集团凭借新设备、大规模、成本低、速度快、价格优，很快击垮了曾经不可一世的外企，外企中的八十多位行业顶尖工程师也相继加入恒力。到 2008 年全球经济危机爆发导致其他国家纺纱行业纷纷倒闭时，陈建华总结了一套自己独有的"猫蛇论"：猫在冬天虽然缩在洞里取暖，但始终看着外面的机会；蛇钻进洞里，就只会冬眠。企业要过"猫冬"，不能过"蛇冬"。2008 年开始，恒力集团不断斥资拓展产业链，建成年产 20 万吨工业丝项目，成为全球最大的涤纶工业丝生产企业；2009 年，恒力集团上马 60 万吨聚酯化纤项目，成为全球最大的超亮光丝和工业丝生产企业。用陈建华的话说:"恒力的价位波动就是全国市场的行情、国际市场的行情。所以,谈判桌上人家谈价位的时候,都是今天恒力给我多少价,你只能给我多少价,恒力都要放在前面。"更重要的是,恒力集团的聚酯化纤已经做到全球领先,恒力集团因此成为全球最大的织造企业,涤纶长丝产能稳居全球第一。陈建华因此被称为"中国的化纤巨子"。

在这个时候,陈建华遇到了新的更严峻的挑战:生产聚酯纤维需要大量的精对苯二甲酸(PTA),而它的定价权掌控在外资手中。为了摆脱这种局面,恒力集团要么继续受控,要么自己干,向上游石化产业挺进。这可是一个需要上千亿元投资的项目,且面临更严格的环境要素和相关政策控制。恒力集团的设想获得了中央政府的认可与支持,因为这是化工行业的"卡脖子"环节,在国家战略中需要突破的一个重要项目。陈建华不负使命,以出人意料的"恒力速度",两年就在大连长兴岛建成了当时全球产能最大的PTA工厂。用媒体的话说,一场艰苦的闪电战让恒力集团摆脱了PTA依赖症,但是更艰苦的"上甘岭"在后头,因为PTA虽然重要,其上游产品——对二甲苯(PX)才是聚酯产业链上利润最丰厚的,也是地位最强势的。多年来,受行业门槛高、环境压力大等因素,国内PX产能严重不足。可是,中国的周边国家和地区却疯狂上马PX项目,其目标市场都是同一个:中国。全球最大的纺织化纤大国,就这样拱手把命运交给了别人。2001年,国内的PX自给率高达93%,到了2018年,却有60%以上需要进口。恒力置身其中,深受其苦。2014年开始,陈建华开始筹划一个每年2000万吨原油加工能力的超级炼化项目,并获得了国家的大力支持。2014年8月,国务院在振兴东北的指导意见中,明确要求"地方和企业要做好恒力炼化一体化项目前期工作并力争尽早开工"。这是新中国成立以来,对民营企业开放的第一个重大炼化项目,是有史以来国家核准规模最大的炼化项目,也是国家文件明确支持的第一个国内民营投资项目。这无疑承载了国家发展化工产业链的战略部署。为了这份重托,陈建华在恒力集团内部打响了攻坚战,再次展示了"恒力速度":2017年4月动工;2018年12月如期试产;2019年3月24日打通了生产全流程,5月17日项目全面投产。19个月的建设周期,刷新了全球石化行业的最快纪录。

经此一战,恒力补齐了原油-PX-PTA-聚酯-纺织产业链上的最后一块拼图,成为全球第一家全面打通产业链的石化纺织企业。恒力集团的命运,第一次完全由自己掌控。在陈建华看来,更重要的意义在于:它打破了国外对PTA、PX、乙烯等重要大宗有机原料的长期垄断,使得中国石化纺织行业在国际上拥有了一定的话语权,不再被人"卡脖子"。

无论国有企业还是民营企业,把握了国家战略的大局,考虑了国家的战略利益,就能找到正确的发展方向,就能够"得道多助";同时,只有构建强大的市场竞争力,企业才能拥有支撑承载这份使命的能力,才能"大道行远",成为绩优企业。

二、国家利益与市场能力:展现绩优国有企业的新力量

我国的国有企业,尤其是中央企业,在关系国家安全和国民经济命脉的重要行业和关键领域占据支配地位,是国民经济的支柱。但是,要很好地完成上述使命,国有企业还是要靠强有力的市场地位以及在市场中取得的成绩。只有这样,才有可能成为绩优企业。

作为中央企业中的商业类企业,招商局集团主业处于充分竞争的行业和领域,始终按照市场化要求实行商业化运作,以增强国有经济活力、放

大国有资本功能、以实现国有资产保值增值为主要目标，依法独立自主开展生产经营活动，将企业不断做强做优做大，实现优胜劣汰、有序进退。同时，作为社会主义市场经济条件下的中央企业，招商局集团必须服从国家战略大局，主动承担政治责任、经济责任和社会责任。兼具家国情怀和崇商文化的招商局集团在服务国家战略和市场化经营的融合方面做出了很有特色且比较成功的探索。

从自身的责任和特点出发，招商局集团提出了融合国家战略和企业发展的"2L"双元性经营理念。所谓"2L"双元融合，是指企业在 Legitimizing 和 Liberalizing 这两个看似矛盾的对立面的有机结合。

Legitimizing 的英文原意是使企业合规合法、与外部制度环境形成高度匹配，这里代表国家导向、有国才有家，具体诠释为国有企业在经营管理过程中满足国家战略性的、宏观导向的、合法合规的理念，代表着企业是一个开放性的组织，它需要与环境互动以维持生存，只有满足制度环境下的要求才能维持自身的稳定发展。这是国有企业生存的客观要求，尤其是对中央企业而言，服从政治要求是主要的决策前提。企业运营管理过程中选择、判断、决策的依据和标准始终来自中央政府的阶段性改革、发展任务和社会政治标准，国有企业肩负着国家的政治责任、经济责任、社会责任，在国家需要的时候，毫不犹豫地承担起国家责任，为国家的建设与发展做出贡献。

Liberalizing 的英文原意是给企业自由、为其赋能，这里代表市场化经济、发展才是硬道理的经营原则，具体诠释为企业在经营管理过程中满足市场要求的、灵活的、高效率的理念。国有企业受政治制度逻辑与市场逻辑的双重逻辑制约，最基本的任务是实现利润最大化，确保国有资产保值增值。因此，只强调政治任务、国家责任而不顾企业的根本任务是不现实的，更是不负责任的。招商局集团信奉"亏损不是为人民"的准则，在认真贯彻执行国家任务的同时，全力实现国有资产的保值增值。他们认为，国有企业在经营管理过程中，需要认准企业需求、满足市场需要，充分运用市场化手段保持稳健发展，不能拘泥于僵化的"老路子"。

在具体的实践过程中，招商局集团将企业战略有机融合于国家战略之中，寓"企"于"国"，顺"大道"而行，兼顾国家导向（Legitimizing）和市场化（Liberalizing）手段。一方面，大型国有企业是我国国民经济的中流砥柱，担负着国家战略重任。因此，在企业战略的制定过程中，招商局集团积极响应国家政策，将企业战略主动融入甚至升级为国家战略，完成国家下达的任务，保持战略的高度与定力。另一方面，在确保国家利益的基础上，招商局集团制定了具有可行性、效率高的具体实施方案，确保企业经济目标的实现，而且善于运用国家政策支持获取相关资源，充分发挥自身的市场化优势，进而为企业带来相对最大化的经济效益。招商局集团的经验表明，企业战略与国家战略融合得好的时期，也是企业发展得较好较快的时期，其与深圳蛇口的深入合作就是一个典型的例证。

1979年，深圳刚刚建市，还未成为特区，招商局集团根据国家战略走向的判断，运用在香港窗口的影响，在深圳蛇口创办了中国第一个对外开放的工业园区——蛇口工业区，打响了深圳特区建设的第一炮。1980年3月，深圳经济特区成立，蛇口工业园成为深圳大批改革开放尝试的策源地，一度成为全国外资企业最密集的园区。招商局集团以敢为天下先的创新精神在蛇口率先运用了工程招标模式，采用了新的分配制度、劳动用工制度、干部人事制度、住房制度、社会保障制度、金融体制等一系列重大改革实践，被国家领导人和中外媒体赞誉为中国的"希望之窗"、改革开放的"试管"。同时，招商局集团也把深圳作为最重要的事业平台，创建了招商蛇口、招商银行、中集集团等一大批行业标杆型企业总部，收获了丰厚的商业利益。以此，招商局集团与深圳市的合作进一步加深，尤其是在践行国家战略层面上取得了重大突破。2015年，蛇口工业园，作为全国唯一由企业开发的片区与前海一同被纳入广东自贸区，为新一轮的改革开放探索新路。2016年，招商局集团与前海管理局签署合作协议，成立合资公司，双方各持股50%，负责前海妈湾2.9平方公里土地的开发、建设和运营，充分发挥"特区先行先试、自贸区政策创新、招商局市场化运作"的叠加优势，积极探索"小政府＋大企业"的政企合作建设自贸区新体制。2017年3月，粤港澳大湾区被写入政府工作报告，招商局集团与深圳市的合作更加深入，进一步加大了粤港澳大湾区建设，成为新时代深圳改革开放的重要实施者。

可以说，"2L"融合理念实践成就了招商局集团的跨越式发展，推动其形成了"在国家战略内寻找可行的自身战略计划"的战略思维，破解了西方理论中的"国企低效论"，成为"能跳街舞的大象"。

三、义与利：体现绩优民企的使命与价值

作为社会的重要组成细胞，民营企业同样需要面对存在的价值与使命。如果说很多创业企业可能是为了生存而拼命多赚钱，那么，要成为一家绩优企业，多赚钱肯定是不够的。深受中国传统文化熏陶的茅忠群强调，当代的企业家应该有士大夫情怀，眼睛不能仅仅盯着自己的一亩三分地，要胸怀国家和社会。在他看来，当代企业家做企业的真正目的并不仅仅是满足自己，赚更多的钱，应该有更深层的追求——修身、齐家、治国、平天下。茅忠群认为，在今天，这一理念可以适时理解为"修身、齐家、治企、利天下"并成为中国人做企业应具有的使命。

"义"与"利"的关系是中国历史上判断是非曲折的基本价值观。以此价值观为出发点，茅忠群提出了做企业的三重境界，即见利忘义、以义制利、义利合一。

第一重境界：见利忘义。茅忠群认为，这是最低层次的境界。所谓"见利忘义"，是指企业见到有利可图就不顾道义，为短期利益或蝇头小利所驱动，以赚钱为导向，不惜坑蒙拐骗，发国难财，在"义"和"利"之间，把"利"摆在首位。所谓"种善因、得善果"，如果企业的目的仅仅是赚钱，那么，这样的企业是走不远的。

第二重境界：以义制利，指的是"君子爱财，取之有道"。企业追求满足自身的利益是无可厚非、天经地义的，但不能不择手段，不能唯利是图、损人利己，要有符合道义的方法，企业赚的每一分钱都要在合乎"道"的前提下获得，要以道义制约企业赚钱的方式。茅忠群解释说：孔子认为，"利"虽为人生所需，但不能作为人生的第一原则。人之所以为人，在于人能遵从于道。人类社会之所以不同于鸟兽之群，在于人是依"义"的原则运行。所以，孔子主张"义以为上"，即把"义"作为人生的第一原则，这自然也应该是企业家的第一原则，对于以平治天下为己任的"君子"来说更是如此。"以义制利"的价值取向就是强调"义"高于"利"，"义"是根本。企业做到"以义制利"，有利于抵制利己主义，纠正见利忘义之举动，规范商业行为。方太在家电领域持续多年的"价格战"中坚守价值，都是对这一原则的践行。

第三重境界：义利合一。在茅忠群的心目中，这是做企业的最高境界。他说，所谓"义利合一"是义中有利，利中有义，义利融合。如果企业相信"因果"，就只管种"善因"，一定会得到"善果"。长期以来，在很多人的思维定式中，"义"和"利"是对立的，非黑即白，是二元对立关系。茅忠群强调:"义"与"利"是一,不是二。企业经营者在经营企业的过程中,只管去做符合道义的事情,比如寻找新的产业机会和赛道、开发新的产品时,去关注产业新的产业机会是否会给人类带来福祉、新的产品是否真正解决目标客户的问题和痛点,自然会增加企业的新利润空间。这就是他说的"义"在"利"中、"利"在"义"中,义利合一,义与利是一而不是二。

这种价值观运用到方太的实践中,首先体现在开发新品上,全球第一台水槽洗碗机就是关注家人(尤其是母亲和妻子)使用传统洗碗机不太方便的痛点,还有清洗果蔬如何去掉农药残留的问题,都是家人健康最为关心的焦点。方太走出厨电领域选择新产业赛道的时候之所以盯住了净水领域,是因为在茅忠群的思维中,家人以及人类的健康是他们这类企业最需要关注的,吸油烟机、水槽洗碗机等厨电产品解决了人们在厨房中工作的健康问题以及解决了"吃"这个最能影响身体健康的问题。水,更是直接影响人们健康的必需品。因此,为人们提供更加健康的好水就成了方太的新品开发新方向,也是方太第一次走出了厨房,"亿万家庭的幸福"是方太的使命追求。仅解决了"吃"的健康是不够的,还要解决"喝"的健康问题。经过长期调查,茅忠群发现,市场上流行的饮用水都谈不上是有益于健康的好水:仅仅是纯净水是不够的,因为它可能失去了人的身体中必需的微生物及矿物质,长期饮用纯净水可能会给婴幼儿带来不太好的影响;仅仅是矿泉水也是不够的,因为市场上大批矿泉水的矿物质被保留了,但有可能其他不益于健康的重金属也被保留在了水中。他坚信:只有既保留人体必需矿物质但重金属全部过滤掉的水,才是真正的好水。为了这个好水的目标,方太花费了八年的时间,终于开发出了符合茅忠群心中"好水"标准的净水机,获得了评审专家的认同,也以非净水设备领域的"程咬金"

身份颠覆了净水设备市场。据了解,方太现在正在研发净化空气的相关设备及产品,因为在茅忠群的追求理念中:方太解决了"吃"和"喝"的健康问题,下一步一定要解决"呼吸"的健康问题。在他心中,这才是"大义",而且这种"大义"蕴含着巨大的市场空间,也就是"大利"。

四、中国智慧:"无执"面对国家利益和商业利益

将国家利益放在首位,是所有中国绩优企业领导者的必然选择。但是,面对具体的战略目标、具体的经营管理问题如何处理,中国企业领导者需要解决问题的智慧。我们将绩优企业领导者的解决问题之道称为"无执",即不为教条所束缚,无执念,不硬杠,全心全意盯住目标、解决问题,取得预期成果。这恰恰是真正的中国智慧。

中国远洋海运集团有限公司(简称中远海运)是国务院国资委直接管理涉及国计民生和国民经济命脉的特大型中央企业之一,由中国远洋运输集团(原简称中远集团)和中国海运集团(原简称中海集团)两大中央企业于2015年重组而成,远洋航线覆盖全球160多个国家和地区的1500多个港口,船队规模居世界第二。2007年,中远集团首次进入《财富》世界500强,位列第488位;2021年,重组后形成的中远海运集团位居世界500强第231位,比上一年度提升了33位。

2021年10月25日,中远海运收购希腊比雷埃夫斯港务局第二期股权交割确认书交换仪式,以视频连线的方式在中国北京和希腊雅典、比雷埃夫斯港(简称比港)三地同步举行。至此,中远海运集团完成了收购比港港务局67%的股权。比港位于希腊阿提卡大区的比雷埃夫斯市,为希腊最大港口,占据希腊90%的集装箱进出口市场,是欧洲重要的轮渡港口,是

全球50大集装箱港及地中海东部地区最大的集中型港口之一，也是距离苏伊士运河最近的西方港口。中远海运收购控股的目标是建成中国集装箱船从亚洲向欧洲出口的转运枢纽，成为亚欧海陆联运新通道的重要节点，是"一带一路"倡议实现的关键布局点。中远海运长期与比港有合作关系。进入21世纪后，希腊经济持续不景气导致比港的经营情况越来越差，常常有罢工，对中远海运在欧洲的经营都产生了直接的不良影响，不利于公司战略乃至我国与欧洲的整体经贸合作大局。于是，中远集团启动了深度介入港口运营的战略，于2008年10月30日获得了比港2号码头、3号码头35年特许经营权，同年11月又与比港港务局签署了该码头经营权的转让协议。此后，希腊由于遭遇严重的债务危机，受到国际债权人的巨大压力，希腊政府启动了比港的私有化进程。2014年，希腊政府选中了中远集团及其他四家竞标者作为比港67%股权的最后潜在买家。收购及相关过程一波三折，中远海运集团在党中央、国务院的支持下，通过精心的设计和耐心而有序的执行，充分考虑各个利益相关者的利益与关系，终于在2021年10月正式获得了比港67%的股权，成为比港真正的主人。这一过程，既坚持完成国家战略布局的大局，紧紧依靠党中央、国务院及中央有关部委的大力支持，又照顾希腊及国际利益相关方的利益，还要考虑比港内部利益相关者的感受与利益。这里的哪一种关系和利益没有处理好都可能导致中远海运收购比港不成或进一步拖延形成更加不利的局面。处理不同层级利益相关者关系的过程充分展示了国家利益和商业利益关系处理的"中国智慧"。

第一重关系，是与希腊政府关键利益的关系。 比港在希腊社会经济中的地位至关重要，希腊政府对待本次股权收购十分重视，且由于希腊政党林立，不同党派势力经常对此有不同的看法，一旦不同党派当政，收购过程还会出现严重波折。2015年1月22日,希腊总理亲自前往比港3号码头扩建工地祝贺并给予高度评价。仅仅过了5天,新政府宣誓就职的当天,希腊政府有关人士就叫停了比港的私有化计划并说"重新审核同中方的交易"。但在国际债权人的压力下,希腊政府于7月重新启动比港私有化,宣布中远集团是唯一竞标者,但是希望中远集团提高竞标金额。据希腊媒体报道,彼时中远集团做出的每股22欧元共计3.685亿欧元的报价已经远远高于20日每股12.95欧元的比港收盘价。同时,中远集团还有3.5亿欧元的未来计划投资。经过半年的马拉松式谈判,希腊私有化基金同意接受中远集团的3.685亿欧元报价。希腊总理向中方政府通报了这一决定。有关专家认为,希腊政府之所以在中远集团收购比港过程中反反复复,不仅是希腊政党的政治角逐导致的,更重要的是比港在希腊国家经济发展过程以及当地城市发展中扮演着十分重要的角色。这个过程之所以赢得希腊政府的认同,与我们的党中央、国务院的高度重视及大力支持分不开,不仅在资金、资源等布局方面给予相关支持,而且国家领导人出席了合作协议签署仪式,并就比港合作问题与时任希腊总理进行了深入交流。2017年5月,习近平主席会见来华参加"一带一路"国际合作峰会的希腊总理时进一步强调"中希双方应该着力将比雷埃夫斯港口打造成地中海地区重要的集装箱中转港、海陆联运桥头堡、国际物流分拨中心,为中欧陆海快线以及'一带一路'建设发挥支点作用"。一个海外项目,两位国家领导人的直接关注实属罕见,这既说明了项目在国家利益布局中的关键性,也表明了我们国家领导人对于希腊政府利益的关切。结果也是中希两国国家利益以及利益相关者的共赢。截至2021年10月,中远海运收购比港股权直接创造就业岗位3000多个,间接创造就业岗位1万多个,集装箱吞吐量从2010年的88万标准箱增长到2015年的336万标准箱,累计为当地带来直接社会贡献超过 14 亿欧元。

第二重关系，是与港口外部利益相关方的关系，包括当地的地方政府及各种政治社会派别的关系。 政府关注的重大国家利益获得关注的同时，其他外部利益相关者的利益也需关注，因为希腊的历史悠久，社会关系错综复杂。用时任中国驻希腊大使的话说："到这里几年，我尝到了拜码头的滋味。码头就是一个利益交汇地，集中了复杂的人际关系。这种利益关系形成已经数百年了，而咱们的企业参与比港项目的历史不到 10 年（2016年）。"这里的"码头"包括比港项目周围城市的市长。他们对此都有各自的盘算，起初表示赞同的不多，其中派拉马市长尤甚。这种差异来自体制的不同。在中国，地方政府支持、主动引进经济项目，尤其是大项目，因为能给政府创造直接经济收入；希腊不一样，项目引进与地方政府的财政收入没有丝毫的直接关系，他们没有征税的权力。因此，市长们对这类项目根本没有兴趣。相反，他们从自己的角度放大发展可能带来的一些负面效应，如垃圾处理、噪声等。我国驻希腊大使与中远比港负责人一家家地拜访，了解他们的真实诉求，化解矛盾，稀释误解，尽量创造共赢的解决成果，如就业、相关配套产业的发展等，这都是他们最为关心的。到 2016年签约时，这些市长纷纷到场祝贺并参与签约。

第三重关系，也是最直接事关成败的关系，就是与港口管理人员与员工的关系。 由于历史与现实的缘故，从中远海运接手比港的当天，码头工人就开始罢工并封锁了码头，害怕中国人会夺走他们的饭碗。但是，中远海运仅派了 6 名管理人员到公司进行管理。当时的罢工工人不了解实情，不让中远海运派去的管理人员进入港区办公室。据中远海运知情人透露："当时，都是在晚上悄悄进入港区办公室的"，在不断地进行谈判交流沟通的同时，中远海运管理人员用真情和实际行动最终打动了主要罢工人员的心,让他们真正认识到"中远海运是给他们搞定饭碗的,而不是砸他们饭碗的":第一,承诺不降低工资,并针对希腊员工因没有储蓄习惯而常常出现工资发放前的临时周转困难,针对性地建立相关制度,让员工可以在制度允许的情况提前预支部分工资;第二,对于表现较好的希腊员工,每年评选4名"劳模",进行为期一周的免费中国行;第三,针对员工每天从家里带午餐到单位的问题,公司决定提供免费午餐;第四,尊重希腊人的宗教习惯,在每年的圣诞节,公司特别邀请14岁以下儿童和他们的员工家长共度圣诞,并给每位参加活动的小朋友准备一份圣诞礼物;第五,公司尤其重视工作现场安全,及时排除隐患,以便每个人安心工作。这些"中国式温情"充分体现了PCT(中远海运比雷埃夫斯集装箱码头有限公司)"和谐共赢"的理念,也代表了人心是相通的,心无执念的、以信任为前提的充分尊重是会有回报的。PCT员工逐渐感受到了主人感,也意识到公司的发展也是自己的保障。随着时间的推移,社区也体会到PCT仍然是一家与社区共存共荣的企业,而且是比以往更能为社区创造价值的企业。

如果说作为中央企业代表的中远海运充分运用了国家力量的支持,那么,作为绩优民营企业代表的福耀玻璃是如何解决类似的问题的呢?福耀玻璃,全称福耀玻璃工业集团股份有限公司,是国内最具规模、技术水平较高、出口量最大的汽车玻璃生产供应商,也是全球汽车玻璃销量排名第一的企业。中国70%的汽车、全球25%的汽车,用的都是福耀玻璃。福耀玻璃创始人曹德旺并非中国首富,但"中国首善"称号可谓实至名归。2010年,他以自己父亲名字成立了河仁慈善基金会并为基金会捐赠了当时市值35亿元的3亿股权。1983—2019年,曹德旺为慈善事业捐赠了110多亿元个人资产(包括25亿元现金)。他始终强调要把国家利益放在首位。他质朴地认为:"我希望我们中国人能像当年的韩国人一样,在国家陷入困境时挺身而出。如果一切都是从个人的角度来讨论，那么，这个国家就没有希望了。全中国都应提倡把国家利益放在首位。中国是中国人民的中国。发展、保卫和建设中国是每个中国人的责任。"谈到数百亿元捐款，曹德旺说，拥有财富也是一种责任。捐赠，卸下包袱，是一种放松。如果企业家没有责任感，钱再多，充其量就是富人。

就是这样一个具有浓厚传统文化情结和强烈爱国主义精神的民营企业家却将生产规模最大的工厂开到了美国，还被美国导演拍摄了一部以他的工厂为内容的纪录片《美国工厂》，投资人有美国前总统奥巴马。有人曾说他是要跑到美国去的，当了一个为美国人服务的资本家。曹德旺坦率地回应：自己是个实业家，并且是个堂堂正正的中国人。之所以在美国建厂，是因为可以大幅度降低制造成本、物流成本，免除关税等麻烦，因为福耀玻璃的大客户主要在美国。因价格便宜，福耀玻璃早在2001年就遇到美国商务部反倾销调查并开出高额罚单，而曹德旺雇用美国律师、运用美国方式，将美国商务部告上联邦巡回法庭，花费上亿元打赢了官司，赢得了"中国反倾销胜诉第一人"的称号。为了避嫌，他毅然决然地选择退掉了美国绿卡。

曹德旺究竟用什么方法经营美国公司和管理美国工人并取得优异成果的呢？用中式方法还是美国方法？从实际情况看，两类方法都用了，我们从中可以看到中国文化的底蕴，也能发现西方文化的色彩。2014年，美国通用公司的制造业业务走到了破产边缘，曹德旺决定收购通用公司玻璃制造生产线。收购完成后，曹德旺派遣200多名中国员工远赴美国，试图将"中国的生产模式"复制到美国工厂。结果，福耀玻璃的管理人员发现，与中国工人不同，美国工人的打工心态明显："企业的未来发展与我无关，我需要做的就是把工作做完，每天的薪水不得少算，加一分钟时间的班也不行。"结果,预定的高绩效目标完不成,产量进度一直跟不上,公司继续亏损。而福耀的员工加班是常态且努力认真工作,美国工人无法理解中国工人的心态和方式,在福耀认为是正常的工作责任,美国工人则认为是不可忍受的压迫。于是,美国工人在美国联合汽车工会的鼓动下用游行的方式要求福耀玻璃成立工会。不过,工会成立需要员工的投票。经过长达半年的斗争,投票结束,福耀凭借868对444票的绝对优势,反对工会成立以压倒性胜利收官。

为什么要求成立工会的一方会输呢?不得不说,福耀的这场胜利与曹德旺的"中国式功夫"有关,曹德旺及其管理团队以各种各样的方式,低调、细致地与几乎每位员工直接面对面沟通。公司通过各种媒体宣传美国工会的各种腐败行为对于企业工人权利的负面影响。一方面,在工厂内不影响工人们正常生活的前提下,曹德旺及管理团队成员进行朋友式的"咖啡对话";另一方面,福耀花费了100万美元为工人打造了一个舒适的餐厅,餐厅内在提供标准西餐的同时,还提供了地道的中国菜以及其他国家的美食,深受很多工人的好评。同时,福耀管理层还组织了工厂内部的集体见面会,在见面会上提供丰富的食物及各类饮品,大家畅所欲言,坦诚对话,既有中国式联欢会的感觉,又有西方家庭聚会的意味,气氛很是融洽。曹德旺还专门组织了一批又一批的美国工人到中国工厂参观培训,让他们看到了中国工厂的整洁有序以及中国工人的状态,给来的美国工人以很大的心灵震撼,他们从未想到中国工厂是如此现代化、工厂内的气氛是如此的融洽。在这里,曹德旺还不忘告诉他们:美国式工会制度才是真正的剥削,用抽佣的方式从工人收入中"吸血"。不过,他也强调:"我从不反对建立工会,但不是建立那种黑社会式的工会,我们要建立真正为工厂发展着想、为工人根本利益着想的工会。"目前,福耀玻璃已经在美国站稳了脚跟，工厂常驻工人约为2000人，已经成为当地最具代表性的工厂。也正因此，美国前总统奥巴马夫妇作为制片人专门拍摄了一部名为《美国工厂》的纪录片，并于2019年8月21日在美国上映，引起了美国、中国业界的强烈反响。这部影片的制作团队耗时三年，据说相关画面素材累计超过3000小时。这可不是曹德旺或福耀玻璃提供资金拍摄的广告片，而是奥巴马夫妇用自己的资金投资拍摄的，他们表示，就是为了让大众不要只看到自己的生活，要走出自己画好的圈子，去了解和感受别人的生活。

福耀玻璃在美国工厂的成功，与曹德旺的行为方式直接相关，但却与他在中国进行管理的方式截然不同。不是环境改变了，而是他自己主动改变了，心无所执地放弃了内心中原定的方式，但是内心的理念并没有变，那就是在内心深处体现了对美国员工的尊重以及对他们内心需要的洞察和了解，运用了他们能够接受的方式，获得了他们的尊重和认同。这应该也是以"无我""上善若水"为特征的中国智慧在发挥着内在力量吧。

五、构建二元正力是绩优企业的必修课

作为创造价值的经济实体，企业是社会最重要的细胞，是所在区域经济社会发展的主体及主要支撑体，绩优企业是其中相对比较优质的细胞与主体。企业置身于政府和社会的约束之中，二者共同对公司形成二元力。

从现实情况看，当政府作用力和社会作用力发挥正向作用时，企业就会不断发展壮大；二元力中的任何一种力量发挥负向甚至反向作用时，企业都会遭遇重大挫折。甚至有学者认为："我们从来没有见过哪一个公司的战略家，能提出比'政府作用力'更奏效的促进公司发展壮大的商业方法。"同时，优秀的企业都会扶植"社会正向作用力"，承担社会责任，获

得社会认同。绩优企业领导者都是善于构建二元正向作用力的高手。

在现实中，政府往往是国家利益的代表者。各级政府在推动社会经济发展方面发挥着巨大的作用，在很多情况下对于辖区内的企业往往是至关重要的。企业执行政府的相关政策往往就是实现国家利益和社会公众利益的过程。各级政府都是通过各级政府官员发挥作用的，不与各级政府官员保持良好的互动关系，企业就很难获得充分的政策支持及相关资源支持。但是，如果这种互动关系变了味道，那么对官员和企业家以及企业而言，这都变成了"高危"关系。因此，企业如何与政府官员打交道，与各级政府保持良好的公共关系，既能为了实现国家与民众利益而付出努力，又能合规实现企业的商业利益，还能避免与个别官员打交道过程中形成的"寻租"腐败，就成为是否为绩优企业的标尺。

习近平总书记在2020年7月21日举行的企业家座谈会上强调"构建亲清政商关系"。所谓"亲"，是要亲切、亲和，特别是在企业遇到困难和问题时，更要积极作为、靠前服务，帮助解决实际困难，但也要清醒地认识到，绝不是勾肩搭背、不分彼此，更要时刻警醒，领导干部不是企业的"摇钱树"，企业也不是领导干部的"取款机"。"清"，则意味着清白、清正、清廉，厘清边界。换句话说，领导干部不能有贪心私心，不能以权谋私，不能搞权钱交易。相应地，企业家要想着"凭真本事"挣钱，而不是"靠搞关系"吃饭。政商之间，领导干部多关注、多谈心、多引导，企业家讲真话，说实情，建净言。也就是说，构建亲清政商关系，关键要摆清楚各自的位置，在"为"和"不为"之间把握微妙的平衡，做到有交集而不搞交换、有交往而不搞交易，要搞阳光下的合作。"亲而不清"容易引发贪污腐败；"清而不亲"则会导致不作为、慢作为、乱作为。在现实中，哪个地方的政商关系处得既"亲"又"清"，哪个地方的社会风气就正，经济发展得就好。政商都把持住自己,恪守正道,才能行稳致远。

从实践中观察,绩优企业领导者都在处理政商关系方面有着比较深厚的修为,体现了以下显著特征。

第一,根据党中央的要求以及宪法赋予的权利积极参政议政,获得政治地位,塑造正向影响力。 绩优企业领导者,无论国有企业还是民营企业,全部是各层级党代会代表、人代会代表和政协委员,绩优中央企业领导者中还包括中央委员或中央候补委员,其中也有少数优秀人才服从党组织需要而走上从政道路,成为主政一方的地方官员或中央政府部委领导。可以说,绩优企业家群体已经成为我国政治体制力量的重要组成部分,他们不仅代表了他们的企业,而是代表了最具影响力的企业力量,运用更加重要的政治舞台,成为推动中国社会发展力量的重要一分子。曾带领华润、中粮创造、中化控股创造佳绩的宁高宁,曾当选中共十八大党代表、中共十八届中央纪律检查委员会委员、十三届全国政协常委、十三届全国政协提案委员会委员。作为民营企业家代表的腾讯董事局主席兼首席执行官马化腾连续当选十二届、十三届全国人大代表,连续提交了60多个提案,其中数项提案内容成为国家规划及政府的重点工作内容,比如产业互联网、数字技术和实体经济的深度融合、粤港澳大湾区、碳中和等。现任新希望集团董事长的刘永好长期担任全国政协常委、中华全国工商联合会副主席。作为地方国有企业代表的海尔集团首席执行官张瑞敏连任十六届、十七届两届中央候补委员。

第二,对政府产业发展要求高度重视,实现政商共赢、地方社会经济与企业经济利益共赢。 在中国,中央政府做出的总体发展规划、各类产业规划及相关政策对于企业的战略选择及经营发展有着重大的影响,地方政府的规划与政策同样也对区域内企业战略选择与发展有着直接的影响。一家企业，无论是国有企业还是民营企业，如果不能认真研究中央政府及地方政府的相关规划与政策，很难成为绩优企业。而且，地方政府主要负责人甚至某些具体主管部门负责人的变化也可能导致企业重大项目的影响。所以，绩优企业负责人都关心政治，特别注意与政府部门保持良好的关系，在符合总体战略的前提下，持续关注有关政府部门的产业政策动态以及利益偏好，谋划双赢，推动地方经济发展，为有关区域人民带来福祉。张瑞敏曾说，经营企业要有"三只眼"，除了盯紧市场和企业，还要盯住"宏观环境"。刘永好也曾提出"爆米花"理论，指的是由于政府政策的变化，一个行业会突然进入快速发展期，从而迸发出巨大的产业投资能量，因此要紧跟政府的步伐积极参与这一过程成为行业的先行者。这一理论对于以往的房地产行业、今天的新能源、高科技行业仍然有效。像京东方这样的高科技企业，如果没有政府的大力支持，很难靠自己的力量突破极限，击败世界级对手，成为全球第一。同时，京东方的快速发展也为与之深度合作的地方带来了巨大的经济效益和社会效益，实现了双赢，如北京市、合肥市等。吉利汽车尽管早期凭借突破体制限制而成为优秀的创业者，但是进行海外"蛇吞象"的大规模并购以及在各地更大规模地建设生产线，没有政府的深度支持是不可想象的。

第三，注意与政府保持适当距离，较好地把握"亲"和"清"的尺度。在现实中，由于政府政策对企业影响的作用，特别是在一些重点行业和领域，绩优企业领导者都懂得"谋势胜于谋事"。各级政府都肩负着推动经济发展、促进社会繁荣、提升民生福利、构建"青山绿水"生态环境的重要任务，特别是其中以"双招双引"（招商引资，招才引智）为主要抓手的经济人才工作仍然是重中之重的目标。作为上述工作对象的企业如何适当处理与政府的关系不是企业家个人的问题，而是企业事关绩优目标的重要战略行为。我国各级地方都有制定产业政策、对企业进行监管的职责。按照有些学者的表述，在西方"监"的成分重，在中国，"管"的成分多，所以绩优企业往往把获得行业主管部门管理许可当作难得的、宝贵的势，甚至可以叫作"竞争优势"，比如能源与新能源、汽车、高科技、金融及金融科技等。防御型的做法就是不计眼前得失，注重前期投入，着眼于防范危机和动荡对企业的挑战，"距离适度""既亲又清"地建设与维系政府关系。20世纪很多民营企业中的"红帽子"企业、今天不少的混合制企业都有这样的特点，还有一些中央企业与地方国有企业的"混合制"公司也具有这样的性质。地方国有企业中的万华化学、京东方、海信都充分运用了这一良好的关系，民营企业中的海尔、恒力、新希望等是处理这一关系的佼佼者。

第四，积极参与相关政策与标准制定，引领行业发展。绩优企业处理政商关系最为常规也是比较有效的做法是，积极参与国际、国内行业及技术标准的制定与修订，通过各种合法合规渠道积极参与与自身相关的政策制定，在必要的情况下通过国家的支持参与国际标准的制定。华为很早就意识到行业标准、技术标准以及知识产权的重要性，不仅全面参与中国相关领域国家行业标准的制定，而且积极参与美国、欧盟等国和地区的相关行业标准和技术标准的制定，经过多年的艰苦努力，终于成为5G标准的引领者和未来6G标准的领跑者之一。这不仅是华为自身技术能力的重要体现，更与始终如一地积极参与中国及海外各国及相关地区的行业标准和技术标准制定有关，同时全力以赴地构筑以专利为基础的知识产权壁垒，连续10年成为中国企业中全球专利技术每年申请数量以及专利技术总量最多的企业之一，位居第二，紧随国家电网之后，长期是民营企业中拥有专利技术最多的公司。

中篇

企业家精神,中国绩优企业的关键引擎

卓越的组织源于卓越的领导者。绩优企业都非常重视组织系统的建设。组织系统的建构与优化一定离不开企业领导者的追求、价值观和推动的能量，尤其是企业的一把手，国有企业体现为企业的最高领导者，民营企业则体现为老板。

绩优企业往往是企业领导者与企业组织系统正向互动的结果。企业领导者展示出的企业家精神在很大程度上成为企业为绩优目标而奋斗的推动核心，成为企业成长的"发动机"。

CHAPTER 6

第六章

核心推动：以企业家精神为内驱的领导力

企业文化学者埃德加·沙因（Edgar Schen）认为，企业文化与企业家相互依赖，相互影响，一方面，企业家精神是企业文化形成的基础，是企业发展的动力；另一方面，企业文化作为一种内在的精神力量也会培育企业家的成长。2017 年，《中共中央国务院关于营造企业家健康成长环境弘扬优秀企业家精神更好发挥企业家作用的意见》明确提出，企业家精神在我国经济由高速增长阶段转向高质量发展阶段的过程中要充分发挥中国特色的企业家精神。党的二十大报告再次突出了"弘扬企业家精神"的重要性并将其作为"加快建设世界一流企业"的前提。

何谓企业家精神？习近平总书记在 2020 年 7 月 21 日主持召开企业家座谈会为企业家提出了五点希望：爱国、创新、诚信、社会责任和国际视野。其中，爱国被排在了首位。纵观历史，企业可能是无国界的，但是企业家是有祖国的，尤其是对中国的企业家来说，爱国从来都是最为崇高的精神。

绩优企业领导者通过怎样的方式方法将中国企业家精神转变成组织成

长的推动力量呢？领导力，正是将企业家的个人能量转换为组织能量的路径，在推动绩优企业成长中主要体现在以下方面。

一、善用思想领导力

拿破仑说过："世界上有两种东西最有力量，一种是利剑，一种是思想，从长而论，思想比利剑更有力量。"思想的力量是巨大的，尤其是组织领导者的思想。宋志平认为，"一流的企业需要一流的思想，一流的思想塑造一流的企业"，进而提出："中国的企业要想做世界一流企业，就要给全行业做出前瞻性指导，发挥引领作用和领袖风范。"

优秀企业家往往都是有思想的强者，有的很善于将自己的思想非常通畅地表达出来并为他人接受；有的不善言辞，也会通过各种各样的方式方法将自己的思想传递给身边的人。也有一些企业领导者很有思想，但是没有通过合适的方式方法将自己的思想传达给管理者及员工，造成企业家思想与企业管理团队及员工的思想"断层"，无法形成上下同欲而导致企业出现诸多问题。因此，企业领导者将自己的思想通过合适的方法传递给管理层和员工以及利益相关者，包括社会公众，都是很重要的能力。这种能力被称为思想领导力。只有具备这种能力，企业家的思想才会成为企业发展的内在灵魂，才会始终贯穿于企业活动，全面渗透在企业工作的各个方面，成为企业运行的推动力。

企业家思想，是不是正确，是不是科学，是不是先进，是不是实用，是不是丰富，是不是深刻，是不是高超，是不是优秀，最终将决定企业的进退、浮沉、得失、成败。

企业家如果没有一套优秀的哲学思想及管理思想，就很难有更开阔的眼界，也很难调动管理层与员工的积极性；如果一套优秀的哲学思想和管理思想不能用合适的方式方法传递给管理层和员工并产生思想上的共鸣，也不可能带出一批可以使企业持续发展的队伍，很难确保组织的一致性，无法保证经营成果的积累，也无法将企业带向一个做久、做大、做强的境界。

国有企业领导者的思想领导力首先体现为将党的思想建设、组织建设以及其他党建内容贯彻落实到企业中去，从而形成强大的思想领导力。如果党建工作不扎实，非常有可能形成党建与业务两张皮的局面，不仅影响党建工作本身的实际效果，而且企业管理层与员工的思想状态也会出现大问题，从而影响整个企业的经营结果。从实践看，绩优国有企业往往都是党建工作做得比较好的，思想政治工作做得比较扎实。

（一）航天科技集团的1+4党建工作体系

1999年航天科技集团成立后，领导班子始终坚持党的建设与企业改革发展同步推进，构建了一个1+4的党建工作体系，即以能力体系为核心，以组织、责任、制度、考评体系为基础，形成党建责任的闭环管理，将党建工作和企业改革发展的各项工作任务同部署、同推进、同考核、同奖罚，避免党建和业务两张皮，将党组织建在最前沿、最基层，重点建在发射场。具体做法如下。

一是集团公司针对型号外场试验和工程项目等任务地点分布广、参与人员多、工作周期长等特点，在组建型号外场试验队、重大产业项目工作组时，同步成立临时党委，将临时党组织"建在发射场""建在项目上"，开展党的工作，充分发挥了党组织在确保航天重大专项工程任务和重大产业项目圆满成功中的"把管促"和战斗堡垒作用。

二是在党员人数较少但资产总额较大的10家二级公司设立党委,为党组织推动改革、参与决策、加强监督提供组织保障。

三是规范党建工作机构设置。针对集团所属单位及二级公司不同情况,党建工作机构设置可以差异化,凡是设立党委的单位均需设立独立的党建工作部门;党员人数较少的,可以不设独立的党建工作部门,但须明确责任部门,设立专职党建工作岗位,落实党建工作人员按1%比例配备、"同职级、同待遇"等要求。

四是建立健全基层党组织按期换届提醒督促机制,指导集团全部二级单位完成党委换届和届中委员补选工作,实现全部二级单位党委"应换即换"。

五是充分发挥党内民主、突出党员主体地位,实施党代会年会和党代会提案制度。在党组织属地化管理的前提下,航天科技集团创新党代会组建新模式,建立了党代表"异地管理、垂直参与"的运行机制。

六是树立"一切工作到支部"的工作导向。党组发布了《中国航天科技集团公司红旗党支部创建和评比表彰管理办法》,系统开展党支部书记轮训工作,持续开展千名支部书记讲党课、党支部工作创新案例征集等活动,将思想建设贯彻到组织的神经末梢,在组织上打造了一道坚强的战斗堡垒,增强了党组织的政治引领力、发展推动力、文化影响力、和谐保障力。

2022年4月16日09时56分,神舟十三号载人飞船返回舱在东风着陆场成功着陆,三名航天员翟志刚、王亚平、叶光富历时6个月,安全归来,健康出舱,任务圆满完成。航天科技又一次承担了其中的运载火箭、载人飞船、空间实验室三大核心系统的研制任务。为了完成这一任务,航天科技集团一如既往地动员各级党组织统一思想、凝聚力量、创先争优,使广大党员和非党科技人员的工作激情得以充分释放,党建及思想政治工作的优势得到充分体现。

航天科技集团在组建试验队伍的同时组建试验队临时党委,确保党组织全覆盖,由集团党组领导亲自挂帅,全方位参与、全过程跟踪,实现了党建思想政治工作与神舟十三任务的有机融合。在试验队进入发射场前,临时党委以保成功为目标,组织开展试验队实施动员大会、出征仪式、党员集体签名等活动,动员党员职工践行"用成功报效祖国、用卓越铸就辉煌"的誓言和承诺,增强了研制试验人员的政治意识、大局意识、责任意识和质量意识。进入发射场后,临时党委先后开展了"用行动叫响我是共产党员""党员先锋岗""发射成功,党员先行"等主题活动,组织党员签订"党员目标管理承诺书",填写"试验队党员目标管理积分卡",对党员在型号试验任务中如何发挥先锋模范作用进行了细化,在总装、电测、转场、加注等关键节点中,真正做到了"关键岗位有党员、困难面前有党员、重点攻关有党员",提出了"党员身边无差错""党员岗位无隐患"的口号要求,在确保圆满完成任务的同时,传承了航天精神、锤炼了工作作风,带动了航天科技科研水平和管理能力的整体跃升,为服务保障重大型号任务的圆满成功奠定了坚实基础。

(二)中国建材:得人心者得企业

宋志平认为,企业领导应该是文化领袖,要做个布道者,对内对外讲好企业故事,不停地传递企业文化和观念。他说:"在北新当厂长时,我常站在车间里给大家讲话,工人说,再复杂的事经宋厂长一讲准能明白。到了中国建材也一样,在集团月度会、半年会、年会及子公司的重要会议上,我会就经济形势、行业走势、战略文化等,掰开揉碎了反复讲,为的是统一上上下下的思想。除了讲话,我也会以写文章的方式,详解企业的战略思路和经营理念,激发大家的深度思考。另外,抽时间与社会充分沟通,也是布道的意思。中国建材在香港上市后,每年的路演我都会参加,按照'讲好、讲通、讲准确'的原则,为投资者讲我们的企业故事。讲好是指故事要让人信服,讲通是指故事要有连贯性、逻辑性,讲准确是指要用数字说话。"

宋志平喜欢用简单的语言、用形象的故事将大道理讲出来,用他自己的话说"我崇尚'大道至简'"。实践证明,在思想传递的过程中,越是言简意赅的语言穿透力越强,越容易为他人接受,越是复杂的语言,往往如孟子所说的那样"以其昏昏,使人昭昭"。他说:"企业家应该是布道者,任务是创造并传递企业思想。我理解,企业家应该是企业的文化领袖,是文化的塑造者、传播者、实践者。在企业里,大家信奉什么、反对什么、弘扬什么、摈弃什么,公司的文化导向是什么,企业领导者必须清晰地告诉广大员工,并且年年讲、月月讲、天天讲,要让大家凝聚在共同的价值观之下;同时自己要身体力行,做践行企业文化的表率。"

在宋志平任内,中国建材重组了近千家企业,其中包括拥有各类不同所有制、不同类型文化的企业。他说:"还没有一家企业'反水'。什么叫反水?就是跟着中国建材干了一段时间之后后悔了,撂挑子不干了,迄今为止还没有发生这样的事。有的企业往往是做了几家重组就出了问题。中国建材这么大规模的重组,能成功推进是不容易的,关键还在于我们的价值观,我们用润物细无声的方式推动了文化融合。……在重组的过程中,几乎我们的每一次收购都会遇到竞争者,不过最终那些被收购的企业都选择了加入中国建材。原因是什么?我想我们是赢在了'收心'这一点上。"为此,他专门提到了重组泰安水泥的例子。

这家企业是当地的水泥大户,是多家水泥巨头争夺的对象,泰安水泥的老板一直举棋不定。除了价格问题，老板关心的还有创业团队的安排、原有品牌的命运等问题。毕竟这个企业是自己创建起来的，像自己的孩子一样，总希望能挑中一个最好的人家"嫁"出去。宋志平对此非常理解，给了他三颗定心丸，即"三个不变"政策：原有团队、人员及工资待遇不变；企业内部机制不变；设定一个3～5年的过渡期，过渡期内维持原厂牌、商标不变。老板基本被说服了，但对保留团队这一点，还是有些不放心，迟迟未做最终的决定，担心过个一年半载的再"动刀"。而且，当时其他水泥巨头也在积极找他谈重组。为此，宋志平专程飞到昆明与他深谈，当面做出承诺，并把自己衣领上那枚象征着融合团结的八角公司徽章取下，亲手别在了泰安水泥的老板的胸前。最终，泰安水泥的老板下定决心，加入了中国建材的队伍。用宋志平的话说："我们不仅吸纳了一个好企业，更吸纳了一位优秀的企业家。西南水泥成立后，他被任命为副总裁，全面负责西南水泥的工作，为西南水泥的经营发展立下了汗马功劳。"他说，"中国建材不断进行联合重组，我也不记得自己曾给多少位企业家戴过公司徽章，但我知道，这小小的举动代表着一份诚意和承诺，是人与人相互信任、以心换心的开始。得人心者得企业。这是我多年来的一个深切体会。"

（三）任正非的思想领导力与《华为基本法》

任正非的思想领导力特点鲜明。他是一个有思想的人，更是一个很善于将思想通过讲话和文章表达出来的人，而且讲起来激情澎湃，他的文章也极具感染力，形成了强大的思想影响力。他每次对于管理团队的讲话以及在内部刊物发表的文章几乎都成为具有穿透人心的好文，其中流传最广的当属2001年的内部文章《华为的冬天》。当时正值国际互联网、高科技产业哀鸿遍野、进入寒冬，华为则靠着优异的海内外市场表现登顶全国电子百强企业，就是在这样一个华为内部不少人沾沾自喜的时候，《华为的冬天》里满篇都是"冬天""危机""死亡"字眼，这篇文章不仅给华为内部带来前所未有的震撼，也让外部对华为这样的企业有了新的认识。每当内部有人稍有飘飘然的时候，华为都会把这篇文章拿出来警示大家，甚至华为外部的很多企业家遇到危机或问题的时候，阅读此文都会感到文字的冲击性。除此之外，每到华为的关键时刻，任正非都会有一份直透问题本质，直至人心的讲话或文章引起内外部的强烈反响，如《华为的红旗到底能打多久》《目前的形势与我们的任务》《北国之春》《我们向美国人民学习什么》等。最近引起公司内外广泛热议的当属2022年8月22日的《整个公司的经营方针要从追求规模转向追求利润和现金流》。

任正非的思想领导力还体现在华为的重大活动中。从实际观察看，他喜欢通过具有重大意义特征的仪式活动把自己的思想表达出来，而且形成直接的执行效果。比如，发生于1996年年初的华为市场部集体大辞职事件堪称华为发展史上的一个里程碑。当时，华为市场部所有正职干部，从市场部总裁到各个区域办事处主任都要向公司提交两份报告，一份是述职报告，另一份是辞职报告。所有岗位都要采取竞聘方式进行答辩，由公司根据其表现、发展潜力和企业发展需要，批准其中的一份报告。在竞聘考核中，大约30%的干部被替换下来，其中包括市场部代总裁。一般情况下，企业根据业绩考核进行个别调整或搞一个"末位淘汰"，华为的"连根拔"式集体辞职在当时引发企业界震惊。这个活动源于任正非的一篇讲话《目前形势与我们的任务》，他说："历史把我们推到了一个不进则退、不进则亡的处境。我们只有坚定不移地向国际著名公司看齐，努力实现全面接轨，否则随时都有破产的危险。山羊为了不被狮子吃掉，必须跑得比狮子快；狮子为了不饿肚子，必须比山羊跑得快。各个部门各个环节必须优化自己，将懒羊、不学习上进的羊、没有责任心的羊吃掉。不愿意重新分配工作的员工可以劝退，劝退的员工要注意他们的合理利益。每年华为要保持5%的自然淘汰率与10%的合理流动率，哪一个部门的人员凝固了，就说明哪一个部门的领导僵化了。"1995年12月26日任正非的这番讲话拉开了市场部大辞职活动的序幕。

1996年1月28日，负责市场部工作的元老（后来担任华为董事长）孙亚芳率先做辞职演讲，市场部代表宣读了题为《为了明天》的辞职书，其中"今天我们在此向公司递交辞职报告，接受组织对我们的考核，这不会影响我们对华为的热爱，'华为兴亡，我的责任。'我们将一如既往，全身心投入华为的事业中。胜利属于我们全体华为人。华为必胜！"

宣读人的情感感染了所有与会的员工，会议现场的气氛达到高潮，许多市场部员工眼含泪水走向主席台，动情地抒发自己的感受，主席台下的员工则喊起了整齐的口号："前进，华为！前进，华为。"

类似这类的大会活动还有1998年华为研发系统在深圳体育馆开的批判大会，任正非不仅将因有设计缺陷的设备或产品而花费的机票当作"奖状"发给部分研发人员，而且喊出了"从泥坑里爬出来的人就是圣人"的口号。

2007年10月，华为的又一次大辞职事件是华为直接发文要求包括任正非在内的所有工作满八年的员工于2008年元旦之前都要办理主动辞职手续，竞聘成功后再与公司签订新的劳动合同。外界有人曾质疑华为这样做是为了规避新的《劳动合同法》，并因此惊动了当地劳动主管部门，华为有关部门认为这不是目的，因为华为为此支付的补偿金超过10亿元，远超劳动合同法规定的数额。任正非坚持认为，这样做的目的是激活已经失去奋斗精神的"沉沉层"，不容许华为有"食利"阶层的存在，更不允许组织有"沉淀"现象。《华为哲学》一书披露，这样具有运动型的大活动有一定的副作用，对于部分员工在心理层面还是产生了消极作用。之后，随着华为组织管理制度的日趋成熟和任正非的反思，此类活动没有再出现，但是具有华为特色、类似军队出征仪式的誓师大会形式保留到了今天，甚至成为很多企业学习的样本。

2021年10月29日，华为在东莞松山湖园区举行"军团"组建誓师大会，宣布成立煤矿、智慧公路、海关和港口、智能光伏和数据中心能源"五大军团"并接受了任正非的授旗，任正非又一次发表了激情四溢的讲话："我认为和平是打出来的……让任何人都不敢再欺负我们，我们在为自己，也在为国家……为国舍命，日月同光，凤凰涅槃，人天共仰！历史会记住你们的，等我们同饮庆功酒的那一天，于无声处听惊雷！"当时，任正非与在场所有员工挥拳高呼"必胜！必胜！必胜！"，在场的所有人都热血沸腾。活动视频在网上流传开来，点击量极高。

不过，真正将任正非的思想转化为华为文化底层逻辑、形成系统化思想推动力的还是《华为基本法》。各种场合的讲话、各式各样的文章让管理层和员工了解了企业领导者的思想、激发了人们的斗志并在此基础上达成"上下同欲"的共识，但是要用这些丰富的思想和理念塑造人们的行为，还需要制度化工具。如果没有制度化工具，人们很容易将企业领导者的讲话或文章理解为领导者个人一时的想法或者仅仅是个人的想法，时间长了也容易忘记，没有直接听过领导者讲话或者没有在文章发表当时看到文章的人，也容易忽略或者不一定认同这些讲话或文章的内涵。从大型活动看，现场气氛的激励作用是毋庸置疑的，但很难产生持续的激励作用，而且很难影响不在现场的人。《华为基本法》则从以下三个方面持久地塑造了华为人的思维、行为与职业习惯。

第一，以企业家思想为指导形成了企业内部"宪法"。所有的制度建设从此都有了合法性依据，任正非完成了关于华为使命、愿景、战略目标与核心价值观的系统化塑造与阐述，也标志着华为由突出"人治"色彩的管理模式转化为经营管理的"法治"模式。

第二，核心团队形成共识的过程。《华为基本法》的文字描述重要，形成过程更重要，不仅体现了任正非个人的思想，而且吸纳了大量华为核心团队及关键员工的想法与诉求。《华为基本法》的形成，除了邀请外部咨询专家进行提炼、总结、优化，更重要的是核心团队及关键员工都参与其中，畅所欲言，对其中条文的表述及思想进行了多层次、多形式的讨论，甚至激烈的争论。这是一个持续共同学习的过程，也是一个持续折腾的过程。这不仅是用手"写"出来的，更是更多的参与者用"心灵"熬出来的"集体鸡汤"。《华为基本法》的成稿是管理层内部达成共识的产物和标志，也成为所有华为人必须遵守的行为规范。

第三，成为队伍塑造的《圣经》。 很多企业领导者或创始人很有思想，讲话也具有现场感染力，可能会影响到身边的核心团队，但是不能指导更多管理人员和员工的行为。而且在企业发展过程中不断有员工进入管理层以及新员工的进入，业务培训解决的是基础能力问题，到外面的高等院校培训解决的是视野和理论基本功问题，而真正让这些人与老员工、更高阶管理层形成"基因"传递，那就需要形成"基因链条"。《华为基本法》成为华为各个层次人员认知华为愿景、使命、价值观的首选读物，也是变成华为人所必需的行为规范教科书，因此成为领袖思想传导的"抓手"。

二、用足搭班子功夫

企业的稳步发展与领导班子有直接关系，领导班子是企业健康成长的

"火车头"。企业领导者建设好企业领导班子，发挥好领导班子的整体作用，当好"班长"，是企业兴旺发达的关键所在。所谓搭班子，就是组建核心团队并充分发挥核心团队作用从而带领整个组织取得胜利。

通用电气前任CEO杰克·韦尔奇（Jack Welch）说："我在任CEO的时候，75%的时间都花在挑选、评估、鼓励团队上。"他还说："我不会设计，也不会制造，我全要靠他们。"实际上，中国传统的管理哲学非常重视核心班底的构建，"贤主劳于求贤，而逸于治事"是其中的典型描述。张瑞敏的"赛马机制"、任正非的"轮值CEO制度"都是对核心团队的重视。

中国共产党历来重视领导班子的建设。治天下，以用人为本；治企兴企，必须有一流的企业领导人员队伍。党的十八大以来，习近平总书记高度重视国有企业领导人员队伍建设。他强调，国有企业领导人员是党在经济领域的执政骨干，是治国理政复合型人才的重要来源；强调坚持党组织对国有企业选人用人的领导和把关作用不能变；进而提出了国有企业领导人员必须做到的二十字要求"对党忠诚、勇于创新、治企有方、兴企有为、清正廉洁"。这一要求为加强国有企业领导班子队伍建设指明了方向、提供了可遵循的原则。以培育具有全球竞争力的世界一流企业为目标，中央企业领导班子建设进入了一个新时期。

（一）强化顶层设计，在制度建设上"立柱架梁"

2018年7月，《中央企业领导人员管理规定》修订印发，文中内容覆盖了中央企业领导人员管理的全过程和各环节，从制度层面对新时代中央企业领导人员管理的基本原则、基本要求和主要内容进行了全面完善。同时，《中央企业领导班子和领导人员综合考核评价暂行办法》《中央企业领导人员选拔任用廉洁从业结论性评价办法》《关于加强和改进中央企业优秀年轻领导人员培养选拔工作的实施意见》《中央企业董事会及董事评价暂行办法》等一系列配套制度相继出台，符合中央企业特点的领导人员管理制度体系逐步形成。

（二）坚持精准科学选人用人，选优配强"关键少数"

按照习近平总书记"精准科学选人用人"的重要思想，坚持党管干部原则，坚持发挥市场机制作用，严格用人标准，着力建立以德为先、任人唯贤、人事相宜的中央企业选拔任用体系，坚持以事择人，从"谁该用"到"该用谁"，从"更合适、更胜任"的角度衡量选拔，发掘了一大批高素质专业化的优秀人才。

（三）突出问题导向，从严从实加强管理监督

习近平总书记指出，"党和人民把国有资产交给企业领导人员经营管理，是莫大的信任。信任是最大的关怀，但信任不能代替监督，关心不能忘了严管。"从管理上存在的宽松问题入手，贯彻从严治党方针，坚持从严教育、从严管理，把管思想、管工作、管作风、管纪律统一起来，管好关键人、管到关键处、管住关键事、管在关键时。

（四）加强正向激励，激发和保护企业家精神

"市场活力来自于人，特别是来自于企业家，来自于企业家精神"，习近平总书记强调，"既要从严管理，又要关心爱护，树立正向激励的鲜明导向，让他们放开手脚干事、甩开膀子创业。"国务院国资委先后出台了《关于深化中央管理企业负责人薪酬制度改革的意见》《关于改革国有企业工资

决定机制的意见》等一批完善优化薪酬制度体系以及中长期激励的制度文件，形成了比较系统的薪酬体系与中长期激励制度体系。从研究的绩优中央企业样本看，绩优中央企业的班子建设成就是比较突出的，由此形成了值得信赖的一批优秀的中央企业领导班子人员。

宋志平认为："董事长不是传统意义上的行政首长，而是董事会的班长和灵魂人物，是沟通能手，带领大家建设一个既心情舒畅、生动活泼，又严肃认真、决策高效的董事会。……制定战略是董事长的首要责任。"董事长不能只顾低头干活，更要抬头看路、看远方，把董事会开好，把决策做好，把权授好，班子成员各司其职、各负其责，做到不缺位、不错位、不越位。

任正非是对班子建设非常重视的一位企业家，我们从2022年4月1日孟晚舟副董事长正式担任轮值董事长就可以发现，华为的三人轮值董事长徐直军、胡厚崑、孟晚舟都是在华为成长历程中一路拼杀并经历了各式各样考验的关键人员。目前，董事会成员都是与华为几十年来同呼吸、共命运并能够独当一面的强将，是用人格、成绩证明了自己的子弟兵。《华为基本法》第101条主要规定了对接班人的要求，认为只有进贤和不断培养接班人的人，才能成为领袖，成为公司各级职务的接班人；第102条明确了华为公司的接班人计划是在集体奋斗中从员工和各级干部中自然产生的领袖。华为的接班人问题曾引起社会各界的广泛关注。2013年，任正非在一次员工大会上强调："我的家人不会接这个班，华为的接班人，除了以前我们讲过的视野、品格、意志要求，还要具备对价值评价的高瞻远瞩和驾驭商业生态环境的能力。华为的接班人，要具有全球市场格局的视野，交易、服务目标执行的能力以及对新技术和客户需求的深刻理解，而且具有不故步自封的能力。华为的接班人，还必须有端到端对公司巨大数量的业务流、物流、资金流等简化管理的能力。"

通过对绩优企业的研究观察,我们发现它们的领导班子及核心团队有以下几个方面的共性特征。

第一,具备互补特点。这里不仅仅是《西游记》师徒间的个性互补,更重要的专业互补、能力互补。只有这两样的互补,在重大决策时才能避免盲区,才有科学决策的可能性。一个健康的企业核心团队就像一个健康的人,心、肝、脾、肺、肾一个都不能少,五脏各有分工。中央企业坚持实施的外部董事制度在某种程度上是通过制度化方式强调了功能互补和专业互补的重要性。任正非坚决不担任董事长而在华为实施轮值董事长制度,其中一个原因就是他担心自己不太懂行业和专业而造成重大决策的失误,因为自己的权威可能会使得大家自然尊重他的意见。

第二,以使命、愿景、核心价值观及战略目标为牵引力,打造使命共同体。实践证明,只有企业的领导班子成员在内心深处认同了共同的目标及价值观,才能在员工中呈现乘数效应,形成内在的凝聚力。

第三,将要用强者。古人云,"用师者王,用友者霸,用徒者亡。"任何一个组织要想强大,一定是人力资源的强大,尤其是领导班子的强大。管理学中有一条著名的奥格威法则(Ogilvy's Law)。美国奥美广告公司总裁奥格威在一次董事会上给每个董事面前摆了一套俄罗斯套娃。董事们不知总裁何意。奥格威说:"大家打开看看吧,那就是你们自己。"董事们打开套娃后,发现大娃娃里有个中娃娃,中娃娃里有个小娃娃,小娃娃里有一个更小的娃娃……直到他们打开最里面的娃娃时,看到了一张纸条,纸条上写的是:"如果你经常雇用比你弱小的人,将来我们的公司就会变成矮人国,变成一家侏儒公司。相反,如果你每次都雇用比你高大的人,那么日后我们必定成为一家巨人公司。"航天科技等中央企业群英荟萃，输送了一批又一批的优秀领导者，就是因为班子成员都由优秀人才组成的；华为今天变得如此强大，也是因为一批又一批的人才不断成长。任正非极力反对完人，不断强调善用有特长的人、有极强专业能力的人也在于此。

第四，强调领导班子的团结，千方百计地克服"公司政治"内耗是关键。无论国有企业还是民营企业，领导班子成员之间有一定的竞争性是可以理解的，奋勇争先是鼓励的，"赛马"就是如此，但是这并不影响以大局为先、以目标为上的团结。从实践看，领导班子的团结是做好一切工作的基石，以相互拆台和逆向淘汰为主要特征的"公司政治"是一切工作的绊脚石和危害源。任何一个企业，若想确保健康发展、和谐稳定，关键在于团结坚强的领导班子，在于每一个班子成员之间的相互协作、配合和支持。

第五，营造良好的工作气氛。领导班子及核心团队往往都是能力较强、个性各异的人，因认知、个性、情感、利益而带来的冲突是不可避免的。为了企业的良好发展，企业主要领导者必须在领导班子成员内部塑造良好的工作气氛，既要培养团结协作的气氛，更要形成民主科学决策的氛围，还要养成廉洁自律的风气。领导班子成员之间要保持自己特有的沟通渠道和方式，确保顺畅有效的沟通，即使意见不一致，行动仍然能够顺利执行并确保执行过程中不断修正。托尔斯泰有句名言："我不同意你的观点，但誓死捍卫你说话的权利！"核心团队成员之间的沟通须保证：开放、平等、客观、富有建设性、对事不对人。

通过研究绩优企业的样本、采访调研以及近距离观察，我们发现，绩优企业领导班子的彼此信任、紧密配合、有益竞争，为了一个共同目标而奋斗的状态都是企业走向绩优的基本推动力要素。

三、文化与制度"两手硬"

在推动企业发展的过程中,企业家能够很好地处理制度建设与文化建设的关系问题是非常重要的领导力体现。纵观中国企业的成长过程,随着企业的发展壮大,规范企业行为、进行制度建设,是企业做强、做优、做大的基本功。即使是白手起家、依靠经验管理、以人际关系为基础起步的企业家,在企业发展到一定阶段之后,也会认识到制度建设的重要性,有意识地降低对"人治"的高度依赖,逐步将企业纳入规范化的架构,保障企业健康持续发展,乃至获得更大的发展平台和新的提升机会。制度为王,成为一切想让组织健康并持续的管理的出发点。邓小平说过:"制度好可以使坏人无法任意横行,制度不好可以使好人无法充分做好事,甚至走向反面。"一位经济学家干脆直接说:"制度,才是第一生产力。"绩优国有企业无疑都是制度建设相对比较健全的典范,绩优民营企业同样是注重制度建设的标杆。就国有企业而言,完善制度建设是党中央、国务院的要求,更是人民的诉求;就民营企业而言,没有制度系统的企业,老板本人就是制度;有制度系统的民营企业,制度才是老板。老板决定制度有没有,制度决定企业长寿不长寿。世界著名质量管理大师戴明认为:企业的问题,有94%是管理系统造成的,只有6%是人的因素造成的。在绝大多数情况下,把由系统本身造成的问题,归咎于具体工作人员身上,是一个普遍的管理错误。

改革开放后,中国企业的制度建设基本上都是以学习西方发达国家及地区的企业管理制度开始的,从战略管理、治理结构、营销、人力资源、金融财务到运作管理以及生产现场,甚至企业文化系统等均与西方管理学说有着直接的联系。例如，海尔的OEC^㊀管理制度脱胎于日本丰田模式，还有着泰勒"科学管理"的基因；华为更是从1998年引入美国大公司的制度体系，先后与多家国外知名咨询公司合作，在战略管理、流程管理、研发系统管理、人力资源管理、信息化系统等方面进行提升和改进。而今天已经很普遍的董事会制度、独立董事制度、外部董事制度、监事会制度等治理结构制度体系以及数字化系统，基本上都是以美国、欧洲、日本等发达国家的企业为样本建立起来的。任正非甚至在早期面对内部人员关于引进外国管理制度有质疑时，提出了一个"先僵化，后固化，再优化"的九字要求，就是先全面学习，等全部掌握了精髓后，再说优化的事情。这种"引进、学习"的制度体系建设对于推动中国企业走向规范化、成为绩优者发挥着至关重要的积极作用。

不过，这种"西式"制度体系建设在很多中国企业也产生了不良反应，甚至给企业带来了破坏性影响，究其原因就是"水土不服"，未能有效地与企业文化进行有机融合。

茅忠群根据方太的经验认为，从管理的有效性看，管理需要建立在两条腿走路的基础上：一条腿是制度；另一条腿是文化（其中最重要的是信仰）。西方企业的制度建立在西方文化及信仰基础上，日本企业的管理制度也是对欧美制度进行了日本式的转化而与日本式东方文化相结合而走向成功的。成功的日本企业都是在强大的制度底层有着浓厚的日本文化基因。他因此得出结论：如果没有文化信仰（如对制度的敬畏感），制度的有效性就会大打折扣。西方企业制度体系到了中国后，只剩下了制度规范，没有了信仰与文化做基础，而西方信仰及文化习惯很难照搬照抄，只剩一条腿

㊀ OEC是Overall Every Control and Clear的缩写，是海尔依据自身特色对6S（整理、整顿、清扫、清洁、素养、安全）和ISO 9000的概念延伸。管理界将其称为"海尔之剑"。OEC的含义，即总账不漏项、事事有人管、人人都管事、管事凭效果、管人凭考核。

的管理制度自然无法产生相应的效果。"中西合璧"因此成为茅忠群的信条。如何才能做到"中西合璧"？他的解决之道是十六个字："中学明道，西学优术，中西合璧，以道御术"，就是以中华优秀文化原则为指导，实现西方管理方法与中国传统管理方法的有机融合，用中国优秀文化的核心理念及行为原则作为体系、制度、流程、方法、工具等建设和不断优化的指引和基础。用他的话说："东方管理和西方管理只是一个方便的说法而已，无法断然分开，二者有诸多相通的地方，而且在实际的管理过程中更不能教条地理解。这不是谁取代谁的问题，而是如何融合的问题。"按照茅忠群的说法，制度建设不能以点带面，不能就事论事，而是要把公司的信仰作为制度建设的底层逻辑进行系统化，比如中国企业制度建设首先要遵循"仁义"的理念，因为"仁义"是中华优秀文化的核心理念之一。

也有人会认为，按照这样底层逻辑建设的制度是不是会偏软，不利于企业的管理和持续。《方太文化》是这样回答的：《论语·学而》提出，"礼之用，和为贵。先王之道，斯为美，小大由之。有所不行，知和而和，不以礼节之，亦不可行矣。"这句话说的就是礼制（可以理解为现在的制度规范）的制定原则。这里有两层思考：一是礼的制定，内容要符合仁义的要求，否则即为恶法；二是礼的执行必须严格，违反礼制者必须按规定处罚，否则礼制作为一种制度，其作用则荡然无存。如果为了和谐而和谐，不以礼制来约束，最终反而得不到和谐。

中国绩优企业领导者在文化与制度的关系问题上基本上都有了很多领悟并进行了较好的实践。宋志平的体会是："东方企业文化与西方企业文化是两种不同的企业文化。西方企业文化更重视定量和模型分析，比较擅长运用统计知识等工具解决复杂的管理问题，以提高组织效率，但缺点是过于教条，缺少辩证；相比之下，东方文化更重视定性和哲思，强调'天人合一'的宇宙观，强调全局观以及伦理道德，但缺点是缺少严密的逻辑和系统的归纳。我们的成功经验就是用毛主席提出的策略'古为今用，洋为中用''去粗取精，去伪存真'，坚持中国文化的根，以西方管理为手段，中体西用，渐渐形成适合中国或东方企业的相对完整的管理思想体系。"

四、注重内圣外王的修为

在中国，作为企业领导者，尤其是优秀的企业领导者，无不是"内圣外王"的修为者。"内圣外王"语出《庄子·天下》："是故内圣外王之道，暗而不明，郁而不发，天下之人，各为其所欲焉，以自为方。"这一概念后来被儒家所用，成为古代领导者修身为政的最高理想，即内备圣人之至德，施之于外，则外王者之政。通俗地讲，"内圣"就是修身养德，要求做一个有德行的人；"外王"就是齐家、治国、平天下。在孔子的思想中，内圣和外王是相互统一的，内圣是基础，外王是目的，只有内心的不断修炼，才能成为"仁人""君子"，才能达到内圣。也只有在内圣的基础之上，才能够安邦治国，达到外王的目的。《论语》讲："其身正，不令而行；其身不正，虽令不从。"同样，内圣只有通过外王实现目标，也才有意义，也才能成为真正的领导者。否则，只能是一个自我修炼者。

茅忠群认为，作为一个领导者，要想管理好一个团队或组织，行为上必须身体力行，成为表率；思想和战略上要"为政以德，譬如北辰"；只要自己有足够的修养，足够大的德行，足够高的境界，企业的人才就会主动围绕在你的身边，甚至企业外的人才也会来到你所在的企业。

关于具体的领导者品德修养应该包括哪些方面，茅忠群直接引用了中华优秀文化的"五字"核心品德要求：仁、义、礼、智、信。这五字已经涵盖了大多数品性，包括职场中人们应当具备的品质，但在方太开始推行其要求时，员工对"仁、义、礼、智、信"的理解有限，很难应用于工作。作为权宜之计，茅忠群专门增加了"五字"职业品质：廉、耻、勤、勇、严。2019年，为了便于员工践行"人品"，方太对"人品"做了一次简化，将上述10个字浓缩成3个字，即中华优秀文化里提出的三达德"仁、智、勇"，并聚焦在六个方面：仁，意味着使命担当、关爱顾客；智，意味着以终为始、行事有方；勇，意味着知耻后勇、拥抱变化。

复星集团领袖郭广昌也是一位个人修养深厚的人，哲学专业出身的他拥有丰厚的知识视野，通晓西方和中国哲学文化传统。郭广昌对儒家学说的研究体现在他对"仁"和"知耻"的理解上。他认为，"仁"是"二人"，就是"妊"的会意字，母子二人相连为"仁"，引申义就是爱心。"耻"是羞，也就是自尊。他的用人观是其思想的体现。他认为自己是"学无所长的人"，因此敢于用比自己强的人，真正的强者不回避现实，而是勇往直前。他在企业中强调"拜师"哲学，企业各级领导者一定要学会使用比自己强的人，至少在某个领域比自己强的人，这些人往往就是专家。通过拜师哲学，复星内部避免了引进的人才在薪酬福利、能力、知识结构等方面给老员工造成的压力，有点压力，也转化成动力，激发大家的学习热情。这一切，连同宽容信任的治人之道，在企业内部树立了郭广昌"无为而无不为"的威信。

对于国有企业领导者的品格要求，习近平总书记提出了"对党忠诚、勇于创新、治企有方、兴企有为、清正廉洁"的明确要求。国家能源集团就"兴企有为"提出了明确的领导者品格要求：首先，信仰坚定、政治可靠。国有企业领导干部要想"兴企有为"，必须具备以下八项素质。

第一，要过政治关。只有拥有坚定的信念、忠诚于党，才能发挥好依靠党建促发展的红色引擎，才能团结奋进凝聚人心。

第二，战略思维、把握方向。 战略思维就是从宏观从全局考虑问题，善于把握事物发展的总体趋势和方向，并具有强大的战略定力。

第三，任事担当、履行责任。 习近平总书记在全国国有企业党的建设工作会议上强调："国有企业领导人员要坚定信念、任事担当，牢记自己的第一职责是为党工作，牢固树立政治意识、大局意识、核心意识、看齐意识，把爱党、忧党、兴党、护党落实到经营管理的各项工作中。"党员干部是人民的公仆，是党和国家事业的中坚力量，发扬主人翁精神，强化责任，勇于任事担当是应尽之义。

第四，迎难而上、勇于作为。 习近平总书记在2016年对国有企业改革做出了重要指示："国有企业是壮大国家综合实力、保障人民共同利益的重要力量，必须理直气壮做强做优做大。"而国有企业领导干部是国企各项资源的整合者和使用者，是激发企业各类价值要素活力的组织者，是带动前行的榜样，其能否发挥积极性、主动性、创造性并主动担当是实现目标的关键性力量。

第五，善于学习、奋发图强。 国有企业领导干部必须认识学习的重要性，学习是提升企业核心竞争力的前提。从确保企业的基业长青角度看，企业领导干部的学习能力，决定着企业建设和科学发展的能力，要做到"愿学、勤学、真学、深学、善学"。

第六，开拓进取、创新发展。 企业要时时更新，日日新，苟日新，才能做到"兴企有为"。

第七，团结协作、带动员工。 作为党的领导下的干部，应该注重团结协作，上下一心，带领全体企业员工共走"兴企"之路，牢记"从群众来，到群众中去"的工作方法不能变，创造良好的企业软环境。

第八，严于自律、刚正清廉。这是国有企业发展的关键。国有企业作为我国国民经济发展的中坚力量，领导干部只有刚正清廉、严肃纪律，才能"服人心"，才能真正让大家齐心协力，才能实现兴企有为。

五、奉行专业主义方法论

绩优企业的强大执行力来自领导者奉行的专业主义方法论，对目标成果展现出极致的追求，一旦进入执行过程，要求近乎苛刻。凡是自己负责的领域，一定要成为"专业人"，对其中的关键环节、关键细节做到心中有数，不当"一知半解"的糊涂人而被下属糊弄，更不能容忍"差不多"。

管理学界一直有一种说法，最高层负责决策，下属负责执行。执行，似乎与最高层无关，一旦出现执行问题，就是下属无能，最常见的一种说法是："经是好经，但是让歪嘴和尚给念歪了！"实际上，企业各个层次都是执行者，只不过在执行过程中所扮演的角色不同而已。最高层作为最高决策者的同时往往也是最高执行者。在很多企业中，最高领导者"战略上的巨人，执行上的矮子"的特点往往是企业执行力差而导致不良后果的重要源头。日本丰田模式的核心之一叫作"三现主义"——现场、现实、现物，即要求最高层的领导者应亲临现场并彻底了解情况。丰田技术总裁解释："并不是亲自到现场查看而已，而是要问：'发生了什么？你看到了什么？情况如何？问题何在？'……有人会说'凭常识就可以判断，我知道问题出在哪里'，实际上，只有收集足够的资料和深入的分析才能明白，你的常识到底正不正确。"用丰田模式创造者之一的大野耐一的话说："要不带成见地到现场实地观察生产状况，对每件事、每个问题重复问5个'为什么'。"他还进一步强调："数据当然重要，但是，我认为最重要的是，事实。"这种盯住前线的作风成为丰田高层领导者的一贯作风。

有的管理者会说:"这不是要我事必躬亲吗?这么大的公司这样做不现实,只有小公司才这么做",其实,从历史上看、从绩优企业的发展过程看,关注现场、了解一线真实状态,是成功领导者的基本素养。"实事求是"和"从群众中来,到群众中去"既是我党成功的法宝,也是我党优秀干部的基本作风要求。官僚主义的基本体现就是"听不到炮声",了解不到事情的真相。

航天科技每逢重要的发射和试验任务,集团公司的主要领导和分管领导一定会在现场,不仅检查指导任务,还要了解几乎所有的关键细节,追根究底,成为现场的"专家",确保"万无一失"。

2020年,腾讯出了一本名为《三观》的书,书中记录了马化腾的种种感悟。在这本书的前言里有这样一句话:"不管时代怎么改变,在商业世界里有些基础原则是不会变的,就是到一线去,才能找到方法。"这句话不是讲给普通员工听的,他们就在一线,而是讲给管理者和后台的人听的。马化腾认为:"离开现场,空谈理论,缘木求鱼,根本解决不了问题。"然后,他用了一句"工作现场有神灵"作为总结。

任正非更是关注一线的专业主义奉行者。这不仅体现在他经常一个人出现在飞机的经济舱以及等待出租车的场合,更重要的是对于产品一线、市场一线、研发一线几乎苛刻的关注。2009年他发表的一篇讲话稿到现在还在流传,那就是《谁来呼唤炮火,如何及时提供炮火支援》。他在这篇讲话中提出了一句流传甚广的名言:"要向一线放权,让听得见炮声的人呼唤炮火。"据说,他的这一想法是受到了现代战争形态的启发。

从近年来的市场形态,我们可以看出一种与以往传统管理方式完全不同的特征,过去是一线有问题向总部汇报并请求支援,总部调动资源进行支援，现在是一线员工的一封电子邮件或一个语音就可以直接呼唤"炮火"。2009 年，任正非在华为营销服务体系奋斗保障大会上提出，一定要让前线人员有指挥权，要让高层管理人员"下沉"，不要总是坐在办公室里，这个时候恰好是华为显露出一些"大企业病"的症状，对客户需求和意见的反馈开始懈怠。任正非首先是在 EMT 会议上提出了要让华为总部的管理人员下沉到一线，但是遭到了部分高管的反对，认为这样做不但会增加一线的负担，而且也帮不上什么忙，总部人员放不下架子，一线人员还要搞接待，反而打乱了正常的工作节奏。任正非并没有立即反驳，而是自己投入一线的调研，在与大量的一线员工接触，与一批又一批的管理者和员工深入座谈后，心中有了底，也不贸然让机关的人到一线，而是让一线的人获得机会指挥作战，一线指挥官获得了充分的授权，真正发挥了专业人做专业事的优势。同时，他要求后台掌握资源的管理人员进行配合，这样做既避免了外行指挥内行的局面，又发挥了各自的专业优势。

CHAPTER 7

第七章

将创新变现为价值：企业家精神的本质

张维迎教授说过："一个优秀的企业和一个平庸的企业差距有多大？不会超过5%。想想人类和黑猩猩的基因差异不超过2%，人类和大部分哺乳动物的基因差异也不超过5%。但正是这个小小的差异决定了人类是这个地球的统治者，而其他哺乳动物不是。"他的结论是："对企业来讲，这种小小的差距导致有的成功、有的失败。这种差距究竟是什么？我认为最重要的就是企业家精神的差距。企业家精神是1，其他是0；没有了这个1，再多的0也没有用。"从这个角度讲，任何绩优企业都是企业家精神的一种外部体现。

什么是企业家精神？一个公认的答案是：创新。创新是企业家精神的灵魂。据有关专家考证，"企业家"这一概念由法国经济学家理查德·坎蒂隆（Richard Cantillon）在18世纪30年代首次提出，即企业家使经济资源的效率由低转高；"企业家精神"则是企业家特殊技能（包括精神和技巧）的集合。在他看来，没有甘冒风险的魄力，就不能成为企业家。著名的经济学家熊彼特认为：企业家是从事"创造性破坏"的创新者。彼得·德鲁

第七章 将创新变现为价值：企业家精神的本质

克在其经典之作《创新与企业家精神》中直截了当地指出：企业家精神的核心是创新，企业管理的核心内容，是企业家在经济上的冒险行为。

什么是创新呢？这样一个看似人人皆知的简单问题，其实答案很多，比如一个新技术的突破、一项新的发明且拥有发明专利、一种新的商业模式、一种新的生产过程或新工艺、一种新的创意设计等。以上这些都可以被称为创新，但是，真正能被称为企业家精神内核的创新一定是一个在市场上创造并产生新的客户价值的过程。用《创新：变革时代的成长之道》一书的解释，就是"创新意味着想法变成商业价值"。这一解释恰恰是科学家和企业家的区别，是创业者是否成为企业家的试金石，更是企业能否成长为绩优企业的枢纽。

一、创新与套利：经济学家眼中的企业家精神

张维迎教授将企业家的职能总结为两个：套利和创新。在他看来，套利是在现有技术条件下发现不均衡，发现市场中有利可图的机会并加以利用。例如，当年一位企业家用大量中国服装等商品从俄罗斯换回了数架图-154客机，更有名的是20世纪美国企业家阿曼德·哈默（Armand Hammer）在美国收购小麦卖给粮食紧缺的苏联，又从当时的苏联廉价收购大批皮毛运到美国而赚了大钱，因此成为美国知名的企业家。

张维迎教授认为，创新是创造不平衡，创造出原来没有的东西并将其商业化。他说："如果市场处于均衡，所有销售收入都被要素所有者瓜分，净利润是零，没有套利空间，这时候怎么赚钱？创新！创新就是打破均衡，就是熊彼特讲的生产新的产品、引入新的生产方式、发现新的材料、开发新的市场、创造新的组织形式。"

在现实中，套利和创新同时存在。张教授解释说："创新打破均衡，并不是说只有经济处于平衡时企业家才有积极性创新，尽管通常情况下，更小的套利空间意味着更大的创新压力；而是说，如果没有创新，经济终将达到均衡。进一步讲，创新在打破均衡、带来不均衡的同时，也可能诱发其他创新，如英国工业革命初期，当机器纺织机的引入打破纺与织之间的均衡时，织工的短缺诱发了机器织布机的发明。"

也就是说，社会经济总是在套利和创新的交织中前行，企业家几乎总是同时发挥着套利和创新两种职能，有时由于套利空间太大而几乎不再创新，而真正的创新是在套利空间变得更小时更容易发生，就如当今光伏发电与储能领域、新能源汽车领域发生的政策性套利与创新交织一样，那些依赖政策性套利的企业，要么尽早走上真正创新之路，要么终将被现实淘汰。

与套利相比，创新之所以更难，是因为创新有着更大的不确定性，也有着更长的周期才能盈利。如果说套利的不确定性还可以预测，而创新的不确定性很难预测，那么，创新的不确定性才是真正的不确定性，尤其是所谓的"颠覆式创新"。创新不可预测。尽管各类专家都进行预测，甚至还有各种各样的预测模型，正如克莱顿·克里斯坦森（Clayton M. Christensen）所说："当我们看到专家对新兴市场未来发展规模的预测时，我们唯一可以确定的是，他们的预测是错误的。"他的话不仅适用于各种各样的专家，也同样适用于各行各业的企业家。斯坦福大学专门研究技术进步的经济学家内森·罗森伯格（Nathan Rosenberg）说："技术创新最根本的特点，在于其过程充满了众多不确定性。我们所说的不确定性，是指无法预计求索的结果或预先决定一条通往特定目标的路径。这种不确定性有一个很重要的暗示——行动不能被计划！没有人或组织，能够聪明到可

第七章 将创新变现为价值：企业家精神的本质

以计划求索进程的结果，即首先认定某一特定的创新目标，然后沿着预先确定好的路去实现，就像某人可以看地图然后策划出一条到某一历史遗迹最快的路径那样。"

在如此不确定的条件下，企业家靠什么推动创新并将创新转化为实实在在的经济成果？在这里，受哈耶克及奥地利派经济学家的影响，张维迎教授提到了优秀企业家与普通企业经营者和管理者的本质不同，他说："真正的企业家决策主要靠软知识，管理者决策主要靠硬知识。经济学和大部分管理学里讨论的决策都是基于硬知识的决策——给定目标和可选手段，如何选择特定的手段满足给定的目标。这里的目标和手段都是可以明确描述的，甚至是可以量化的。真正的企业家决策不是选择给定手段满足目标，而是积极地和创造性地寻找新的目标和手段，因为企业家决策不仅取决于数据、硬知识，更依赖于软知识，即个人对市场前景、技术前景和资源可获得性的想象力、感知与判断力，而判断力不是计算出来的，企业家决策类似于科学家的发现，不同于所谓的'科学决策'。"

二、价值与利他：管理学家眼中的企业家精神

我们需要了解的是，为什么有的套利能够持续成功？偶尔的套利成功是不少人都能做到的，但是长期持续的套利成功必然是一种能力或素质。由于巨大的不确定性，创新更难以成功，尤其是持续的创新。在商界，一个残酷的事实是，技术创新与变现为商业成果之间有一个令人恐惧的死亡之谷，一批又一批的创业者及企业领导者成了创新路上的"先烈"，这往往不是因为技术不成熟或者市场空间不够大，而是没有找到技术创新与创造价值之间的桥梁。

很多科学家或创业者以及一些企业领导者可以发明革命性的产品或者发现一项有益于解决人类疑难问题的技术，却不能成功地让市场接受他们的新技术或新产品，最关键的原因就是他们对客户价值的关注不够，判断有所偏误。尽管很多人都会将客户价值挂在嘴边，但是很多技术专家、创业者乃至大企业领导者在实际创新过程中并没有很全面地考虑客户价值而经历了无数的挫折，这些人最常说的就是"我们的技术多么多么领先""我们的产品多么多么的好"，总之是"我"字当头。真正的企业家关于创新的思考一定是基于价值创造的初心，尤其是创造客户价值。也就是说，利他才是企业家关于创新的思考出发点，"这种创新能为客户带来怎样的价值"才是企业家精神的重要内涵。基于此，方太将创新哲学定义为"创新源于仁爱"。香港百年老字号"李锦记"将"思利及人"作为企业的核心价值观。在李锦记看来，"万事皆为利来，皆为利往"，"思利"是人们做事的原因和动力，是人们普遍存在的客观追求。什么是"利"？除了通常所说的金钱、物品，"利"包含的内容比较多：它可以是物质的，也可以是精神的；可以是显性的，也可以是隐性的；可以是当下具体的，也可以是具有未来意义的。关键是如何从"思利"走到"得利"？以"作事惟思利及人"为价值观的李锦记创始人认为："利"从"人"中来。现任李锦记行政总裁的李惠森强调要"惠及"更多的人——从你、我、他到我们，从个人到集体，从小家到大家，从群体到社会。他说："思利及人"就是要以人为大、以人为本、以人性为重，满足人性的共同需求，重视人的价值，尊重人的感受。换句话说，就是"利"所涉及的人越多，"我们"的力量就会越大。

任何技术专家或创业者都会思考自己拥有技术或产品的价值，甚至很多优秀的技术专家思考的是为人类整体及社会贡献的价值。但是，作为企业家，只有将创新变成商业成果，才能实现企业创新的目标，技术创新只

第七章　将创新变现为价值：企业家精神的本质

是企业创新的内涵要素或推动要素，而不是本质要素。真正的企业创新本质在于技术创新如何变成商业成果。一位西方管理学家说：公司能否生存下去的重要标志是你所投入的时间和资金是否可以产生最大的客户价值。国内某些知名的所谓高科技上市公司，从估值到市值都一度超过1000亿元，收入却不到20亿元，从未盈利，乃至亏损数百亿元，但是董事长和总经理个人年薪却都超过数亿元。在此格局下，何谈客户价值？对于这类公司，不管创始人是怎样的技术大牛，无论他们用怎样的语言证明他们行动的合理性，我们都很难将他们称为企业家；不管他们的企业在技术层面上是多么创新，我们都很难将其称为企业家精神。

人们之所以认同任正非，其中一个非常重要的因素是，任正非始终如一关注客户价值，强调一切创新"以客户为中心"且不断为之奋斗。他常常说自己不是技术专家、不懂技术，但是为什么能够聚合天下技术大牛于华为旗下并能推动华为走向一个又一个的胜利？原因就是他总能将创新的方向带向创造更大客户价值的方向。他在与2012实验室工作人员的座谈中说："一定要强调价值理论，不是为了创新而创新，一定是为了创造价值。"为此，任正非提出了鲜明的口号：工程师要有一点商人的味道，让工程师成为商人。1998年5月6日，华为中央研究部曾举办了一次主题为"反幼稚，强化商品意识，坚持市场唯一验收标准"的交流会。这次交流会的召开是因为客户对华为产品的批评。在任正非看来，技术员工的幼稚病，很多源于学校养成的惰性，往往完成一个理论模型并证明其可行就万事大吉了，根本不关心能不能形成产品，更不关心能不能卖出去，还"喜新厌旧"，喜欢做有挑战性的高难度的新产品研发，不喜欢做挑战性弱些的产品稳定性维护和工艺流程优化，导致产品的稳定优化无法实现，看起来像是高科技的东西却往往让客户体验不到应有的价值，甚至认为客户"不懂产品"。为此，第 80 期《华为人》报发表了一篇题目为《让英雄之花永远盛开》的文章，对研发体系中的"幼稚病"进行了集中曝光。一位负责人在反思大会上指出："这些年来，我们不断地研发新产品，也在不断地向市场输送产品。但如果产品质量不行，那么，我们不是在输送炮弹，而是在给自己埋地雷，客户对我们的信任也被炸掉了。"

因此，不管大企业还是创业企业，不管多么资深的专家或技术大牛，谈及创新，都必须学会如何创造客户价值；不管企业所拥有的技术多么前沿，企业领导者及研发人员谈及创新，都应该持续地关注如何创造最大的客户价值。

三、创造需求，推动创新成为价值的起点

坦率地讲，很多企业领导者和研发人员并不是不了解客户价值的重要性，也会满口"以客户为中心"，但是往往在实践中"行"与"口"不一。其原因倒不是他们不认同"以客户为中心"的理念，而是不知道如何才能使得创新的技术和产品能够获得客户的认同并激发其购买行为。一位哲人说过："花精力在重要的而不仅仅是有趣的东西上，而二者都是有无穷多种的。"一般而言，几乎所有企业的目标都是要利用有限的资源，包括资金、员工和其他资源，去创造最大的客户价值，进而使得公司整体价值最大化。实际上，很多企业都会被那些企业领导者喜欢做的事情且在能力范围内可以做的"有趣的"事情或者"可以做"的事情转移了注意力，占用了宝贵的精力和资源。

做重要的事情比做有趣的事情更关键，乃至于决定生死。对于寻找创新的价值，最为重要的就是关键客户的关键需求。

第七章　将创新变现为价值：企业家精神的本质

绩优企业领导者深深知道一个简单的道理：任何客户价值都是来自对关键客户关键需求的专注发掘。每一个企业都要迅速地从数十个乃至数百个项目中选择出可以产生客户价值的项目，企业领导者及相关人员必须对什么是"重要的"客户需求（即产生的市场需求）有着强烈的认知并专注于细化挖掘。唯有如此，所谓的创新才会拥有转化为价值的可能性。那些拥有大批资金甚至大批所谓好技术、好项目的创业企业之所以失败，正是因为缺少了这种转化能力。乔布斯、马斯克一直被质疑所使用的技术并非原创也非最为先进的，但这并不妨碍他们都创建了市值万亿且销量领先的上市公司，其公司成为世界知名的绩优企业，也并不影响他们两人都成为创新的代表者，其原因就在于他们能够深刻地洞察相关技术能够产生巨大的客户价值。当2022年9月最后一天特斯拉人形机器人"擎天柱"面世，专家预言：乔布斯依靠一部智能手机征服了全球C端客户，马斯克可能会凭借这种人工智能型人形机器人征服全球企业（B端）客户，当很多人的认知里"工业机器人"还是更加灵巧的机器臂时，可以移动且更加灵活的机器人用途将更加广泛。

所以，美国知名管理学者亚德里安·斯莱沃斯基（Adrian Slywotzky）和卡尔·韦伯（Karl Weber）在《需求：缔造伟大商业传奇的根本力量》一书中认为："需求，是一种不寻常的能量形式。""我们总是认为，只要掌握了正确的手段，需求自然就会产生。于是就有了越来越多的营销活动，越来越炫的广告宣传，越来越激进的促销策略，还有铺天盖地的优惠券和打折信息。诸如此类的技巧有时的确能发挥作用并带来短期回报，然而，真正的需求与这些手段并无关联。需求创造者把所有的时间和精力都投入对'人'的了解上。他们敏锐地洞察我们最真实的希望、疲倦、幽默、冲动、急躁、野心、多疑、莫测，看出我们是多么不可理喻、满腔热情、焦虑苦恼的。他们一直在努力了解我们心中的渴望：我们需要什么？讨厌什么？什么样的东西能引起我们的情感波动？什么样的东西又能激发出我们源自内心深处的好感？"

中国医药集团有限公司（以下简称"国药集团"），作为唯一一家以医药医疗产业作为主业的中央企业，长期以来表现优异。2022年8月公布的《财富》世界500强排行榜中，位列第80位，较2021年名次上升29位，首次迈进世界100强行列，在世界500强榜单中位居全球制药企业第一名，排在世界名企强生（位列世界500强第107位）和辉瑞（位列第137位）前面，国药集团因此成为世界100强中唯一的制药企业。在国务院国资委评定的绩优企业中，截至2021年国药集团也已经连续9个年度被评定为中央企业负责人经营业绩考核A级企业。

从国药集团的发展路径看，对外兼并重组、对内深化改革与科技创新成为基本特征，尤其是近十多年的整体规模快速扩张产生了巨大的产业影响力。2009年的国药集团营收300多亿元，只在北京、上海、天津、广州等地有些销售网络，没有制造研发，2021年营收超过7000亿元，其快速发展的策略就是兼并收购与重组。问题在于，在很多企业因兼并收购"消化不良"而导致企业很难形成合力的情况下，国药集团的兼并收购为什么能够产生如此强大的合力？关键原因在于，国药集团的扩张是因需而扩，因需而创新，为扩张提供了"根"，为创新找到了"价值"。国药集团的扩张既不是为了大而大，也不是为了创新而创新，而是因需而创新，以创新满足需求。

2009年，董事长与高管交流公司的战略定位与发展方向。尽管只有300亿元的营收，但是国药集团的日子还是挺好过的，国家唯一的医药批发经销保供单位，典型的轻资产，很多人不愿意为了扩大规模而冒更大的风

第七章 将创新变现为价值：企业家精神的本质

险，但是从发展速度和营收规模看，国药集团当时的状况与中央企业的地位不大相符。董事长的结论是：对中央企业而言，一定要扎根大行业、做足大产业，一定要有一个大业务、大平台做利润支撑。何谓大？首先是市场需求量足够大。对国药集团而言，就要主攻需求量较大的大病种药，如高血压、糖尿病、胃病、心脑血管等疾病治疗药物。除此之外，中国14亿人口的"保健康、大病种"需求成为国药集团新战略的起点。时任董事长就庞大的需求算了一笔账：在美国，整个医疗健康业的GDP有3万亿美元，而医药业只有3000亿美元，只占10%。而在我国，药品行业目前只有1万多亿元的GDP，当然，每年还在以20%的速度增长，参考美国，我国健康产业是一个几万亿元甚至十万亿元的大产业，未来有更大的发展空间。

不过，这种需求是客观事实，也是很多人（尤其是专家和行业内企业）都知道的，但在现实中需要创造和挖掘，一旦挖掘不到位，可能仍然是一种理论上的需求。

按照这样的需求理解，国药集团加大对健康产业的投资，陆续重组了多家国有企业健康机构和相关医院。到2021年，国药集团拥有7家三级医院、21家二级医院在内的129家医疗机构，总床位数超过2万张。对国药集团而言，这不仅在公立医院改革过程中产生了"鲶鱼"效应，更为自身的药品和医疗器械销售提供了稳定的市场，为更好地解决老百姓看病贵、看病难、买药贵问题提供了新路径。理论上的需求逐渐转化成产生价值的现实需求。

与此同时，2009年前后，我国医药销售领域也比较乱，"多、散、乱"是典型特征，百姓买药贵、拿药贵，医药行业腐败严重，国家急需一个国家级医药配送系统。鉴于此，当时的《政府工作报告》明确提出要"推进基本药物集中采购和统一配送"。国药集团领导者认为，这应该是国药集团的使命，也是当前药品销售领域最关键的需求。为此，国药集团运用在香港上市的国药控股迅速整合全国500多家医药企业，建成了30个现代医药物流中心和300多家分销中心，建立了覆盖31个省、市、自治区的290多个城市的医药配送网，三级医院覆盖率达95%，打造出国家级医药健康平台，市值位列全球医药分销企业第4位。作为中央企业，国药集团深处医药健康行业这一个特殊领域，在新冠病毒传染爆发的几年中，成为医药物资供应的主要渠道和强大的保障力量，出色地履行了中央企业保供的关键职责。

最近令人瞩目的是国药集团旗下中国生物技术股份有限公司（以下简称"中国生物"）新冠疫苗横空出世。2020年12月，中国生物研发的新冠病毒灭活疫苗获得国家药品监督管理局批准，成为全球首个附条件上市的新冠疫苗，到2021年12月，中国生物新冠疫苗已在全球117个国家和地区及国际组织获批注册上市或紧急使用，接种人群覆盖196个国别，已向国内外生产供应疫苗超27亿剂。2022年8月7日，*Vaccine*官网全文发表了中国生物的《新冠灭活疫苗与四价流感裂解疫苗、23价肺炎球菌多糖疫苗同时接种的免疫原性与安全性评价》，为同时接种提供临床研究证据，对全球新冠疫情与即将到来的流感季节，以及老年人群中细菌性肺炎防控相互交集的复杂局面，提供了疫苗接种防控策略的科学依据。

中国生物新冠疫苗的全球首发并非偶然。作为国家863计划疫苗项目首席科学家、国药集团首席科学家的中国生物董事长杨晓明说："中国生物到今天有113年的历史（始于1919年设立的北洋政府中央防疫处），与传染病有关，一直盯着前沿的需求，尤其是国家的需求、老百姓的需求。这次新冠疫苗实际上是老百姓最大的需求，是全世界的共同需求。面对一个百年不遇的没有见过的传染病，这个需求我们必须面对，而且一定要去做，这是我们的使命决定的。能不能成功,取决于我们有没有实力,措施是不是更务实正确,以及我们的技术储备是不是到位。""疫苗里包含了很多技术,10年前这些技术都是没有解决的,比如大规模的细胞培养是不可想象的,大概在20年前,我们就盯着疫苗的相关技术去做布局、研究,花了十几年的功夫,技术有了突破,由此建立了我们现在叫灭活疫苗规模化生产的整个工艺。这个工艺在新冠病毒来袭之前解决了我们国家最需要的小儿麻痹疫苗,小儿麻痹是世界上第二个要消灭的疾病(第一个是天花),这个消灭不了就必须用灭活的疫苗替代。针对这个需求,经过十几年的努力,我们在国际上是做得不错的,储备了相应的技术。新冠病毒来袭的时候,我们使用的技术线差不多,但是针对新冠病毒的高传染性,实验室生产车间需要高等级的,我们国家又是没有的,我们做的过程中已经做了技术和人才方面的储备,所以,仅用时50多天我们就建起了一个生物安全三级实验室。这样,才能确保在全球最早使用上疫苗。"如果不是紧盯需求,如果没有10年以上的技术储备和人才储备,也就不可能有今天新冠疫苗的规模化生产。杨晓明自豪地说:"在这个领域,应该说中国的水平和国际上是一样的,甚至在规模化生产方面肯定比欧洲和美国强。以往我们医药出口很难,这次全球近200个国家和地区都在使用我们的产品,到目前在国外建了四个工厂,关键是我们踩对了需求的点,使得我们的企业在未来才有了更大的发展空间。"

四、价值的建构与创造:企业家精神的归宿

创造价值,是创新的目标;需求,往往是隐性的价值;创造需求,就是创造可能的价值;满足需求,就是价值的变现与对价。所以,对于已经

变现的价值进行描述往往是比较客观的，价值也是真实存在的。然而，人们对当前价值或者未来价值的描述和判断往往因角度不同、判断力不同而意见分歧很大，价值判断往往难以进行全面的观察，因此有着很大程度的主观性。正因如此，对于创新以及市场需求进行价值建构就成为区别一般企业家和优秀企业家的试金石，面对同样的需求以及相关的技术，不同的企业家会有不同的价值判断，甚至会产生截然不同的结论，价值创造也会造就不同的企业。

纵观商业发展史，最早发现需求的企业不一定会获得良好的价值体现或商业成果，甚至可能成为"烈士"，因为需要以需求为基础进行价值认知与建构，进而完成价值的创造。

无论一个企业的创新力度有多强、拥有的技术有多么先进、对于市场需求的判断有多准、人才队伍有多么精锐，如果不能进行超前且准确的价值建构与创造，这家企业终将沦为平庸甚至消失。所以，价值建构创造是企业家精神的归宿。

一般而言，企业创造的价值应该包括三个层面：第一个层面是核心层面，即客户价值；第二个层面是公司价值，构成了价值的基础层面；第三个层面是生态系统价值，这也是公司赖以生存的基础层面。

以上三个层面的价值构成了企业创造价值的核心内容，客户价值是价值创造的核心，是创新的出发点，是需求的前提；但是，一项创新、一个产品，只有客户价值，如果没有公司价值，不能为公司创造足够的收入、利润及现金流等，就不是一项完整的创新和好的产品，就不能构成商业或企业的创新。如果一项创新和一个产品，既能够为客户创造价值，也能为公司带来足够的收入、利润和现金流，却不能为公司的产业链合作伙伴和社会公众带来正向利益，这仍然构不成现代社会的企业创新和完整的价值

第七章 将创新变现为价值：企业家精神的本质

创造。现在，社会责任的价值越来越受到企业的重视，上市公司被监管机构要求定期发布社会责任报告。中央企业，作为我国国民经济的重要支柱，发布社会责任报告成为基本要求。国务院国资委于2022年3月专门成立社会责任局，督导中央企业落实社会责任。

商业模式是利益相关者交易的结构。良好的商业模式一定是上述三层价值的有机体现，即利益相关者共同体，这也是我们常说的商业中的共赢。

新能源汽车市场需求是举世公认的，中国本土14亿人口需求巨大，随着"碳达峰""碳中和"战略的实施，政策性推动的市场空间也随之成为必然趋势。在海外，2021年7月，欧盟委员会要求到2035年欧盟境内禁售燃油车，2022年5月初，欧洲议会环境委员会投票支持，引发欧洲新能源汽车需求空前剧增。新能源汽车的需求变成未来10年的硬需求，促使我国新能源汽车的爆发式发展。

但是，新能源汽车企业却喜中有忧，几家欢乐几家愁。《证券日报》2022年10月3日报道，由于上游材料涨价导致成本增加后，一众新能源汽车厂家也都纷纷涨价，但是主要新能源汽车企业亏损局面仍然不容乐观。2022年上半年，蔚来汽车净亏损超过45亿元，小鹏汽车净亏损超过44亿元，理想汽车净亏损超过6亿元。

作为新能源汽车领军者的比亚迪股份有限公司（以下简称"比亚迪"）发布了2022年半年报。报告期内，比亚迪实现营业收入1506.07亿元，同比增长65.71%；归属于上市公司股东的净利润35.95亿元，同比增长206.35%，实现收入、利润双丰收，与新能源汽车业内的亏损群像形成鲜明对照，并于2022年4月正式宣布停售燃油车。到9月5日，比亚迪迎来2022年内第100万辆乘用车出货，销量反超特斯拉，成为全球第一。至此，比亚迪成为年内新能源乘用车销售首个突破百万台的汽车企业，海外市场也从最初的亚非拉等发展中国家，大举进入欧盟、澳大利亚、日本等发达市场，并成为欧盟生产的主力厂商。

比亚迪有如此优良的业绩变现，与多年的技术积累、产业链优势以及相关的政策支持有着直接的关系，但是最为关键的原因在于，王传福根据新能源汽车的短期与长远需求而进行的价值建构与创造，俗称"布局"。没有合适的布局，需求的价值也不可能显现出来，布局则是需要踏踏实实、步步为营的价值要素培育和整合，等着市场需求到来的结果往往是最后可能看不到需求的出现，更看不到需求变成价值的一刻。可以说，如果没有对新能源汽车市场需求深入的洞察、没有对需求所产生价值的精细建构，就不可能有今天比亚迪在新能源汽车领域的优良业绩。

汽车工业发展了100多年，面对逐渐鲜明的市场需求，更适合使用的电动车为何迟迟得不到发展？"关键困扰还在电池技术。"比亚迪设计研究院院长如是说。电池技术恰恰是比亚迪的立身之本，王传福作为创始人，从1987年进入北京有色金属研究总院攻读硕士以来，一直专注对电池的研究。1997年，创业3年后，比亚迪就抢占了全球近40%的镍镉电池市场份额，随后在镍氢电池和锂电池的研发上投入大量资金，如今在手机电池领域的占有率达到25%左右。2003年，根据未来的需求判断，王传福开始了电动汽车的市场价值研究和针对电动汽车的早期技术研发工作。与特斯拉以设计、体验、软硬结合的"软性"价值链核心组合不同，比亚迪近20年来始终执着于对"硬核"价值链"三电"（电池、电机、电控）技术能力的狂热追求。比亚迪研究院院长的观点是：脱离了核心技术的电动车制造，好比沙筑的城堡，经不住市场的竞争，其经营风险是不可想象的。

在比亚迪看来，特斯拉定位于"富人的第二辆车"的概念，其价值主

第七章 将创新变现为价值：企业家精神的本质

张侧重于成人"玩具"，炫酷有型，但用得少、放得多，因此性能、电池的衰竭、电池的安全等问题暴露得不是很明显；比亚迪瞄准的是以自用为主的大众普及型市场，他们的研究人员说"大众产品是高强度的使用，需要产品经受得住各种苛刻的检验条件"，其价值主张为功能使用，目标是替代燃油车。经过多年的电池技术积累迭代，比亚迪的电机、电控以及电子零部件的相关技术日臻成熟。谈及比亚迪为何如此重资产布局整个电动车产业链，是否可以像特斯拉那样进行全球性整合进行组装时，王传福说："比亚迪开始准备生产电动车时，根本就没有先行的企业可以合作，大企业的创新周期长，比亚迪等不起，只能自己干。如果当初自己不做，今天要想发力，每个合作方都把门槛设得很高，你根本进不去。"他说的这种现象在今天的新能源汽车领域已经非常明显，成了很多新能源汽车企业心中的痛，这也是诸多新能源车企亏损严重的直接原因之一。

有着成熟的技术，也有着潜在的广泛需求，不一定就会转化为价值。新能源汽车市场受到国家及各个地方城市相关政策的直接制约。即使2013年，国务院通过了《节能与新能源汽车产业发展规划》以后，向国家有关部门及地方政府申请补贴仍然是诸多新能源汽车企业的主要生存模式，价值模式严重扭曲。比亚迪成立绿色交通公交发展事业部，根据政府需要解决的痛点，建立起 B2G2C（Business to Government to Customer）的闭环价值实现模式：因为2013年以来，全国多个城市雾霾严重，在严峻的外部形势下，与地方政府及公交运营管理单位合作，比亚迪针对城市公交和出租车推出了"零元购车、零成本、零排放、零风险"的城市公交电动化解决方案，实现新能源汽车销量达2000多台，实现了公交运营单位、出租车司机、地方政府、比亚迪四方利益相关者的共赢。与此同时，比亚迪还用"投资换市场"的策略，与各地政府投资平台及公交集团合资成立电动车制造公司,把 GDP 和税收送给地方政府,换取了地方政府及客户的支持。

最值得关注的还是新能源汽车价值建构与创造的"比亚迪法"。比亚迪的新能源价值创造体系很难用价值链描述,更适合的描述方式为价值星系。目前,比亚迪在新能源领域涉足的产业包括光伏、电池、LED、储能电站、电动车等,希望通过产业链的整合,实现其绿色能源的三大梦想——新能源汽车、储能电站、太阳能发电厂,分别从用电端、输储电和发电端实现零排放无污染的新能源解决方案。王传福屡次提到的"比亚迪法",就是每进入一个产业,一定要掌控产业链的核心环节,确保拥有绝对的技术优势;然后,借助比亚迪在制造业领域多年的经验和优势,移植或自建一条产业链,推动上游核心环节的相关技术在下游大规模应用,形成品牌和话语权后,再对上游核心环节进行反哺,实现创新的价值变现。如何才能在自成一体的产业链上牢牢抓住上游核心环节的优势?王传福认为,最好的方法就是集成创新。比如,比亚迪的双模电动车需要突破的瓶颈是汽车和电池之间的磨合问题,如低温、快速充电、电动转向、续航等。如果只做上游环节或只做下游环节,单独的电池厂商和汽车厂家都不会有这样的机会和能力。2020—2022 年,电动车与电池厂商的激烈博弈证明了王传福的预判。通过解决这样的关键难题,比亚迪形成了自己的强大专利群,在核心环节的优势让后来者难以望其项背。

关于利益相关者的价值建构与共享,王传福有着自己的见解:"以前是不同的企业抱着产业链中的不同段,享受着高毛利;现在我们要把产业链整合一下,把所有中间环节的毛利都清零,把产品做便宜,让更多的人去使用,形成大量需求,促进行业的良性成长。这种整合,我们在汽车领域、IT 领域、电池领域都做了。"

第七章　将创新变现为价值：企业家精神的本质

五、无限游戏：企业家精神的生命线

美国哲学家詹姆斯·卡斯（James Carse）认为，世上至少有两种游戏：一种是有限游戏；另一种是无限游戏。有限游戏以取胜为目标，无限游戏以延续为目标。有限游戏在边界内玩，无限游戏玩得就是边界。有限游戏具有确定的开始和结束，拥有特定的赢家，规则的存在就是为了保证游戏正常进行并能够结束。无限游戏既没有明确的开始和结束，也没有赢家，它的目的在于将更多的人带入游戏，从而延续游戏。张维迎教授认为，企业家和管理者之间的本质差别在于，管理者是在给定目标和规则的条件下进行决策，属于有限游戏。他说："真正的企业家决策不是选择给定手段满足给定目标，而是积极地和创造性地寻找新的目标和手段。换句话说，管理者使用工具，企业家是创造工具；管理者是实现目标，企业家是创造目标。"所以，张教授的结论是"企业家决策不是在给定约束条件下求解，而是改变约束条件本身。所谓创新，本质上讲，就是改变约束条件，把看起来不可能的事情做成"。

乔布斯、马斯克、贝索斯的不断跨界探索向我们展示了西方企业家对于"无限游戏"的行为阐释，张瑞敏、任正非、王兴等的"跨界"实践则为我们展示了优秀的中国企业家同样是"无限游戏"的优等生。

张瑞敏说："产品会被场景替代，行业会被生态颠覆。在无价、无界、无序的时代，让我们一起融入以'人的价值最大化'为宗旨的无限游戏。"

美团创始人王兴更加直截了当地说："有限游戏在边界内玩，无限游戏却是在和边界也就是和'规则'玩，探索改变边界本身。实际上只有一个无限游戏，那就是你的人生，死亡是不可逾越的边界。与之相比，其他的边界并不是那么重要了。"他对"边界"的理解是："太多人关注边界，而不关心核心。万物其实是没有简单边界的,所以我不认为要给自己设限。只有核心是清晰的——我们到底服务什么人?给他们提供什么服务?我们就会尝试各种业务。哪里会有什么真正的终局呢?终局本来是下棋的术语,可是,现在的现实情况是棋盘还在不断扩大。我们的使命是让大家吃得更好,活得更好。在这个使命下,我们认为凡是最终要发生的,我们就会选取合适的角度进入。"

张瑞敏则认为:好的商业模式是一场无限游戏。他的口头禅是"唯有无界,才能生生不息",在他看来,"互联网时代,企业就是一个资源交换的节点。如果这个节点的交易很有效率,做大了就是平台。要打造平台,就需要做到两点:一是引进负熵,就是开放,永远是动态的人员和各类资源进来,相当于一盏油灯,你不断给它添油;二是正负反馈循环,意味着在平台上,因果永远不断叠加,生生不息。"

无限游戏的思想告诉我们,企业家的创新本质上永远是与边界和规则的博弈,当一家企业的领导者被圈在了边界和规则以内,他就会失去活力,熵增现象就会加剧,企业要么走向衰败,要么成为无限规则玩家无情的美餐。当一家企业的领导者"心中无界",就会有无穷的活力,就会不断地探索,企业就会展现出不息的生命力,才会展示出创造价值的企业家精神。

CHAPTER 8

第八章

企业家精神内核 1：心力无边

信奉"做每件事并不是为了赚钱，而是为了要改变这个世界"的乔布斯，创建了世界上最赚钱的高科技公司并带领公司成为全球绩优企业的标杆。中国绩优企业的创建者和领导者同样以超乎常人的意识打造了持续发展的企业传奇。优秀企业的领导者性格各种各样，但都有一颗超常的"心脏"，即强大的精神力量。

一、强大的信念是企业家精神的灵魂

创业是一条单行道，既没有回头路，也没有后悔药，遭遇挫折是常态。如果没有强大的信念做支撑，创业者很难成为优秀的企业家，不少创业企业昙花一现的原因很简单，不是企业的领导者不聪明，也不是他们的技术不行，更不是他们缺少资源，而是缺少坚持到底的信念。欲望太深，灵魂则无处可住。IBM 前任 CEO 小托马斯·沃森（Thomas Watson）说："我相信，企业的成败在于能够激发员工多少才能和激情。怎样才能使那么多人与你产生共鸣呢？在变幻莫测的未来的日子里，又怎样才能维持这种共鸣，保持步伐一致呢？这就需要强大的信念，用信念的力量去引导所有员工。我始终认为，任何企业为了生存和成功，其制度和事业一定要以一个信念为前提。对信念的执着，是企业成功的关键所在。信念要先于计划、执行和目标。如果在计划执行的任何一个阶段，存在一丝一毫的违背信念的可能性，都要一一排除。"

很多人都认为自己有着强烈的信念，但是，真正对信念的考验是对事业和愿景、使命的执着。面对不确定性，内心对愿景坚定，企业家需要付出长期持续的行动，在这条道路上，可能遭遇各类艰难险阻以及若干次失败，但仍然义无反顾地前行，不相信"回头是岸"。

面对具有不确定性的愿景与目标，不是说优秀的企业家没有恐惧，他们也有恐惧，甚至有时恐惧得浑身发抖、彻夜难眠，以及患上焦虑症甚至抑郁症，但是他们不放弃，忍受恐惧，直面恐惧，接受恐惧。

面对不确定的目标与愿景，信念要比经验和知识重要100倍。云谷禅师说："信念即是力量！人生从来苦难多，该比的不是谁经历的苦难难捱，而是谁最后捱过去了。用信念挺过去的便是英雄；挺不住的，注定成为失败者。"

我们的大脑中存在两种主要的"快乐神经"，分别是多巴胺和内啡肽。心理学告诉我们，当一个人有特别强烈的欲望去完成某件事情、做出某种行为时，大脑中就会分泌大量多巴胺，驱使人继续追求欲望，并在这个过程中带来快乐和满足。这本是好事，但人们的很多成瘾行为都和多巴胺有关，如吸烟、喝酒、打游戏等；内啡肽同样会让人们产生愉悦感，它比较特别，促使内啡肽生成的因素是身体中的疼痛。用痛并快乐来形容内啡肽再合适不过，它是一种补偿机制，可以帮助人们隐藏身体的痛苦，让人们坚持完成某个任务，如坚持跑步或跑马拉松，咬牙坚持到最后一公里后得到的快感就是内啡肽带来的。奋斗之后的快乐，自律后的愉悦，很多都是源自内啡肽的作用。

任正非有句话："决胜取决于坚如磐石的信念，信念来自专注。"心如磐石的人必然具有强大的内心和坚不可摧的信仰，因此他们的精神是凝练成一片的，意志是勇往直前的，不达目的不罢休。乔布斯所说的"扭曲现实力场"，其实就是源于内心的强大、由内而外的一种影响力。古今中外，凡是成就大事业的人，"不惟有超世之才，亦必有坚忍不拔之志"。

二、发自内心的喜爱才能到达巅峰

创业经营，发自内心地做事，方可成正果。王阳明先生说："且如事父，不成去父上求个孝的理；事君，不成去君上求个忠的理；交友、治民，不成去友上、民上求个信与仁的理。都只在此心，心即理也。此心无私欲之蔽，即是天理，不须外面添一分。以此纯乎天理之心，发之事父便是孝，发之事君便是忠，发之交友治民便是信与仁。只在此心去人欲、存天理上用功便是。"

这并非只是议论忠、孝，而是以忠、孝为例阐明"心即是理"的道理。仅仅是为了尽忠孝之义务而侍亲、事君，不过外在地于事物上"格物"，唯有那种发自内心的忠孝才是自然的，心性本有的，才是真实的，难能可贵的，俗话"天理良心"即在此也。

《论语》说得更加经典："知之者不如好之者，好之者不如乐之者"，说明了享受工作本身能够给人带来最大的工作激情。只有享受自己的工作，才可能拥有强大的精神力量，才能历经磨难带领企业走向巅峰。

英国维珍集团董事长理查德·布兰森（Richard Branson）就是一个享受创业和工作的人，他在自传中写道："我一生中从事了多个职业，但是从来不是因为钱而工作。我在工作中发现乐趣，在乐趣中享受工作，钱也就自然而然地来了。"看到他不停奔波，有朋友对他讲"不要再辛苦了，到退休的时候了"，他就反问："那我接下来做什么？"朋友们的回答很一致："学学绘画、打打高尔夫球，享受人生啊。"布兰森心想："你们不明白，我有多么享受我的人生。一直以来我都很快乐，因为我享受我的工作。自从我开始创业，就以兴趣为核心。"意大利服装设计大师、奢侈品牌阿玛尼创始人乔治·阿玛尼（Grorgio Armani）享受创业与工作的程度不亚于布兰森，当被问及"工作对你意味着什么"时，他说："工作就是激情。一到周末，我就会很沮丧，因为我失去了可以关注的事情。为了保持生命的活力，不能停止工作。"

中国绩优企业的领导者以及优秀的创业者往往也都表现出这样的特征。

将一个学生创业项目带向全球领先的大疆无人机创始人汪滔，面向更多的创业者说道："一定要确定这件事你是不是真的喜欢，因为只有你喜欢的事情，你才会把它做到极致。"

成立于2006年的深圳市大疆创新科技有限公司（以下简称"大疆创新"或"大疆无人机"）已经成为这个行业全球龙头企业。当2020年12月18日美国商务部以"保护美国国家安全"为由，将大疆创新列入所谓"实体清单"后，大疆创新明确回应，公司将"继续在美国销售"，其在美国的产品销量不降反升，甚至连美国军方也在增加订单，占领了美国80%以上的市场。

汪滔，1980年出生在浙江杭州，是本书研究绩优企业样本中唯一一位80后。他很小就喜欢航模，曾经从父亲那里得到一架遥控直升机。在他的

第八章 企业家精神内核1：心力无边

想象中，直升机应该是一个可以随意操控的精灵玩具，可以悬停在空中不动，而且想让它飞到哪里就飞到哪里。实际上根本不是那么回事，操控难度很高的直升机起飞不久就掉了下来，飞速旋转的螺旋桨还在他手上留下了一个永久性的疤痕。

"那时我想做一个能够自动控制直升机飞行的东西出来"，读完高中，汪滔考入华东师范大学电子系，大三时，他觉得这跟自己要完成的目标有点远，就转学到香港科技大学，继续攻读电子专业。2005年，开始准备毕业设计的汪滔决定把遥控直升机的飞行控制系统作为自己的毕业设计题目，而他要解决的核心问题仍然是童年的梦想——让航模能够自由地悬停。他拿着学校给的1.8万港元经费折腾了大半年，结果在最终演示时，本应悬停在空中的飞机却掉了下来，失败的毕业设计得了一个C，他因此失去了去国外名校进一步深造的机会。幸运的是，汪滔得到了一位教授的赏识，得以在香港科技大学继续攻读研究生课程，同时他拉着一起搞毕业设计的两位同学在深圳成立了大疆创新，开始专注于直升机飞行控制系统的研发生产。

"我觉得自己的性格里有天真的成分，从小喜欢一个东西，就是希望把它变成现实。"对汪滔而言，从一个痴迷于技术的理工男转身成为管理数千人的CEO，最初的梦想已经有了更宽广的舞台，但他仍怀念自己熬夜攻克技术难题的那段时光。他说："如果不做CEO，我肯定会回到研发岗位上。对科技创业者来说，攻克一个个技术难题所带来的快乐，是那些山寨者难以体会到的。"他把大疆创新的价值观提炼为"激极尽志，求真品诚"，意即大疆创新要充满激情地去追求极致，实现自己的志向，认真做好自己的产品。在自己车的后备厢里，江滔放了一架多旋翼飞行器，有时候路过空旷的地方，他会停下来，让自己童年的梦想再"飞"一会儿。

三、创造力将信念和喜好变成了现实

拥有了伟大的理想和抱负以及强大的信念,如果没有与之相应的创造力,就会让更多高智商、高想象力、信念坚定者功亏一篑或者终身忙碌而一无所获,俗称"心比天高,命比纸薄",从而让大量有志之士饮恨商场。美国管理学家拉姆·查兰说过:"没有实践过的蓝图,只能是悲剧。"只有将抱负和信念转换为不懈的努力和持之以恒的韧性,不断创造出一个又一个的成果,才能最终实现心中的梦想与愿景。

IDEO总经理汤姆·凯利(Tom Kelly)在《创新的10个面孔:打造企业创新力的十种人》一书中写道:"创新者不是整天把头伸出云彩之外的人,也不是在空中来回游荡、飘浮的人,而是脚踏实地,最好从大地一跃而起的人。想出好点子固然非常重要,但是怎样将它付诸实施,并经得起实践验证,创造出价值,那才是真正的创新。"绩优企业的领导者都是努力每天取得进步的人,都是将创新变成创造力的行动派。亚马逊创始人兼董事长杰夫·贝索斯(Jeff Bezos)的行为标准是所谓"后悔最小化原则"。他假设自己已经80岁了,当他在80岁回顾人生时没有让自己后悔"没有行动",现在要做的就是不要让自己在80岁的时候"感到后悔"。

小米公司诞生于2010年4月,在本书研究的绩优企业样本中成立时间最短。但是,小米公司创始人雷军,是一位老创业者,是一位比较成功的连续创业者和投资人。如果按他于1990年在大四开始成立三色公司投身创业计算,至今也有30多年的创业历史了。1992年加入金山软件,雷军开启了真正的企业经营与联合创业的历程,2000年出任金山软件总经理,在金山一干就是16个年头,从22岁干到38岁,期间完成了金山软件的IPO上市工作,直到2020年6月卸任执行董事职位,他才全部卸任了金山软件的全部职位。作为天使投资人，雷军先后投资了卓越网、欢聚时代、拉卡拉、乐淘、可牛、好大夫等20多家创新型企业，2011年与其他合伙人成立了天使投资基金顺为资本。

2010年4月，雷军与谷歌中国工程研究院原副院长林斌及其他人共计六位伙伴创立小米科技，并于2011年8月公布其自有品牌手机小米，用三年做到了中国自有品牌手机领域的销量第一，八年时间成为最年轻的世界500强公司。2021年，雷军又开始了向汽车领域的惊险跳跃，成立小米汽车，一场新的冒险开启了。

2021年，雷军在小米新品发布会上宣布，小米正式进军智能电动汽车行业。他说："这是我人生中最后一次重大创业项目。我愿意押上人生全部的声誉，亲自带队，为小米汽车而战。"当有人问及为何一定要造汽车时，他的回答是"想成为伟大的公司，一定得跟着风走""如果你不干，你就落伍了"。时隔500多天，雷军在又一次新品发布会上，向在场的嘉宾展示了小米自动驾驶技术。他介绍，公司的自动驾驶科研团队规模超过500人，首期投入33亿元，目标是2024年进入第一阵营。当有人问及"小米凭什么造车"，甚至王传福公开且真诚地奉劝雷军不要造车，免得"浪费资金，更浪费时间"，雷军在演讲中则予以公开回答："我非常非常清楚汽车行业的风险，但是今天的小米已经不是昨天的小米，我们有什么？有钱"，演讲屏幕上打出了1080亿元（2020年度现金余额）的字幕，"我们亏得起"。如果因为风险而不去尝试，雷军觉得自己"一定会后悔"。

至于雷军能否造出理想中的小米汽车，我们拭目以待。不过，他的这种敢于挑战未来的勇气，以及因勇气激发出来的前所未有的创造力，是一个优秀的企业家应该具备的品质，值得期待。如果更多获得成就的企业家选择了"躺平"或者股票套现而跑到国外玩游艇、打高尔夫球等，或者只能在顺境中豪情万丈，遇到困境就溜之大吉，与战场的逃兵有何差别，这样的企业家不管曾经取得多么辉煌的业绩，只能算是 50% 的企业家。

四、器量多大，事业就有多大

"大器"一词，最早出自《管子·小匡》："管仲者，天下之贤人也，大器也。"显然，早在 2400 多年前，我国古代学者就已经将"大器"作为评价"天下贤人"的一个重要标准。同时，我国古代"大器"一词也用来形容"珍贵的器物"，进而引申为"能担负重任的人"。因此，《庄子·让王》曰："故天下大器也，而不以易生，此有道者之所以异乎俗者也。"

大器是绩优企业领导者或优秀企业家必须具备的一种眼界，"风物长宜放眼量"是一种胸怀。法国著名作家雨果说过："世界上最宽阔的是海洋，比海洋更宽阔的是天空，比天空更宽阔的是人的胸怀。"

一个优秀的企业家一定是一个胸怀宽广的人。只有心胸宽广了，眼界才能打开，才能发现更加美好的世界、才能团结更多的人、才能走得更远。

任正非就有着这样一颗无边的心，他可以跳出华为、行业、国家，想得更远、看得更透。华为内部对放开一些专利技术有担忧，担心失去竞争力，他的回答是："要成为行业领袖，不能采取狭隘的在高速公路上丢小石子的方式来形成自己的独特优势。这样只会卡住世界的脖子，不是我们要走的道路。我们要走的道路是站在行业领袖的位置上，为世界做出贡献。什么叫领袖？领袖就是为了世界强盛，对建立世界信息网络大构架做出贡献，舍得给周边人分享利益。我们是一个负责任的大公司，怎么会去阻挠信息流的前进呢？即使你阻挠信息流的前进，别人不走你这条路也终究会走到目的地，而你就必然会被历史边缘化了。"

寡头习惯于维系垄断,最常见的手法是掌握一大堆专利,给通行的道路上设置一些别人无法拆解的障碍和地雷,任正非心中想到的是"天下""心中有敌,天下皆敌;心中无敌,天下无敌。"

"千里修书只为墙,让他三尺又何妨?万里长城今犹在,不见当年秦始皇。"

这首诗是讲六尺巷的故事,大意是两家盖房争宅基,互不相让,其中有户人家的家人在京城做官,于是写家书告状,此官就回了一封信,就是上面这首诗。于是,这家人让了三尺给邻居,对方惭愧,也让出了三尺,从而成就了一段佳话。

任正非在跟华为法务部门的一次座谈中就提到了这个故事,要求有关部门与西方企业在知识产权谈判中学会适当妥协,"不要强势就不饶人,得意便猖狂是小人,我们要做肚量大的人。建议大家去六尺巷看看,好好体验一下古时候伟大人物的胸怀,有胸怀才能有天下。"

在一次国际会议上,任正非有一个演讲,他说:"我们通过共建,为世界提供服务,没有把任何企业当成敌人,只是共同来建造这个世界。"他还举了"切西瓜"的例子,说:"这个西瓜呢,切成八块,我们只吃一块。我们对日本公司说,我们绝对不搞物理的,就是搞数学逻辑,日本公司才放心了,它的这些材料技术才不会被泄露,比如氮化镓,我永远不会搞氮化镓。我对微软也说了,我永远不搞搜索,他们也放心了。我们在国际份额中做一点点事,永远做一点点事。"

面对竞争对手苹果公司,记者曾问任正非:"如果打击苹果公司,您是否会支持呢?"他很快就回答:"如果有人这么做,我第一个站出来反对。苹果公司是华为的老师,作为一名学生,为什么要反对我的老师?"

做大事业,必有大胸怀。很多人看到的是任正非火爆的性格,偏执狂似的创新,动辄毫不留情地调整人员的岗位,但是,这些举措给华为带来的恰恰是一批又一批具有更大活力的团队,这就是所谓的"大爱似无情"。他在讲话中谈到,华为要敞开胸怀,解放思想,要敢于吸引全世界最优秀的人才,要敢于接纳全世界最优秀人才的行为。可以说,是任正非"海纳百川"的领袖胸怀推着华为前行。

五、任事担当,才可能成就大事

2016年10月,习近平总书记在全国国有企业党的建设工作会议上明确提出:"国有企业领导人员要坚定信念、任事担当,牢记自己的第一职责是为党工作,牢固树立政治意识、大局意识、核心意识、看齐意识,把爱党、忧党、兴党、护党落实到经营管理各项工作中。"国有企业领导人员只有做到任事担当、履行责任,才能做到真抓实干,才能稳定人心,坚定全体群众的信念,凝聚全体群众的力量,投身于企业的发展建设事业,才能实现兴企有为。实践证明,有多大担当才能干多大事业,尽多大责任才会有多大成就。

勇于任事担当,因此成为国有企业领导者的基本素养要求,也因此成为企业家精神的基本要素。敢负责、敢担当,成为考验国有企业领导者党性强不强、作风硬不硬的试金石。换句话说,只有敢于承担责任,才能在企业发展中展现更大作为。

优秀的民营企业家也是如此,都是能"扛事"的人。责任即价值,担当即本事:第一,只有承担责任,能扛住事,才可能创造价值。无论事情大小,都是因为有人承担了相关责任,才会产生结果及价值。第二,担当责任的大小,证明了自身价值的大小。一个人承担的责任越大,表明个人的价值越大，社会和企业就越需要。第三，责任是回报的前提，首先不要想到自己能够得到什么，而是应当想自己承担了什么责任。

爱默生说："只有肤浅的人相信运气。"坚强的人相信凡事有果必有因，一切事物皆有规则。要怎么收获先怎么播种。只有任事担当，敢于承担责任，才会获得他人尊重，才会获得更好的运气，才可能释放心力的能量。

作为企业家，不管国有企业领导者还是民营企业老板，特别是作为一个想成为绩优企业的领导者，从来都不是一件容易的事。

首先，一旦坐在那个位置上，企业领导者不可能只考虑自己的事情，必须懂得人性，明方向，能扛事，会战斗，然后分享胜利的成果。担当，会获得团队的信任；带队伍获得胜利才会获得团队成员的尊敬，团队成员才会愿意跟着走。也就是说，要想当好企业领导者，仅仅能扛事、勇于担当还不够，还必须带队伍打胜仗，而且是一个又一个的胜仗。胜仗是最有说服力的权威证据，也是最能让任何人信服的。

其次，勇于任事担当，需要敢于抓好利益分配。前进的道路总是伴随着挫折，想要成就一件事，成就一番伟大的事业，需要付出的艰辛和努力都是超乎想象的，这就要求企业领导者拥有"遇山开山，遇水架桥"的勇气，敢于处理企业改革过程的深层问题、化解矛盾，敢于面对复杂的利益分配问题。只有这样，企业领导者才能成为企业的主心骨。

1996年，刚刚硕士毕业、看起来很文弱的茅忠群准备出任方太厨具的总经理，与作为董事长的父亲茅理翔进行了很严肃的对话，如果父亲希望茅忠群担任公司总经理，走上一起创业之路，他需要"约法三章"。茅理翔问："哪三章？"茅忠群说："第一，公司要从目前的乡村搬到县城，因为这里亲戚熟人太多，不好管，也不好招揽人才。"茅理翔很爽快地同意了。"第二，以后不允许任何直系亲属进入公司，因为这些人在公司里不好管理。"茅理翔觉得这个建议也对，尽管情理上有难度，但考虑到支持儿子的工作和公司的长远利益，也同意了。"第三，如果遇到重大决策，董事会内部谁也说服不了谁的时候，我要说了算，也就是说，最后拍板的是我。"茅理翔说"这个不对吧，我既是董事长，又是绝对大股东，还是你老爸，更重要的是比你有经验阅历"，就没有同意。茅忠群说："您如果不同意，我就不回来创业，不进公司了，还是继续读书深造去吧。"结果，茅理翔没有拗过茅忠群，同意了，而且签字为证。这个约法三章很重要，是方太集团最早的治理原则。如果没有这个看似简单的治理规则，后来的方太可能会像其他家族企业那样面临诸多难题：父子重大决策矛盾问题、企业家族成员相关处理问题等。在茅忠群的坚持下，作为家族企业代表的方太集团竟然没有出现这类令人头疼的问题。这与当时茅忠群的坚持有着直接关系。不过，这个坚持之所以成为一个家族企业较好处理重大利益关系的正面案例，也与茅忠群心无旁骛地带领方太步步为营地走向更大胜利有关，也因此证明了茅理翔对于茅忠群的信任获得了较好的回报。

最后，勇于任事担当，需要克服心理障碍，敢于排除一切干扰。 从众是一个人趋利避害的本能选择，但却不是成就一番事业的态度。如果是所有人都认为可做的事、都去做的事，那么，就不会有多少成功的机会。在一个企业进行改革调整及其他重大决策时，难免会遇到各种挑战、冷嘲热讽或者暗中使绊子，或者会涉及非常复杂的利益纠葛和人际人情关系，如果没有扛事的责任心，不能从心理上战胜自己，那么企业领导者就可能畏首畏尾，退缩不前，导致失败。

1993年，宋志平刚担任北新建材厂厂长的时候，很多工人都经常迟到，一些工人甚至长期既不上班也不请假，在外面干私活，有的工人还殴打过分厂领导。他觉得必须严格执行制度纲纪，家有家规，必须改掉这些毛病。

在调查清楚了事实后,厂里开会决定开除10名犯规员工,每周开除一个。那时,国有企业开除员工非常不容易,有位兼职开出租车的员工来找他,坐在办公室不走,说:"你都不认识我就把我开除了,根本不了解情况。"宋志平对他说了两点:"一是出去开出租自谋出路多挣钱,可以理解;二是如果全厂 2000 名员工都这样做,不除名怎么管?"最后,这名员工走了。那名殴打分厂领导的员工也托了好多人来找宋志平说情。宋志平还是坚持了厂里的决定。厂里的很多员工说:"这么多年没有见过宋总跟谁红过脸,怎么会这么坚决地开除人呢?"宋志平的体会是:包容不等于纵容,一旦有不正确的行为,必须严格按规则处理。当老好人,不仅可能毁掉自己的前途,更可能毁掉一个企业。

CHAPTER 9

第九章

企业家精神内核 2：化繁为简

公元前 323 年冬天，马其顿亚历山大大帝进兵亚细亚，一到弗吉尼亚城，便马不停蹄地率部直奔朱庇特神庙。原来该庙完好地保存着几百年前戈迪亚斯王系的一个复杂的绳结，谁能解开此结，谁就能成为亚细亚王，但每年许多人试解此结均无功而返。亚历山大一行面对此结也不知从何处着手，只见他拔出战剑，一剑把绳结劈成两半，难解之结就这样轻易地被解开了，亚历山大也因此当上了亚细亚王。

亚历山大大帝快刀斩乱麻，干净利索，他的成功在于未步前人之后尘墨守成规，没有按常规常理常态去把问题想得过于复杂，而是用自己的行为方式和规则直面难解之结，简单有效。许多问题看似复杂，但是当我们真正直面它们的时候，发现原来并非如此。问题是不可逃避的，对待问题的唯一方法是解决问题，否则这些问题只会变得更加复杂。因此，化繁为简就成为企业家精神的重要特质。

越是复杂的问题，解决的方法就越多。所有的问题本质都是简单的。真正的企业家都是能直面复杂并找到有效解决方法的人，他们往往能迅速厘清思路，直接逼近问题核心，解决问题，达成目标。

一、简化，要害在于抓住本质问题

杰克·韦尔奇说过："作为领导者，一个人必须具有表达清楚准确的自信，确信组织中的每一个人都能理解事业的目标。然而做到组织简化绝非易事，人们往往害怕简化。他们往往会担心，一旦他们处事简化，会被认为是头脑简单。事实恰恰相反，唯有头脑清醒、意志坚定的人，才是最简化的。"

也就是说，真正的简化在于抓住问题的本质，不要被枝枝权权的问题迷惑。

2022年正式退休、历任三家超大型（华润、中粮、中化）中央企业领导者的宁高宁说过，企业由繁到简的进步是一个考验管理者的过程。实现管理的由繁到简，首先需要管理者深入理解公司业务的本质特点，明确关键点，方能管准确。管得准确，管理自然简化，有意识、有目的地推动这个过程是对管理者更高层次的要求。管理由繁到简的另一个要求，是尽量把相应决策前移，让离市场、客户最近的人做更多的决定，职责划分清楚，敢于放权，这就要要求管理体系、组织文化等方面相对成熟，简化、简约，不等于简单，更不等于粗放。

简化管理是源于企业经营目的的简单化和实际操作的简单化，紧紧围绕企业的目标转，经营的目标是企业价值的最大化。管理专家麦克·波顿（Michael Bolton）说过："好的企业使命应该可以印在广告背心上。"好的企业使命是由几个最简单的概念提出的，即我们为什么要做？用什么思想去做？这是最核心的问题。如果把理念写得非常复杂，员工看了以后记不住，那么这种企业精神和理念显然是无法得到贯彻的。

合理地赚钱并让自己活下去，是企业最重要的问题。你可以收购很多企业，但如果企业并不能挣钱，那么这个收购就没有什么意义。飞利浦曾经经历了一个化繁就简的过程。当家电制造业的重心不断转移到发展中国家时，飞利浦陷入了困境，原因是产品更新太慢，成本太高。对此，飞利浦公司及时调整策略，以使这家"百年老店"真正实现由"技术主导"向"市场主导"，由"功能主导"向"简约主导"的转型。时任飞利浦的CEO柯慈雷（Gerard Kleisterlee）声称："今后将只生产让我们傲视群雄的产品。"飞利浦的"精于心，简于形"，终于使飞利浦重塑辉煌。

中国的很多大型民营企业轰然崩塌、不少小企业早早夭折，其问题就在于老板或企业领导者把问题复杂化了，忘记了企业的本质，今天搞这个明天搞那个，还没有足够的生存能力就开始追求更远大的目标，就希望投这投那。

娃哈哈公司董事长宗庆后认为："作为一个企业，能够实实在在地把握的也就是今年和明年。"他说："所谓营销就是解决买与卖的问题，好的产品和经销商的动力是销售成功的关键。"企业要好好地经营自己最拿手的产品，经理人就好好地做好自己手头的事情，先把最需要做的具体事情做好，不好高骛远、不心比天高、不为更多的外在事情所诱惑。

历史和现实都在证明一个简单的道理：越专业、越简约、越成功。

最有效的管理往往是最简单的。所以化烦琐为简约，以简单来驾驭烦琐是一种境界，更是一种能力。简约化管理就是要在企业运作过程中，准确找到并把握事物的规律，去伪存真，由此及彼，由表及里。所以，简约化管理会使企业的发展速度、效率、竞争力以及管理水平得到大幅度的提升。关键是要立足事实，贯通表里；深入本质，找准关键点。

二、追求简单，删繁就简真王道

简化，首先别让组织太复杂。郑板桥在形容写文章的要领时感慨"删繁就简三秋树，领异标新二月花"，用简约的形式展示了简化之美。

德鲁克曾说，管理的最终目的是将人力资源充分转化为生产力，不管你是生产肥皂的，还是制造航天飞机的，最终的目标是人的成功。

组织是为人的才能发挥提供平台，但是在有些企业里，组织首先是用来防范人的。管理者习惯运用自己手中的职权，控制员工的行动，禁锢员工的思维，封锁信息，用一堆无聊的事情和永无止境的计划、报告浪费员工的宝贵时间，打压他们的自信。在一些企业价值链的不同环节，科室人员与一线员工，如生产车间、业务部门的人员，相互鄙视、冷漠相处，毫无"同舟共渡"的意识。当科室人员自恃发号施令者、检查和监督者身份时，一线人员就会将这些人视为瞎指挥者、文牍先生和企业务实作风的超级杀手。

在很多情况下，企业的执行问题和效能问题来自组织过于复杂。有的企业业务规模不到3亿元，总经理助理就有十几个，因为这些人都是与老板一起创业的兄弟们；还有的企业"未老先衰"，曾经有一家刚刚成立的网络公司，竟然有了7个O（CEO、CTO、CIO、CFO、COO、CSO、CMO）。这样的企业会有执行力吗？

企业的组织一旦复杂，公司政治自然如影随形，很难形成互相信任的组织氛围。组织便因为缺乏信任而使管理变得越来越复杂。增加信任，就可以减少监督，减少管理的复杂度。

只有流程通畅，才会有更符合预期的结果；复杂的流程会产生官僚主义和办事延缓。于是，不少企业痴迷于流程的不断再造，而且希望搞得越细越好。结果，本来并不复杂的流程变成了复杂的流程。公司的效率反而不断下降，形成了"为流程而流程"的"流程综合征"。不少企业就是这样"作茧自缚"而走向消亡的。

制定流程的目的是让员工的行为有更基本的依据，更快速而到位地产生预期结果，这就像运动员的训练一样，基本动作必须标准，越标准，越熟练，动作的协调性就越强，产生更强能力的可能性就越大。不经过这种标准化的训练，素质再好的人也是一个业余选手。那些成功的运动员，尤其是体育明星，都是对基本动作掌握最熟练的运动员。

这就是流程的魅力，也是流程的真谛，是经过千锤百炼而形成的有利于产生最佳结果的流程节奏。在球场中，著名的球星能够用最简单的动作、最流利的动作，获取最佳的效果；平庸的球员总是动作太多、流程太复杂，从而让对手打得鼻青脸肿，一败涂地。

在企业里，也是如此，经过锤炼的流程，如销售流程和话术、财务管理流程等，是推动员工创造良好业绩和组织高效运转的保证，其特点是简约、高效，如果用起来复杂，那必定是需要抛弃的废物。

华为1999年从IBM花巨资引入集成产品开发（Integrated Product Development，IPD）之前，用研发人员自己的话说，"华为程控交换机的大批量用户板，生产直通率非常低，为此公司还组织攻关。公司支付高昂成本，大家很疲惫，效率很低。"引进了IPD三年后的2002年，徐直军接受《财富》专访时谈道："7万人的研发队伍，还能有序地开展工作，这是我们1999年与IBM合作开始进行产品开发变革取得的成果。从1999开始到现在，广大研发人员不断优化研发流程、优化组织结构、提升研发能力，从来没有停过。现在别说7万人的研发队伍，即使再加7万人，也能够有序地运作，确保把产品做出来，并且做出来的产品是稳定的、能达到质量要求的,这是我们多年来管理体系和研发流程优化的结果。"

1996年的华为,收入只有26亿元,研发成本浪费严重,靠人治的管理方法几乎无法发挥更大的价值。1998年,任正非提出聘请IBM为华为梳理流程和建设系统。项目启动前,IBM报价4800万美元(约5.6亿元),相当于华为一年的利润,后期合同加实施费和IT工具费,整个项目投入将近20亿元。五年咨询学习结束后,华为又续约了五年,前前后后,华为向IBM学习了十年,耗资将近40亿元。到2003年,华为产品开发周期就缩短了50%,产品不稳定性降低了60%,产品故障率减少了95%,交货率飙升到65%,客户好感率一路上升。华为自己对此的评价是"实现了涅槃重生"。2022年上半年,华为收入达到3016亿元,利润150.8亿元。可以说,没有当时的研发流程化改造,就没有华为今天的世界级成果。但是,当时几乎所有的舆论都认为,任正非被外国人割了韭菜。面对IBM报出的20亿元天价,时任IBM中国区总裁的周伟焜还以为华为会还价,没想到任正非照单全收,这也让包括郭士纳在内的一众IBM高管十分震惊。对华为和任正非而言,这是一个十分痛苦的过程,更是一场没有回头路的冒险历程,不仅业界不理解,更重要的是内部研发高层的不理解,期间还出现了大批核心研发人员离职的大震荡,让任正非夜不能寐、苦不堪言,但是,他没有退缩后悔,仍然全力推进,将权力交予流程,交予全体员工一起监管,真正领会了化繁为简的内在真谛。

三、和结果无关的环节,尽量剔除

一位西方管理学者曾经提出一个"刺猬理念",这来源于古希腊的寓言故事《刺猬与狐狸》。众所周知,狐狸是一种狡猾的动物,它能够设计很多复杂的策略。当狐狸偷偷向刺猬发起进攻时，每一次刺猬都蜷缩成一个圆球，浑身的尖刺指向四面八方。尽管狐狸比刺猬聪明，但是在实际中屡战屡败的却是狐狸。我们提倡的刺猬理念实际上是一种做事简约、专一的理念。

无论自然界还是社会领域，"简单"是一种朴素的自然法则。"简单化"是识别科学理论所蕴含价值的一条重要标准。爱因斯坦非常重视这一标准，他说："实际上，自然规律的'简单化'也是一种客观事实，而且正确的概念体系必须使这种'简单性'的主观方面和客观方面保持平衡。"他认为："科学理论"唯一要紧的是"基础的逻辑简单性"，它是"一切科学的伟大目标"。"一种理论前提的'简单性'越大，它所涉及的事物的种类越多，它的应用范围越广，它给人们的印象也就越深。"伊斯顿在《政治生活的系统分析》一书中指出："可以肯定地说，理论的使命就是简化……用一种同样复杂的理论研究复杂的事物，往往只会导致失败，而不会有助于理解。"

企业管理也是如此。管理的境界之高不是广铺摊子大渲大染，而是有骨、有肉、有筋。"血肉"太多，容易头昏、笨拙和失去控制。

因此，对大多数的管理者来说，在管理的概念、理念、工具、方法等繁杂得像商品一样不停"推陈出新"的年代，企业管理者，尤其是创业者，不能满脑子都是各种各样的理念和想法，更需要的是盘点自己的资源、避免"过度管理"的伤害。"想法太多"往往会像"聪明"的狐狸一样丢掉很多机会，忘记管理最基本的动作和要求。很多管理人员的管理效果不佳往往不是因为他们的管理能力差，而是因为脑子里的想法太多，无所适从，遇到问题，脑海里浮现出几十种做法，结果，错过了机会。

企业的研发与技术创新也是如此。很多创业者和企业领导者每天因无数的新想法、新技术应用而兴奋不已，但是对如何将这种想法转换为可以生产的产品却兴趣不高，甚至认为这是执行层面的人做的事情。

第九章 企业家精神内核 2：化繁为简

在这种问题上，领导者需要"傻"一点，效果可能会更好。李小龙的截拳道之所以风靡全世界，成为中国功夫的代名词，甚至比国内的任何一种武术门派都更受追捧，其原因正是简化了很多中国武术中过于复杂的招数，简单直接地面对对手。中国武术界历来都有一个秘诀：不怕千招会，就怕一招绝。

确定目标以后，才能把力量集中在一点，在某领域钻研得更深，成为金刚钻，成为第一或者唯一。

经营管理的出发点，是与结果无关的一切都可以剔除，冗杂的制度是如此，企业中无必要存在的人也是如此。规矩和企业所倡导的理念和价值观就通过这样一些小事确立起来了。一旦价值目标明确，企业中的很多环节就不会再疙疙瘩瘩、枝枝蔓蔓，而会融会贯通。

多年来，方太的发展一直是稳健的，不冒进也不跃进。尽管赚钱是重要的，但方太很讲究"赚什么钱、怎么赚钱"。方太不会因为在地价上涨的时候"听人劝"去买下1000亩⊖地，也不会因为眼见的很清晰的利润就涉足其他行业。

相对于20年前创业的企业，现在很多中小企业，特别是科技创业公司，起点高，人员素质高，融资渠道也畅通很多，既有雄厚的资金又有做大事业的抱负，投资冲动自然也多。但是，无论如何，超越自己能力和资源的事总是不好拍板的，虽说投机也是一种投资，但是真要进入实操阶段，资源的投入，人的投入，都不是一蹴而就的事。

随着投资环境、市场竞争机制的日趋规范和透明，抵制诱惑，不盲目下赌的行为更重要。作为一个组织，集中资源干对组织贡献更大、更有价值的事，能减少犯错和横生枝节的代价，更容易接近成功的目标。组织中

⊖ 1亩≈667平方米。

的人也会因此减少技术操作上的青涩、猜忌、无所适从带来的低效、低成就感。

四、简单的工作不断重复，才能获得最佳效果

实践证明，一切成就都源于简单的事情重复做。灵光乍现只是创新的起点，而不是创新变现的过程。创新的成功变现不是靠企业家、科学家、技术大牛一时的聪明，也不是靠他们的心血来潮，更不是通过短暂的几次努力，只能靠始终如一的行动，靠把简单的工作不断重复。产品研发的成功之路、球星的成名之路、企业家的成功之路、营销人员的财富之路都是如此。

爱因斯坦说过一句话："成功就是 99% 的汗水加 1% 的灵感。"爱迪生的成功是如此，现在企业创新的成功之路也是如此。方太开发出一款新的第四代膜技术 NSP 净水机花费了八年的时间，做出一款"炒辣椒都不再有味道"的油烟机花费了五年的时间。当然，以航天科技、航天科工、中国电科等为代表的航天中央企业为了推动中国航天事业迈向新高度，要数代人在枯燥、复杂、不确定的环境中不断重复看似简单的动作和工作，才能确保高科技转化为万无一失的航天神器。

航天科技一院 211 厂有位特技技师，名叫高凤林，是中央电视台《大国工匠》节目播出的第一人。作为焊接火箭"心脏"的人，高凤林攻克了 200 多项焊接技术难关，参与焊接发动机的火箭就有 140 多发，占到当时中国火箭发射的一半之多。特别是新一代运载火箭的发动机喷管焊接难度最大，喷管上有数百根壁厚仅有 0.33 毫米的空心管线，高凤林通过三万多次精密焊接操作，在完成焊接的时间允许误差是 0.1 秒的苛刻条件下，成功地

将细如发丝的焊缝编织在了一起，每个焊点只有 0.16 毫米宽，而总长度达 1600 多米。

高凤林在德国纽伦堡国际发明展上一举斩获三金，震惊了世界，被称为"中国焊将"。当初，他为了获得"稳、准、匀"的技术目标，开启了长达数年的魔鬼训练：吃饭时拿筷子练习送丝，喝水时端着水缸练稳定，休息时举重练习耐力，在手上绑沙袋练习臂力和腕力。2006 年，诺贝尔物理学奖获得者丁肇中教授找到高凤林，向他请教了当时的技术层面上几乎无解的难题：关于 AMS-02 暗物质与反物质探测器的制造。为了制造出这个东西，有 16 个国家的科学家集合所有人的力量设计出了两份方案，但却迟迟无法通过国际联盟总部的评审。高凤林经过初步研究之后指出，这两份方案按照传统控制方法确实无可挑剔，但存在重大隐患。原来在制造该仪器时需要用到低温超导磁铁，但由于设计，该物质的粘接性能极其低下，在仪器中根本无法起到应有的作用。他提出了一个新的设计方案，之后又耗费几天时间完善了该计划的相关细节。他的方案通过了国际联盟总部的评审，给无数科学家和机械师打开了新的思路，震撼了科学界和机械界。一个职业技校生完成了成为大师的逆袭之路。

成功就是简单的事情重复做。重复，重复，再重复，终能腐朽化神奇。不管你有多么有创意的想法或者技术，只有一遍遍地做，才能做出成果。优异的成果之所以产生，不是因为谁比谁更聪明，而是谁比谁更用心、更踏实、更专注、更用功、更坚持。

张瑞敏说过："什么是不简单？能够把简单的事千百遍做对，就是不简单。什么是不容易？能够把大家公认的非常容易的事情认真地做好，就是不容易。"

因此，"结果提前，自我退后，锁定目标，专注重复"这 16 个字，不仅指出了成功的道理，还告诫我们，之所以不能取得成功，很可能就是因为忽视了那些最简单的道理。但凡掌握执行的高手，都懂得永远要以结果为中心，并且心无杂念，勇往直前。

怎样才能将一项简单的工作不断重复，始终如一？如果你不喜欢一份工作，恐怕很难不断重复它；如果你不珍惜眼前的工作，恐怕掌握多少关于这份工作的高超技能也难以始终如一。将工作执行到位来自身心合一的工作状态，只有这样，你才有源源不断的动力去重复简单的成功法则。

有人说，现代人不可能像20世纪80年代以前那样在一个单位工作很长时间甚至一辈子，说不定过两年就跳槽了，怎能做到始终如一？始终如一又有什么用？实际上，即使明天就离开现在工作的岗位和单位，一个有追求的人也需要行为上的始终如一。只有这样，一个人才能养成良好的职业习惯，使自己在现有单位工作的经历成为身价增值的基础，成为未来新职业的阶梯。一个在原单位始终如一的人在新单位更受人欢迎，也更受老板的赏识，也最可能获得比较充分的授权。如果行为始终如一的人选择创业，合作伙伴也最放心。因此，喜欢当下的工作不是说一定永远从事一份工作，而是喜欢工作的终极目标，喜欢工作创造价值的过程。

五、精细化，就是精致的简单

常识告诉我们，任何管理成果的取得都不可能仅仅靠几个关键人物就完成，一定是靠团队、靠全员完成的。高层再重视，最终要落实到一个个环节、要落实到每一个人。在一场足球比赛中，如果只是前锋卖力，即使他不断地进球，后卫丢球的速度更快，结果必然是输。只有让场上所有的球员都正确地做事，才能获得比赛的胜利。

第九章 企业家精神内核 2：化繁为简

汶川大地震让人们认识到堰塞湖的威力与可怕。企业运行中也经常出现堰塞湖现象，比如有的企业营销能力超强，接了很多订单，但生产系统跟不上，造成大量订单积压，形成"订单堰塞湖"；有的企业生产能力很强，但销售能力很弱，造成大量库存，形成"货品堰塞湖"，或者机构太多、人太多，官僚主义严重，出现"流程堰塞湖"等。总之，如果一个企业的管理制度有薄弱环节，不注意梳理，就可能出现管理过程中的"堰塞湖现象"。

管理到位的关键就在于流程的简化和持续改善，不断消除管理过程中的"堰塞湖现象"，让企业经营像通畅的河流一样。如何消除这种"堰塞湖现象"呢？很多企业领导者一说管理到位，就搞"管理主题月""管理年""质量年"之类的活动，热情褪去，这些动作就停止了，管理的状态一如既往。结果，很多企业的管理一会儿大张旗鼓、声势浩大，形成水泻千里的局面，一会儿很快形成了冰冻的堰塞湖，企业经营跟抽风一样。

企业管理更多的是常识，其管理流程也十分简单，但是管理到位是一个持续的过程，是一个全员投入的过程。只有全员参与了，持续进行了，堰塞湖才会消失，管理流程才能化繁为简，进而产生巨大效能。所有绩效企业领导者都是精细化管理的拥趸和践行者。

宋志平根据自己在中国建材的管理经验和体会，提出了"三精管理"理论，即组织精健化、管理精细化、经营精益化。组织精健化就是聚焦减机构、减层级、减冗员；管理精细化就是聚焦降成本、提质量、增品种；经营精益化，就是聚焦价本利、零库存、集采集销。他认为，"三精管理"的核心是精减。

为什么要精减？宋志平的答案是："因为企业成长是有规律的，就像一棵树，需要修枝剪叶才能长得高、长得壮、长得健康。"他引用了英国物理学家杰弗里·韦斯特（Geoffery West）在《规模：复杂世界的简单法则》一书里的观点：企业和生物一样，都不会一直保持线性增长。一家企业从创立到成为百年老店的概率为0.0045%，全世界有1亿家企业，能生存百年的不过4500家。今天，美国上市公司的半衰期只有10.5年，也就是说，美国有一半的上市公司存活期只有10年左右。这些企业的消亡不见得都是破产倒闭，大多数是被收购兼并了。根据麦肯锡的研究，1958年标准普尔评级中的500强企业能连续达标的最长可达61年，今天只有18年；1955年在《财富》世界500强榜单上的企业到2014年也只留下了61家。他的结论是：企业和人一样，会一天天变老，与规模大小无关，如何才能实现可持续发展，高质量成长是关键。所谓高质量，就是持续地精减和优化。用他自己的话说：给树木剪枝，进行杂交育种，可能是最好的出路。

关于标准化、流程化、精细化的话题，我国的大型企业都已经基本接受，一些小企业的老板也逐渐意识到其重要性，但往往是希望一线员工完全流程化、标准化和精细化，而公司层面上似乎可以不用，也就是一旦要约束到高层，企业领导者的决心好像就出了问题。

改善是个永恒的话题，不管以往的方法多么有效，也要不断质疑，看看能不能有改善的空间。苹果的产品之所以获得全球消费者的青睐，主要得益于创始人乔布斯对于持续改善的偏执，对产品精益求精的热衷，尤其是对于传统方法的质疑和无休止的优化。

我国的不少企业一说品质问题、改善问题，就认为要花钱了，甚至是不花钱不会干，投入大量的人力、物力、财力搞宣传，优化费用成了广告宣传费。而持续优化的本质在于节省钱、降低成本，主要通过发动企业的每一个人从自己的工作入手、从自己的岗位行为入手，从小事入手，进行一点一滴的改善，关键是持之以恒。如果把这种优化搞成了非闭环的大型变革活动，就变成了劳民伤财的游戏了。

即使精细化做得十全十美，持续改善步骤坚持下来了，企业仍然可能犯错误，但是会大大减少犯错的概率、让管理者和员工养成良好的职业习惯和工作习惯。形象点说，我们不能因为身体可能患上各类的病症就不持续地锻炼身体了，身体出现问题就不持续地治疗了。

同一件事情，让不同的人去做，有的人能在很短的时间内用最简单的方法去完成；有的人则借助各种工具，用了很长的时间还没有找到答案。其原因在于二者的思维方式不同，前者遇事喜欢简单化，后者拘泥于形式。

有一次，爱迪生让助手测量一个梨形灯泡的容积。助手接过后，立即开始工作，他一会儿拿标尺测量，一会儿计算，又运用一些复杂的数学公式，几小时过去了，还是没有计算出来。就在助手又搬出大学里学过的几何知识，准备再一次计算灯泡的容积时，爱迪生进来了。他拿起灯泡，朝里面倒满水，递给助手说："你去把灯泡里的水倒入量杯，就会得出我们所需要的答案。"助手这才恍然大悟。

爱迪生的非凡成就不是蛮干获得的。从复杂中悟出简单，就是超人。凡事应该探究"有没有更简单的解决之道"。在着手从事管理时，管理者要先动脑，想想这件事情能不能有更简单的方法，而不是急急忙忙直接动手干，以致忙碌了半天，却解决不了问题。

奥卡姆剃刀定律在企业管理中可进一步演化为简单与复杂定律：把事情变复杂很简单，把事情变简单很复杂。这个定律要求企业家在管理时要善于以最简洁、最直接、最有效的甚至常识性的方式解决问题。当然，形式上追求简单，内涵未必简单，需要企业家对企业的经营规律有深刻的认识和把握。

某大学的一个研究室里，研究人员需要弄清一台机器的内部结构。这台机器里有一个由100根弯管组成的密封部分。要想弄清内部结构，就必须弄清每一根弯管的入口与出口。大家想尽办法，甚至动用某些仪器探测机器的结构，但效果都不理想。后来，一位在学校工作的老花匠提出一个简单的方法，很快就将问题解决了。老花匠所用的工具，只是两支粉笔和几支香烟。他的具体做法是：点燃香烟，吸上一口，然后对着一根管子往里喷。喷的时候，在这根管子的入口处写上"1"。这时，让另一个人站在管子的另一头，见烟从哪一根管子冒出来，便立即也写上"1"。照此方法，不到两小时便把100根弯管的入口和出口全都弄清了。这么多的专家与研究人员无法解决的问题竟然被一个老花匠轻而易举地解决了。可见，超人是不存在的。擅用简单达成结果的，就是"超人"。

CHAPTER 10

第十章

企业家精神内核 3：人尽其用

善用人并使人尽其用是企业家精神的一个重要内核。"企业家"一词，往往与企业领袖通用。领袖，意味着善用人力而不仅仅是开发自己的职业技能。领，即带领、率领；袖，即带头、表率。

"贤主劳于求贤，而逸于治事"是对领导者用人方面的基本要求。

乔布斯和任正非都是用人的高手。乔布斯亲自挖来了CEO、技术负责人，并说"我过去认为一位出色的人才能顶两名平庸的员工，现在我认为能顶50名"，所以，他要把四分之一的时间用于招募人才。任正非与之类似，追求人才方面不亚于乔布斯，甚至更加不惜代价。在国内，华为因高薪招聘闻名，当年与IBM合作，看似引入的是IBM的技术和流程，其实用的是IBM的人才。据说，IBM华为项目组人数最多时有250多人。2000年前后的华为在哪里可以找那么多世界一流人才呀！公司极个别能人和技术大牛充其量属于国内一流人才。这是典型的"不求所有，但求所用"模式。

当年跟随任正非创业打天下的核心团队成员，尽管发生过个别高管离职风波，但绝大多数成员都留在了华为，且成为董事会核心成员和执行委员会骨干。

一、用愿景聚人，靠分享留人

在这个世界上，为什么有的企业家具有强大的号召力？这里有一个优秀企业家应具备的素质的奥秘。

马丁·路德·金走到哪里，都有大批拥趸疯狂追随，很多人会说，这是他的人格魅力。当我们追问人格魅力究竟是什么的时候，很多人自然就想到了他在1963年8月28日的那次经典演讲《我有一个梦》。这次演讲唤起了人们对美好未来的期盼，激发了人们为这个美好未来而拼搏的斗志，给人们带来了新的希望。

我们称这个希望为愿景，即我们愿意或渴望看到的景象。

任正非凭借成就大业的热情引入了一批又一批高智商的精英；而让这批精英能够长期留下奋斗的就是华为特色的股权激励制度。至今，任正非只有华为1%多一点的股权模式仍为企业界可望而不可即。

雷军凭借"做点大事"且循循善诱的彻夜长谈找来了已经功成名就、在谷歌拿着数百万美元年薪的林斌，尤其是雷军的创业构想激发了林斌一直想创业且迟迟还没有行动的冲动。因为相信雷军，对即将开启的创业之路充满期待，林斌又从谷歌、摩托罗拉等业内龙头企业挖来了小米核心团队的其他成员。因此，林斌被称为"站在雷军背后的男人"。其实，雷军身边云集了众多大佬，绝大多数至今仍然是小米的核心层，其秘诀在于充分运用了"财聚人散，财散人聚"的利益分享机制，将核心团队打造成使命共同体、命运共同体和利益共同体。

2018年5月，小米向香港证券交易所递交上市申请版本招股书时，前五大股东分别是小米创始人雷军、晨兴资本、小米联合创始人兼总裁林斌、DST和启明创投，其中雷军的股份占比31.41%、林斌的股份占比13.33%。

按照股权设计，雷军表决权超过 50%，是小米的控股股东，而林斌的股权市值约为 800 亿元。其他与雷军一起创业的伙伴持股比例在 5% 左右。随着小米的快速发展，这种利益分享与命运共同体机制扩展到更多的优秀员工。2022 年 8 月 21 日晚间，小米集团公告，董事会根据股权奖励计划，向 3142 名选定参与者奖励合计 9274.84 万股股份。按照当时的港股收盘价格，这一轮激励股权价值约为 10.81 亿港元，约合人民币 9.42 亿元。也就是说，被选定的参与者人均可得约 30 万元的股权"大红包"。根据《证券时报》记者梳理，仅 2022 年一年，小米三次股权激励累计已经授出 3.23 亿股，按 2022 年 8 月 21 日市值计算，约合 32.7 亿元。事实上，这只是小米的常规性操作。在此之前，小米已经先后发布了 17 次股权激励计划，充分展示了雷军建设利益分享机制和命运共同体的决心与格局。

国有企业，因使命所系，其愿景更应成为企业家精神的重要内核，在这方面，绩优中央企业体现得非常充分。

中国电科领导者深知，"人身之所重者，元气也；国家之所重者，人才也。"处在科技最前沿的中国电科，赖以生存的首要宝藏与资源都在人才的脑海里，所以，中国电科视人才为公司的生存之本、竞争之本，更是胜利之本。只有将人才发展与企业发展绑定在一起，以人为本，为人才搭建充分的事业发展平台，才能吸引汇聚越来越多的优秀人才，实现事业认同和企业共成长。

对于中国电科这样一个科技人才济济的中央企业来说，如何激发科技精英的斗志与内在能量至关重要，最具特色的方法是通过重大任务培养人、锻炼人模式，让更多有想法、有能力、有激情的年轻科技人才参与重大项目，构建荣誉共同体，让年轻的科技人才以获得成果为荣、以获得认可为骄傲。其中，中国预警机研制群星璀璨。提到预警机，必提"中国预警机之父"、中国工程院院士王小谟，他大胆地让年轻人积极参与到研制任务中来，先后培养了18名雷达和预警机领域总设计师，从而打造出中国预警机事业的中坚力量。尽管中国电科高学历、毕业于"985"及"211"大学的人才比比皆是，但是用人却"三不唯"——不唯资历、不唯学历，更不唯关系，不是看你懂什么，而是看你会做什么，更要看你干成了什么。2016年，在中国国际航空航天博览会上，中国电科年轻的科技创新团队与清华大学团队合作组建的一批至少数十架无人机组成的集群，在飞行中成型、连接并自行组网，很好地完成了内部协同并实现了预定目标。这引起了美国国防部的关注，他们在2017年3月对此发表评论称："未来10～15年，无人机集群将能执行各种作战任务，并将大幅改变战争的状态。"因为这些新的无人机及协同方式，与民用航拍无人机不同，是用固定翼和四旋翼的组合布局的，兼具两种机型优势，具有快速超水平飞行能力，在军事上可以完成多项任务。自然，这背后是一大批毕业于海内外名校的年轻科技人才，已经走到了科技创新的前沿。

国有企业也可以通过利益分享机制，构建利益共同体。中国电科的领导者明白，真正成为世界一流企业，必须有与其地位相适应的人才动力机制，形成企业与人才的利益共同体和命运共同体，开拓新的事业发展空间。为此，中国电科探索了"提升人才资本价值创造能力的薪酬体系"，并获得了第22届全国管理创新成果一等奖，是当年112家中央企业中唯一获此殊荣的单位，于2015年、2016年连续两年被推荐为中央企业收入分配工作会议经验交流单位。与此同时，中国电科还积极尝试股权激励制度，推动各成员单位建立与企业发展紧密相关的股权激励体系，实施人才限制性持股计划、项目分红计划，某项创新项目实施主要人才跟投机制。海康威视研发团队被称为中国电科的"最强大脑"，成员很多是"90后"，硕士、博士、博士后占比接近70%，他们成为跟投机制的主力军。人才成为公司的股东，参与决策，共享增值收益，共担风险，成为真正的利益共同体和命运共同体。

运用荣誉体系，建设使命共同体，也是中国电科领导者关注人才并激发人才奋斗精神的重要措施。从早期用年份毛巾和年号搪瓷杯等传统荣誉激励人才开始，中国电科历届领导者都比较重视荣誉系统的建设与创新，构建了国家级、省部级、集团公司、成员单位等多层级的荣誉体系，拥有"科技之星""创新团队""全国技术能手"等人才荣誉称号，还探索科技成果冠名法，以领军人才命名，营造了崇尚荣誉、积极进取、良性竞争的良好氛围。

二、选人，需要"黄金搭档"

绩优企业领导者无一不是善于聚合人才并能够留住关键人才的成功者。很多创业者不能成长为企业家的一个非常重要的原因就是迈不过去"核心团队"这个门槛。为什么很多企业看起来拥有人才却没有收到应有的效果，究其原因，要么是人才的能量不能充分发挥，要么内讧成灾。杨思卓教授在《统驭》一书里对此描述得很形象："有人抓了一手好牌，打着打着，却打输了，就是因为他缺少组织的能量。"要想增强组织的能量，放大核心团队的人才能量，企业领导者就需要修习凝聚人才的基本功，找好"黄金搭档"。

性格冲突，是创业团队和班子成员内部最为常见的冲突，也是最具杀伤力的冲突。

企业家往往是性格比较强势的人，如何找到绝佳的搭档是企业家走向绩优企业家的关键环节。海尔的张瑞敏与总裁杨绵绵的搭档、华为的任正非与孙亚芳的搭档等，都被外界称道。一般来说，找创业合作伙伴，企业领导者更习惯于找到知识和业务能力互补的，没有想到性格互补的。结果，内部的大部分矛盾不是知识的冲突，而是性格的冲突，进而造成价值观的冲突。

如果出于种种原因，一把手与性格不合的某位副手搭档，为了做好工作，那么只有两种方法：要么改变自己，要么改变对方。最重要的还是改变自己。通过沟通，增强双方的深入了解。最可怕的情况是：不了解自己的性格，或者即使自己知道了，也不想改变或调整。结果可能会很难控制。优秀企业家的学习精神不仅体现在对于知识的渴望上，更体现在行为的反省改善上。

当然，除了性格冲突，选择一起干成事的伙伴，才是关键。雷军选择了十四大金刚，成就了小米的绩优大业。很多企业领导者在选人时都会选择自己喜欢的人。有些人喜欢选择忠诚的人，在实际工作中，往往选择了看似忠诚、其实是自己喜欢的人，把忠诚与喜欢混淆了。经历了诸多的选人教训，很多企业领导者终于明白了一个道理：不管自己喜欢不喜欢，只要是公司发展需要的人才，就要毫不犹豫地纳入，选择的标准不是看着顺眼，而是公司需要。

作为企业家，眼界越宽，目标越远大，对于所需人才的理解才能越透彻。在很多情况下，企业对于人才的需求有个时间差，此时不需要，未来会需要。如果心中没有一种长远的人才规划，临时抱佛脚，真要急需某一类人才的时候，就不一定找得着了，这就是很多领导者觉得有事无人可用的缘故。开发人才，也需要一个"银行"。一个打算有所作为的领导者，一定要有"人才银行"的概念，平时多注意观察，发现了心中的人才，就要先"储备"下来，一旦可用就能用上手。

三、用人如器，人尽其才

优秀的企业家都有一条简单的用人秘诀：人尽其才。最常见的一种原则就是：用师者王，用友者霸，用徒者亡。在现实中，如何让人才最大化地发挥价值确实困扰着更多的创业者和企业家。

在李世民看来，用人才就如同使用器皿一样，不是要全才全用，而是要专才专用。识别人才，是为了更好地用人之才，用人的本质也在于用人之才。诸葛亮在追随刘备之前，也就是一个在家读读书的书生而已，樊哙在追随刘邦之前不过是一介屠夫。所以，优秀企业家选中一个人时，就会千方百计地发现此人的核心才干并予以充分开发，使之成为企业中的顶梁柱。

在宋志平看来，选人和选业务都是企业的大事，而首要的是选人。做企业要先人后事，而不是先事后人，即一定要找到合适的人才去做事，没有合适的人，业务大可不做。他说："在选人方面，我给自己定的一个重要任务是寻找痴迷者。所谓痴迷者，就是干一行、爱一行、精一行，能俯下身子、钻得进去的人，就是每天一睁眼就想企业的事，半夜醒了还在想这件事的人。痴迷者不见得都能做好，但是要想做好必须得痴迷。"他本身就是一个痴迷的人，有了这样的用人理念，身边自然凝聚了一大批痴迷者，尤其是在玻璃纤维、碳纤维、石膏板、风电叶片、新能源等中国建材关键产业领域的一把手位置上，涌现了一大批痴迷者。

四、奉行增值法则，让他人提升价值

让创新变现为价值是企业家精神的核心，其前提是让核心团队成员及追随者的价值得以提升，他们才会让创新变现为价值。如果创造价值的人本身的价值得不到提升，那么他们创造的价值就会大打折扣，或者离职走人。

对很多人来说，领导地位意味着成功和权力。就企业家而言，领导者的能力体现不在于自己走多远，而在于能够让别人走多远。要做到这一点，领导者就要服务他人，提升他人价值。邓小平同志的名言"领导就是服务"一语中的。

每一位企业家都会与核心团队及关键人才队伍形成一种互动关系，这种互动关系要么形成正面的积极作用，要么形成消极影响。不少领导者意识不到自己给身边人的工作和生活带来的不良影响，其中90%的人可能是无心之失，但是，如果不能改变自己的领导方式，那么，迟早会对他人的消极影响发展到不可收拾的地步，导致关系破裂，甚至影响到整个团队及组织。实际上，90%提升他人价值的领导者都是有意为之的。所谓情商，是最为关键的要素，就是能够体验他人的需求并能够满足，甚至会为核心团队成员"创造不满足"，以激发他们内在的潜能。比如，雷军就是用富有想象力的创业打动了已经"功成名就"的林斌。

要为别人创造价值，领导者就要思考如何为他人增加价值，只有这样，才会有人追随。长期坚持下去，领导者就不仅仅增加了他人的价值，而是企业或组织的总体价值。服务他人，为他人增加价值，这不仅有益于那些体验到服务的人，也一定也会使领导者体验到价值的回报：其他人愿意服从你的权威，接受你的领导，心甘情愿地为了你指出的方向而奋斗。

作为一名领导者，最高的职位不一定是最好的位子，最有权力的职位也不一定是最好的位子，最好的位子是能够尽力服务、尽可能为他人创造价值的地方。对企业家而言，当自己真正重视他人的时候，就增加了他人的价值；当自己成为很多人敬佩的人的时候，就增加了他人的价值；当知道别人重视什么并且努力为之奋斗时，自然会增加了他人的价值。

就企业领导者而言，当身边的人觉得自己很有价值、所从事的工作很有价值的时候，领导力自然就形成了。

下篇

绩优启示录：如何成为绩优企业

研究绩优企业的目的，就是希望更多的中国企业成为绩优企业。我们也清楚，每家企业的成长路径都是不一样的。有一句谚语说："幸福的婚姻都是相似的，不幸的婚姻各有各的不幸。"企业界何尝不是如此，绩优企业有很多的不同点，但其成功有着不少共同的原因，可以供立志成为绩优企业的企业领导者及创业者参考。成为一家绩优企业，没有现成的模式可供复制，但是从绩优企业的共同点中，我们会学习一些非常重要的方法。

CHAPTER 11

第十一章

初心最为关键

俗话说:"十年树木,百年树人。"一棵大树不可能一日长成,一个企业也不可能一下子就长成绩优企业。一棵小树苗如果一开始就长歪了,即使给予再好的肥料,阳光雨露再充足,也只会长成一棵歪脖树。所以,树的种子很重要,最初始的种植方式也很重要。对一家企业来说,也是如此,如果一家企业都已经成型了,很难再会有实质性的变化,所以,做企业的初心就很重要,它是企业成长的种子,也是企业发展的基因。一家企业要想成为绩优企业,首先就要有绩优企业的初心。2022 年 8 月,已经成为中国上市公司协会会长的宋志平在中央电视台接受节目采访的时候,特别强调"做企业的根本是要不忘初心,要保持初衷,这才是健康的、良性的循环,是底层逻辑",作为民营企业代表的曹德旺深有体会地说:"作为企业家要有情怀,要包容。真正把企业做好,就要坚持不忘初心。"

一、初心,即三观

何谓初心?哲学有三大终极问题,也被称为"终极三问":我是谁?我从哪里来？要到哪里去？这三个看似简单的问题，需要我们用一生去回答，也耗费了无数哲学大师的思考，却也是我们作为人必须回答的，这就是我们所谓的人生"三观"。答案越清晰，越符合大道，我们的路就会走得越宽，也会走得越远。所以，三观即为人的初心。

做企业和做人是同样的道理。做企业就是做人，因为企业是人做的，是人的集合体。茅忠群认为，企业作为一个由人构成的组织，成长也需要"三观"。他在一次公司内部会议中谈道：

"作为一家企业，我们一定要问三个问题，一个是'为什么'，一个是'成什么'，一个是'信什么'。'为什么'就是我为什么要创立这家企业，我创立这家企业的目的和意义究竟是什么。'成什么'就是我要成为一家什么样的企业。'信什么'就是我相信什么，我们的信念是什么，我们的信仰是什么。这三个问题的答案就是我们非常熟悉的使命、愿景、核心价值观。我们都知道人有三观，世界观、人生观、价值观。我们不妨把使命、愿景、核心价值观，也叫作企业的三观。每一个企业都应该有自己的使命、愿景、核心价值观，每一个企业都应该很认真地回答：为什么？成什么？信什么？其实，这就是企业的初心。"

德鲁克先生说，使命代表了"组织为什么生存"。在他看来，"很多企业遭遇挫折和失败的最重要原因，也许就是很少对企业的宗旨和使命给予足够的重视"。

茅忠群是一位非常重视企业文化体系建设的企业家，他认为，企业文化是一家企业成长的灵魂和精神状态。经过多年的打磨，他认为方太的文化体系由三大部分组成：第一部分，核心理念；第二部分，基本法则；第三部分，四大践行体系。在他看来，核心理念居于最核心的位置，它是整个方太文化的大方向，是核心思想。基本法则其实是介于核心理念与践行体系之间,是原理、原则、法则,是指导思想。第三个就是践行体系,有了核心理念的方向,基本法则的指导,方太的践行体系就比较容易落实。它包括体系方法,甚至可以到工具,它是方太整个文化建设的一个操作手册。

很多企业出现问题,看起来是经营管理中的具体环节或者某一些人出了问题,本质上是企业的"三观"出了问题。

21世纪初开始的美国一系列"大公司丑闻",让很多曾经很风光的投资银行和会计师事务所颜面尽失,安达信和所罗门兄弟因此而迅速分解。这些曾经看起来很优秀的公司不是缺少企业文化,而是创造了一种为少数人牟利的腐败文化。这种公司文化极其不透明,很多人热衷于黑箱操作,私底下赚钱。美国媒体报道说,所罗门兄弟公司虚张声势的企业文化鼓励了没有责任感的冒险行为,安然公司的企业文化鼓励了秘密获利的不正当行为,安达信的企业文化则造成了没有防范风险的利益获得。显然,腐败的企业文化导致或纵容了腐败行为。我们看一下《财富》杂志对于安然CEO斯基林创造的企业文化的评述:

"你如果相信'神欲诛之,必先骄之'这句老话,对安然事件就不会吃惊。人人都在用'傲慢'这个词来描述安然。挂在安然大厅里的横幅正是这种态度的说明:世界一流公司。安然有一种强烈的信念:早于它成立的那些传统的大公司在安然面前都毫无招架之力。这种公司文化除了与生俱来的傲慢,还有其消极的一面。在创业初期,其贪婪就显而易见。一位曾在斯基林手下工作的高管说:'他们随时随地都在谈论我们会赚多少钱。'薪酬制度看上去更利于高层致富,而不是为股东带来利润以及为雇员带来更好的生活。安然的文化蔑视各种规则,而且这种破坏性的氛围也自然被引入管理者的私生活中,有关高层私生活的传闻路人皆知,成为各路媒体的猛料来源。安然的内部文化也以冷酷闻名,雇员们不仅欺诈外人,而且内部相互倾轧严重。一位与安然合作的能源公司负责人说:'安然是靠尽可能扩大个人的私利来获取最大价值。'他说,安然的交易员不敢上洗手间,因为坐在他身边的同事很可能会偷看他电脑屏幕上的信息而抢走他的生意。另外,由于坏消息有可能砸掉饭碗,所以,所有问题都被掩盖起来。安然的一位前雇员说,'大家一直都在维持着一种心知肚明的神话:谁也不会出错。'"

有的学者把安然的文化概括为两个重要的方面,一是,"只能成功,赢者获得一切",迫使员工不惜以作假来保持安然股价的持续上升,经营班子在投资和会计程序方面冒险,结果是虚报收入和隐瞒越来越多的债务,从而形成了"一座用纸牌搭成的房子"。二是"人人都可以被轻视,只需看重结果",这让很多员工和经理人把大量的精力用于考虑个人前程和参与公司政治斗争。这位学者说,有些安然的高管说:如此混乱的安然竟然这么晚才倒下,也算是奇迹了。

国内不少企业都忽视了企业之"根",要么模仿看起来很优秀的企业文化,要么就是把企业文化当成一种让员工服从的"灵丹妙药"。我遇到过这样一家国有制造企业,业内小有名气,主要领导者希望学习日本公司的企业文化,推行类似军事化的管理,其中包括上下班一律以中央人民广播电台的钟声为准:广播一停,公司大门立即关闭;下班时间广播未响,任何人不得提前离岗;违反任何规定的员工一律以罚款或辞退方式处理。尤其是模仿了松下的"早课"文化,实行班前会制度,全体员工早晨必须提前10分钟到岗,列队背诵公司的核心价值观等,搞得天怒人怨,公司陷入危机。我们很难说这种文化的好与坏,关键是学来了松下管理的皮毛,忽视了松下文化的根才是问题之所在。还有不少中小企业推崇"成功"文化,运用各类话术,纵容工作人员欺诈顾客,美其名曰"亮剑文化""赢家文化"等,本质上就是骗子文化。

如此看来,疯狂的企业文化似乎有问题。不少人会认为,苹果公司的企业文化也疯狂,而且乔布斯几乎处于癫狂的状态,但是这种"疯狂"几乎全部用于精心打磨一款让顾客尖叫的产品,几乎以偏执的投入超越顾客的体验。尽管乔布斯执掌苹果公司的时候,苹果公司很少做慈善,很多人对此颇有微词,但是乔布斯为顾客、为股东、为投资人、为管理层和员工创造的价值是令人羡慕的。到了库克时代,苹果公司则积极投身于全球慈善事业,承担了更多的社会责任,获得了全球更多人士的认同。

其实,企业文化的特征不在于"疯狂"或"不疯狂",而是为谁"疯"、如何"疯","疯"的价值何在?

二、使命,让企业存在有了价值

使命,就是企业存在的意义。从创业者和企业家的角度看,就是:你为什么要做这家企业?你做企业的目标和意义是什么?德鲁克在《管理:使命、责任、实务(使命篇)》里比较全面、系统地论述了使命对于企业成长的重要性。他在"什么是企业"一章开篇即说"工商企业是由人,而不是由'各种力量'创建和管理的",所以,"企业是社会的一种器官。实际上,企业的宗旨只有一种适当的定义,那就是创造顾客。"在他看来,"市场不是由上帝、大自然或各种经济力量创造的,而是由企业家创造的。这种创造来自于企业家对于顾客需求的感知与挖掘",所以,"企业是由顾客创造的"。也就是说,企业真正挖掘到顾客的需求并满足了顾客的需求,创造了价值,才能让企业生存并发展起来,所以,企业是顾客定义的,企业的使命也自然存在于为顾客进而为社会创造价值的行为中。

德鲁克在书中谈到,"我们所知的每一位伟大的创业者都有明确的想法,或者更精确地说应该是具有清晰的企业理论,它们能够为创业者的行动和决定提供信息和指导。真正成功的企业家,是不仅积累了大量财富,而且建立起可以超越自己而长期存在和成长的组织的人。他们的特点是,掌握着明确、简单、深刻的企业理论,而不是凭直觉采取行动。"

国有企业,作为社会主义政治制度的经济基础,承载着特殊的使命。应该说,业绩优良的中央企业和地方国有企业更好地体现了其使命的内涵,尤其是中央企业,以成为国家的"强盛根基"为重要使命,保障国家安全和国民经济运行,在各自的领域展示竞争力。

发展航天事业就是国家的意志,航天科技领导者始终以建设航天强国为己任。作为我国航天科技工业的主导力量,航天科技肩负着"创人类航天文明,筑民族科技丰碑"的神圣使命,承担着支撑国家战略安全、引领科学技术进步、带动经济社会发展、推动航天强国建设的历史使命。

对于如何确定企业的使命,茅忠群也有自己的方法论,他说:"作为企业的经营者,我们要经常在内心深处拷问自己:我为什么要做这家企业?我做这家企业的目的和意义是什么?通过回答这个问题,确定企业的使命。"

确立企业使命并不是一件容易的事,不是企业经营者和企业文化部门拍脑袋就能想出来的,它需要企业领导者的自我审视、企业价值审视和不断追问自己的内心。通过对绩优企业的观察和思考,中国企业确立使命要有以下三大要点。

第一个要点:符合大道的义利观。企业有盈利才能生存,所以,企业追求利益无可厚非,甚至是基本要求,关键是如何做到"义利合一",即所谓"君子爱财，取之有道"。企业获取利益的过程一定是遵守商业道德和相关法律，有志企业更要追求为社会创造价值的大"义"。也就是说，利益本身不是目标，是用来实现更大社会价值的工具。赚的钱越多，越要肩负更大的社会使命。用曹德旺的话说："做企业，要义利兼济，仁中取利，义内求财。企业家能赚钱充其量算土豪，赚钱同时能兼济天下，才是企业家。"

第二个要点：**承担社会责任**。几乎所有的企业，无论大小，参观他们的展厅、翻开他们的企业文化手册、观察老板办公室的墙上，我们都可以看到被称为"企业使命"的标语口号，这往往都是给其他人看的装饰品而已，并不是源于社会责任。如今，国务院国资委成立了社会责任局，对于中央企业的社会责任进行系统性督导，而国家监管机构也早已对上市公司的社会责任提出了要求，不少上市公司也发布了《社会责任报告》，但是如何将社会责任内化为企业的使命，仍然是所有创业者及企业领导者要付诸行动的。

第三个要点：**使命的具体内涵与表达也不是一成不变的**。作为社会细胞，企业的总体使命应该是增加社会福祉，但具体到每个企业，因行业、企业产品、企业家兴趣等的不同，随着企业规模的扩大和成长，随着企业领导者本人的体悟的深入，具体的使命内涵与表达都会有所不同，也会有阶段性的变化，但是作为企业初心的使命之根不应该有变化。这叫"万变不离其宗"。所以，企业使命，一定是创业者和企业领导者开始做这家企业或担任领导职位的时候，就要"想明白"的根本大事。

三、愿景，是商业成功的出发点

愿景，就是"你的企业要成为一家什么样的企业"。

实际上，愿景就是企业前行的星光。

有着强烈使命感的企业往往有着比较清晰而长远的愿景，因为愿景是根据使命而形成的一个更加具象的梦想，是一种对未来希望的表达，也是实践使命的一种具体路径。

作为以"坚持国家利益高于一切，服务国家安全，并要在电子信息领域形成中央企业控制力、影响力和带动力"为使命的中央企业，中国电科将自己的愿景定位于"成为电子信息领域具有全球影响力的科技型企业集团"。有了这样的愿景牵引，中国电科领导者深知，"始终把创新作为保持自身优质高速发展的根本动力和动力源泉，在独有独创上下功夫，以更多的原创发现、发明，掌握新一轮科技竞争的战略主动"，用他们的话说，"一日无创新，一日无电科"。在预警机领域，中国电科立足自主创新，将核心技术牢牢掌握在自己手里，突破技术禁区。截至2021年，集团突破了100多项关键技术，累计获得发明专利16269件，创造了世界预警机发展史上的九个第一。正是愿景激励着中国电科员工突破了一个又一个不可能，创造了一个又一个奇迹，始终把"在电子信息领域形成产业影响力、带动力"作为创新的灯塔。也正是这样一种愿景，推动了中国电科将总部及各个有关研究所凝聚起来，形成了"联合起来办大事"的中国电科模式。"万众一心，其利断金"，成了中国电科各个科研部门合作的信条。为解决X波段功率管国产化问题，元器件分系统打破参研单位既有的分工和领域限制，组织跨地区、跨研究所的任务攻关，中国电科18个研究所的科研人员团结一致，通过各个环节的协作和科学的资源整合，只用了6年时间就追赶上了国外20多年才能达到的技术水平。

所以，有效的企业愿景不仅能够广泛地引起人们情感上的共鸣，从而提升员工的凝聚力，使员工认识到，在企业中不仅能获得薪酬和物质收益，更重要的是自身命运的改变及自己梦想的实现，从而增强员工对企业的内在忠诚感，形成一个真正意义上的命运共同体。其实，这一点对创业者也尤为重要，因为创业者没有多少可以看得见、摸得着的现实成果让更多的追随者相信自己、相信公司，或者因为看见现在而相信未来，俗称"看见了，我才相信"，而创业者给人展示的更多是想法、设想，更需要"心中就看见了，就相信了"或者"相信了，才会看见"。有了一份心中的景象，就有了愿景，创业者就会带领追随者千方百计地去创造变化，将心中的愿景一点点地变成现实。

对创业者而言，每一次创新机会或新的产业风口到来的时候，笑到最后的往往是两种人：一种是资源缺乏但先发制人的创新者；另一种是拥有不对称资源和能力，可以后发制人的大佬。99%不是大佬的创业者，更多的是依靠对于愿景的相信而走在了相对保守的大佬的前面。所以，优秀的创业者往往有着清晰且激动人心的愿景并能说服他人追随，茅忠群、马化腾、雷军、汪滔等，都是其中的典范。愿景成为创业者及其团队激情与斗志的源泉，更成为遇到困难依然砥砺前行的精神依靠。失去了对愿景的相信，很多创业者的核心团队在遇到挫折时就无法坚持，即使创业者自己，如果不能坚信心中的愿景，在遇到艰难险阻时，往往自己也坚持不下去。当你心中的那盏灯熄灭了，脚步自然就停下来了；只要你心中的那盏灯还亮着，就会不断前行，奔向成功的巅峰。

四、价值观，代表了企业的信仰，更意味着信任

做企业"经典三问"的第三问是：信什么？茅忠群强调：在经营企业的过程中，应该问自己：什么是应该做的、什么是不应该做的；什么是能

做的、什么是不能做的；什么钱是可以赚的、什么钱是不可以赚的；我们的信念和信仰是什么？

这些问题是企业领导者和创业者必须回答的，因为这些答案决定了一个企业用什么样的方式方法对待顾客、员工、投资人和社会公众。对于这个问题，公开回答也好，不公开回答也好，价值观一定会在企业领导者的行为中体现出来。即使有了公开的答案并写在纸上，如果不在实际中坚持去做，那么价值观也是假的。但是，客户、员工、投资者和社会公众等利益相关者会体会到一家企业价值观的真实度。价值观是一家企业获得利益相关者信任的关键因素。

回答这个问题的过程，就是确立企业核心价值观的过程。企业的核心价值观是企业三观的重要组成部分，同时也是企业文化的核心。企业的核心价值观是企业在经营过程中努力使全体员工信奉的信念，也是员工判断一切事物时依据的是非标准、遵循的行为准则。

综观绩优中央企业的核心价值观，有两个明显的共性：第一，明确指出以国家为重、对国家负责；第二，强调对社会和人民负责。它们体现了"以大局为重"的价值观导向，并成为企业领导层决策的最高依据。比如，航天科技的核心价值观是"以国为重、以人为本、以质取胜、以新图强"，体现了国家大局、人才根本和创新理念；招商局集团的核心价值观是"与祖国共命运，同时代共发展"，体现了自身历史的厚重责任感。

从招商局集团的百余年历史看，它确实是一部与祖国和民族命运休戚与共的发展史。在近一个半世纪的历程中，招商局集团始终将企业生存同国家命运、时代发展相系。招商局集团创立于晚清时期，开风气之先，成为我国第一家发行股票的股份制企业，创办了中国第一家保险公司，开办了中国近代第一家银行，带动了中国近代一批民族工商企业的兴起。在抗

第十一章 初心最为关键 下篇

日战争时期，招商局集团一方面不计较一企得失，在长江要塞沉船延缓日军沿长江西进，沉船数量占公司轮船总吨位的40%；另一方面承担了战时军事运输、客货运输的繁重任务。改革开放之初，招商局集团创办了中国第一个对外开放的工业园区——招商局蛇口工业区，提出了后来广为流传的"时间就是金钱，效率就是生命""空谈误国，实干兴邦"等令人耳目一新的观念，开展了一系列制度创新的实践。在新的历史时期，招商局集团紧紧围绕建设世界一流企业的愿景，大胆创新，以回应时代的发展，总资产规模10.4万亿元，管理资产规模（AUM）超过19万亿元，2016年成为国务院国资委第二批国有资本投资公司试点企业，2022年6月正式成为国有资本投资公司的5家企业之一，9月，招商局集团所属的招商局金融控股有限公司诞生，成为我国金融控股企业改革的抢滩部队。

福耀玻璃的价值观是"勤劳、朴实、学习、创新"，充分体现了曹德旺的价值追求，这也是笔者见过的最为朴实的企业价值观表述之一而且愿意将"朴实"写入价值观的企业，体现了企业家坚持真、善、美原则的内心，蕴含了中华民族的传统优良美德，勤劳、质朴、不断学习、不断进步、不断创新、敢于承担社会责任、勇敢面对一切，体现了传统文化的智慧性格，也展示了传统文化的包容与创新。在福耀玻璃打造"美国工厂"的过程中，曹德旺就把这样的价值观展示得淋漓尽致。他认为，美国人崇尚公平、独立，因此一再提醒派到美国的中国高管在平时工作中要尊重美国本土员工的价值取向，给予福利之外，要学会多鼓励、多赞扬，要用朴实无华的行动让美国员工感受到福耀文化，真正了解中国文化。今天，福耀玻璃在美国已经是家喻户晓的著名品牌，除了公司的经营及品牌宣传很出色，更重要的是曹德旺对于核心价值观的持续坚守，行为平和，而且每一位从中国派去的高管和员工都能从自身做起，让美国同事感受到中国文化的包容与深厚。润物于无声的价值观传播，使得福耀成为美国最有亲和力的品牌，成功体现了中国文化的世界价值。

五、立志，是绩优企业家能量的最大来源

"志不立，天下无可成之事。"人生最大的能量就是立志。志越大，能量越大；志越善，能量越大。可以说，每一家绩优企业都是其领导者及其团队志向高远的结晶。一个创业者可以遭遇失败，但不能没有远大的志向。正是远大的志向支撑着失败的人东山再起、支撑着受尽艰难困苦的创业者走向巅峰。华为的"芭蕾脚"广告之所以震撼人心，引发广大创业者的强烈共鸣，就在于一个一定要成为舞界王者的芭蕾舞演员会承受怎样的折磨而不退缩，一个立志高远的企业将会遇到怎样的磨难而不放弃。

所谓立志，通俗的解释就是立下志愿，树立志向。何谓立志？很多人会把"志"与"欲"混淆。志不同于欲，志是利他，欲是利己。人的内在世界拥有惊人的潜能，蕴含着无尽的力量、无尽的智慧、无尽的供给，如果有一个强大的志向，就可以激发难以想象的能量。

王阳明先生被贬为贵州龙场驿丞时立下了著名学规——《教条示龙场诸生》。该学规一共有四条，其中第一条便是立志。他告诫学生："志不立，天下无可成之事。虽百工技艺，未有不本于志者。"在他看来，无论圣贤豪杰还是百工技艺，人人都有成就事业的可能，但是首先必须立志。

稻盛和夫先生出身寒门，27岁时创立京瓷，52岁时创立KDDI，这两家企业都已经成为世界500强企业，成为企业经营者学习的典范；后以78岁的高龄出任岌岌可危的日本航空的会长，将公司从破产边缘救回，短短三年扭亏为盈，并重新上市，利润位列全球同行业第一。在谈及自己成功

的经验时,他说:"高尚的志向是能量的源泉,人生最重要的是立好志向。"

茅忠群在方太成立之初,立志打造"中国家电行业第一个高端品牌"。因为坚定的志向,茅忠群带领方太坚守高端定位不动摇,矢志创新不停步,到2017年,方太年销售收入突破100亿元。如今,茅忠群立志以"为了亿万家庭的幸福"为使命,带领方太员工积极承担社会责任,不断导人向善,促进人类社会的真善美。有了这一大志向的茅忠群,将企业的愿景放在了"成为一家伟大的企业"上。

事实上,只要我们略加观察,就会发现:古今中外的许多杰出人物和富有成就的企业家,在谈及成功经验时,无不说到志向是他们面临困境、冲破重重困难的核心动力,也是他们面对诱惑时坚持原则的精神支柱。无论被称为"疯子"的马斯克还是忍辱负重的任正非,无论始终耕耘于玻璃行业的曹德旺还是在无人机领域翱翔的汪滔,尽管他们的性格迥异,但是其共同点就是立志高远并矢志不移。

所以,对一个人来说,尤其是对创业者来说,立志不仅重要,而且必要。无论想做什么、做成什么,想成为什么样的人、想得到什么东西,立志都是第一步,都是往前走的精神依靠。没有志向,就没有了前进的动力,人或企业只能原地踏步,不进则退。

中央企业,其志向必定更加高远。党的十九大报告提出了培育具有全球竞争力的世界一流企业的新目标,党的二十大报告重申了"打造世界一流企业"的决心,中央企业领导者及时调整定位,立志在所处行业实现引领发展。"世界一流"成为所有绩优企业的志向。国家电网明确了"打造中国特色国际领先的能源互联网"的目标;中国海油提出了建设"中国特色国际一流能源公司"的奋斗目标;航天科技提出了"建设世界一流航天企业集团,支撑世界一流军队建设"的新战略;中国电科立志成为"世界一流创新型企业";国药集团誓要成为"医药领域具有全球竞争力的世界一流企业"。

我们从 2022 年《财富》世界 500 强榜单的变化,应该可以看到中国企业军团正在全力以赴地奔着"世界一流"进军,国家电网连续多年位居前五,2022 年稳居第 3,中石油、中石化分别位居第 4、5 位,中建集团名列第 9 位,前 100 名里,有 35 家中国企业,占比 35%,是全球企业中位列世界 100 强数量最多的;其中,有 34 家美国企业,占比 34%。这种格局意味着中国优秀企业正在与美国优秀企业平分秋色。我们也期待着:一方面更多的企业进入世界 500 强乃至 100 强,另一方面也期望进入世界 500 强的企业加大创新力度,向创新力度更大、更具全球竞争力的企业学习,从而实现真正的超越。

CHAPTER 12

第十二章

第一等事修炼

据说,王阳明先生在孩童时代就问他的老师:人生第一重要的事情(所谓第一等事)是什么?老师的回答是:当然是读书并当上更大的官了。这一回答代表了当时大部分读书人及社会各个阶层的主流看法。但是,王阳明不以为然,他认为"登第未必为第一等事,或读书学圣贤耳",意即"当大官未必是第一重要的,读书学习成为圣人贤者才是最重要的"。年纪轻轻就有如此洞见,可谓真圣之根性。

今天,年轻有志的创业者往往都知道王阳明先生的"知行合一"名句。能够以王阳明先生为榜样,在创业过程中躬身实践,不唯书、不畏权威,专注于自己要做的事,一点一滴,事中修炼,同样是人生第一等事。

一、专注力有多强,专业化就有多硬

专业化是成功的基石,只有将专业化做到第一,才能成为赢家。所谓专业,是把一件事做到极致,达到常人难以企及的高度。俗话说:永远不要拿你的业余爱好,去挑战别人"吃饭"的本事。专业的前提是专注。专注力有多强,专业化程度就有多硬。

专注力,不只是"只做这件事",而是"沉浸其中"或"痴迷"。高瓴资本的张磊先生在《价值:我对投资的思考》一书中分享了方达医药创始人李松博士的创业故事。

"创业之前,李松已在欧美生物医药行业有了20多年的工作经历,曾在美国及加拿大领导多项有关药物研发及临床实验的项目。2001年,李松博士孤身一人创办了方达医药,当时,一个人、一台旧的设备和一间实验室就是方达医药的全部。创业初期,研究人员凑不齐,实验室还遭遇过爆炸事故,特别是由于无法取得银行贷款和风险投资,为了履行合同做实验,李松只好把全部家当拿去做抵押,贷款去买新的设备,一路上经历了不少坎坷。本可以做一名安静的科学家,李松却选择白手起家。"

创业的第19个年头,在2019年5月20日这一天,由李松担任董事会主席的方达控股在香港联合交易所有限公司(以下简称"香港联交所")上市,当日市值突破70亿港元,并迅速超过100亿港元。公司在中国和北美分别建有生物分析中心、制剂产品开发中心、临床运营中心、药化中心和临床前安评中心,正在成为全球型全方位新药研发外包服务(CRO)领域的新领军企业。李松博士曾在他的微信朋友圈中有一条很有意思的分享,说女儿叫他"Old Man"(老男人),可他觉得自己还是年轻人,还将继续在医药研发领域耕耘,帮助中国制药企业提高产品质量,让中国人吃上高质量的放心药。

看起来身体纤弱的茅忠群,内心异常坚毅。在他成为总经理、开始与父亲共同创业那天起,方太遇到了很多来自外部的诱惑和重重阻力,有产业方面的诱惑（可以非常低廉的价格拿到大片当地优质地块，看起来更加畅销的相关产品等），也有地域文化的影响，以及各类机会的不期而至。茅忠群曾说："在方太发展的过程中，有过多次很好的赚钱机会，但我都放弃了。为的是什么？就是为方太要做中国厨电领域第一品牌。我会集中我全部的力量来实现这个目标。"

一位哲人说过，坚忍不是外表的强壮或者美丽决定的，与高智商或者好眼力也没有什么关系，而是与专注力有着直接的关系，专注力有多强，坚忍程度就会有多高。与方太同城的还有一家优秀企业——公牛集团，因多少年如一日地专注于开关插座而闻名。公牛集团成立于1995年，比方太早一年，以"忠信诚和、专业专注"为核心价值观，因首创插座按钮而走上创业之路，立志要成为"消费者心中的插座第一品牌"，在消费者的头脑中形成"插座 = 公牛"的定位。公牛集团董事长阮立平不断强调"专业专注、走远路、做第一"。经过28年的奋斗，公牛集团做成了一件事，把小插座做成了大生意，把使用安全放在首要位置，致力于制造"用不坏的插座"，成为国内插座领域的绝对王者，全国市场覆盖率近70%，业务领域拓展到美国、德国、法国等10余个发达国家，覆盖了巴基斯坦近80%的市场。公牛集团于2020年2月在上海证券交易所A股主板上市，截至2022年10月11日，总市值为817.51亿元，一度超过千亿市值。

阮立平坚持严格的供应商和原材料筛选标准，坚持产品和科技创新，努力改变人们对插座产品的习惯性认知，与行业中"插座坏得快，才可以卖得多"的潜规则进行坚持不懈的斗争。他有一句从多年经验中总结出来的话，非常有哲理，叫"慢慢来，比较快，因为我们要走得远，所以一点都不着急"。

二、把专业化做到第一，成就冠军特性

古称"文无第一，武无第二"，在今天这样一个"赢家通吃"的数字化时代，很多领域，尤其是互联网产业领域，排名第一的头部企业已经形成了通吃的格局，因此，无论对创业者还是形成一定规模的企业来说，定位于细分领域的冠军或头部企业都成为竞争中的必然选择。这就需要创业者和企业领导者心无旁骛甚至以有些偏执的状态投入进来，把看起来很小的事做好，做到极致。王育琨先生在《苦难英雄任正非》一书中讲到了这样的一个例子。

2013年的一天，王育琨与任正非有个私人的对话，谈到了稻盛和夫，说："稻盛和夫就是个制造精密陶瓷的，却能凭借厚重的'无名之朴'，建设了两家世界级500强，还能拯救了日航。人们没有去反思……"，话还没有说完，任正非就打断了他的话："王老师，你不了解稻盛和夫！"他接着说："你说'他就是个制造精密陶瓷的'，太过轻淡！稻盛做的精密陶瓷，你知道吗？它不是常见的陶瓷，那是'氮化镓'，是一种新材料。未来精密医疗器械和电子网络的核心部件，大量会是陶瓷的，而最好的氮化镓可能来自京瓷！京瓷在未来10～20年会引领一场实实在在的新材料革命。他们同时拥有全球一流的化学家、物理学家和数学家。我们只是拥有全球一流的数学家。稻盛哲学，那是他们几十年如一日，发挥优势，力出一孔，才拿出了引领新材料革命的产品。人靠绝活立身，企业靠好产品实现高收益。你脱离产品，脱离厚积薄发的研发生产过程，只说哲学和心法，不接地气！你还会误导中国企业家！"

王育琨先生说，他感受到了巨大的心理冲击，"没有好的产品，哪里来的工匠精神、匠心匠魂？没有载体，灵魂存在哪里？"他还讲到了稻盛和

夫的一个故事。

"一个盛和塾的塾生讲稻盛哲学讲得很来劲,掌声让他陶醉。他一度不想自己做企业了,专门讲稻盛哲学,这样既可以利他,又可以助力自己的修行。稻盛和夫知道了,就把他拉到一边语重心长地说:'你可以不讲我的哲学吗?我的哲学,是我在研发制造产品的过程中,碰到各种各样的难题,经历无数个痛苦无助的当下,一点一点摸索找办法,汇集一点一滴的体悟形成的,那都是活泼泼的东西,不是一些条文和理念。你还年轻,回去做你自己的产品,在做独一无二的产品的过程中,你把克服困难的心得一点一滴融会贯通,形成自己的哲学。那个时候,你再出来讲哲学,就跟现在不一样了。'"

谈及做企业的体会,任正非的回答是:"做企业就是磨好豆腐!互联网时代了,什么都在变,做企业的这个根本点不会变!……你想要客户掏腰包,你就要把客户当成至亲的人,把最大的利益给客户,就要给他们磨出最好的豆腐!"

话虽通俗,道理至深,正所谓"大道至简"。成为冠军的基本法则就是将细节做到极致、将产品做到极致。成为冠军的企业都是对产品品质以及服务要求有着偏执的追求。海尔有"砸冰箱"的举动、方太有"砸毁油烟机"的故事,华为有颁发"因解决质量问题而发生的巨额出差机票奖"的大会以及连续不断的"寒气倒逼"行动。

即使是规模超大的中央企业,如果没有"专业化做到第一"的雄心与坚持,就会面临国际对手的竞争挑战。尖端科技领域的国际竞争,往往是你死我活的格斗,事关国家安全和国家竞争力。中国电科作为网络信息领域的科技型中央企业,因为被卡脖子的亲身痛苦体会,历经磨难,领导班子才更清楚"核心技术必须掌握在自己手里",市场换不来技术,也买不来技术，只有"自己争气"，成为所在领域的王者，才会有话语权，才会有发展空间，才可能使我们的军队"战之能胜"。

鉴于现代战争中的关键作用，预警机早已成为世界大国空军竞相发展的高科技"宠儿"，且中国领土辽阔，边境线长，国土防空对新型预警机的现实需求十分迫切，然而，无论整机还是技术都受到了国际竞争对手的全面限制与封锁。不服输的军工电子人明白：必须从基础做起，从头开始。于是，从20世纪90年代初，在"中国预警机之父"王小谟院士的带领下，中国电科开启了尖端科技攻关创业之路。在这个过程中，中国电科既遭到了技术大国的全面封锁，也遇到了在关键时刻合作伙伴单方面撕毁合同的难题，课题组不信邪、不气馁、不放松，采取了"国内同步研制"的计划，在撤销合同后的一年内，拿出了实验样机。历史证明：任何低估中国人学习能力的合作伙伴和对手都会付出巨大的代价。十年磨一剑，功夫不负有心人。在2009年国庆阅兵式上，空警-2000、空警-200预警机翱翔蓝天，向全世界亮相，令海外合作伙伴极度震惊。今天的预警机已经完成了从追赶到超越的历程，向全世界重新定义了预警机发展的未来。

三、对行业有超常认知，预测风口与趋势

优秀的企业领导者和创业者都需要对环境，尤其是所处的行业或者打算进入的行业有着超于常人的认知，能够预感到风口的临近及发展趋势。对行业的认知，既能通盘考虑大局，也能观察到微小的局部，关键在于对变与不变的洞察。用张磊先生的话说："企业家精神与洞察趋势、知悉变化、拥抱创新是内在统一的。"

拥有大格局的企业领袖和创业者最难得的特质是愿意拥抱变化、推动

变化，打破既定规则，在变化中找到自己企业的定位。对于行业变化的洞察，他们可以阅读行业研究报告，但更重要的是拥有"一叶知秋"的敏感知觉，从大局到细节多加研判，深入思考，从转瞬之间体察到趋势，把握趋势中的关键点和细微的痕迹。

关于把握趋势，张磊讲到了福特造车的例子，"在汽车被发明出来之前，大家都在思考最好的交通工具是什么。人们认为是'更快的马'，只有福特说不对，他要做大众消费得起的汽车。真正的企业家精神能够在时代的进化中看到未被满足的消费需求，这是把握住了大趋势中的定式。"

一般来说，有六大类趋势会影响行业的发展，包括人口趋势、社会文化趋势、经济趋势、技术趋势、监管及政策趋势和自然资源趋势。无论企业领袖还是创业者，都会套用这个框架来分析自己项目的可行性。据了解，巴菲特的投资之所以取得骄人的回报，与这样的分析框架直接相关，他每天早晨要做的第一件事不是洗澡，也不是吃早餐，而是阅读大量的报纸，看看电视，了解时事动态，其实就是在追踪各种各样的趋势变化。但是，了解了这六大趋势，不同的企业领袖和创业者可能会得出不同的结论。这与他们各自的信息来源、认知结构有着直接关系，而这种结论恰恰是优秀企业家和一般企业领导者的分水岭。

张磊先生在《价值：我对投资的思考》一书中分享了去哪儿网创始人庄辰超的例子。庄辰超精通数理，善于将自己作为一台精密运算的仪器，运用强大的逻辑推理和计算能力在复杂的系统中寻找创新的机遇。在创办去哪儿网之前，他拿谷歌报表进行过深入研究，通过分析旅游产业链，在携程、艺龙等强敌环伺的市场中发现了切入的机会。"如果你要开始一个创业项目，一定要想清楚它的微循环是不是能赚钱。""多层次分销的现状意味着机会，因为很多商业机会来自价值链的崩溃和压缩。""寻找一个行业中叛逆的力量。"这些都是他在创业之时的独到思考。

2022年9月23日，空调领域的绩优企业格力电器的董事长董明珠高调宣布进军预制菜装备领域，并与相关产业链合作伙伴发起成立了广东省预制菜装备产业发展联合会。对于格力的这一大跨度转型，业界与社会反响强烈，有的人认为格力抓到了产业新风口，因为有报告称，未来中国预制菜市场的增长率将保持20%的高速增长，预制食品产业将成为下一个万亿级市场。也有的人认为，董明珠有点"不务正业"，尤其是最近几年格力涉足的领域不少，手机、新能源汽车、半导体、芯片等，都是高大上的，但到目前都无法看到更加清晰的未来。

从格力来说，预制菜领域确实是一个新的产业风口，尤其是最近几年由于生活节奏加快，工作强度加大，时间、精力分配难度增强，特别是年轻人，"懒人"增多，从而给了预制菜更大的空间；同时，特色快餐厅的大量增加，对于中央厨房及预制菜的需求也呈指数化增加。这一切都引发了预制菜发展高潮的到来，预制菜装备制造业也自然成为一个装备制造业领域的新赛道。董明珠认为，预制菜市场参与者多，但是企业实力水平参差不齐，目前也缺少领军者，一些企业在原料采购、生产流程、仓储物流等方面与规模化生产差距较大，难以实现原材料追溯、标准化生产和冷链物流配送，无法保证食品卫生安全。格力电器深耕制冷行业多年，完成了制冷产品全链路布局，拥有预制菜八大类设备的制造与提供能力，可以构建肉类、水产、蔬菜三位一体的智能化深加工链路，可以解决预制菜行业食材高效处理、出品标准化、食品安全等一系列问题，致力于打造集保鲜、安全、健康于一体的预制菜全加工生产流程，成为预制菜装备及解决方案领域的领先者。

应该说，无论从资金实力、技术实力还是装备提供能力方面，格力电气都具备了达成愿景的基础,而且也比较敏感地抓住了新产业机会,现在的关键是看董明珠能否有像做空调那样的专注力了。

四、冰峰下的底盘越坚固,冰峰上展现的力量越强劲

无论创业企业还是人企业,其生存能力以及由此形成的持续竞争力,一定源于强大的内功,顶尖的技术能力是企业击败竞争对手的护城河。

公牛集团的规模比华为小,但是专精形象"最安全的插座"已经深入人心。业界有个玩笑说,公牛是唯一一家把插座质量做得太好而可能倒闭的公司,而这背后所依托的就是持续且大规模的研发投入,一款小小的新型带按钮式开关插座就涵盖了12项技术,重新定义了整个行业的品质标准。

"插座虽然看着普通,做好却非常不容易。"公牛集团技术相关负责人介绍,"一个插座可拥有超过50个零件,每一个卡扣、每一个焊锡都关乎着使用者的安全。在这些部件中蕴含着材料、工程、工艺、流程设计等诸多技术,只有通过持之以恒的创新才能将其做好",他举例说,"公牛新国标插座的核心部件铜条采用了更安全的一体冲压铜条方案,即铜条周围均有外壳嵌套,铜条与外壳贴合紧密,确保了复杂使用环境中铜条不会与插座发生松动。再以保护门为例,公牛早在2011年就投入资源研发新类型保护门技术,产品能够达到6000次插拔测试不受损伤。"所以,顶尖技术的追求与拥有是产品品质支撑的关键,尽管是冰峰下人们看不见的,但却是冰峰的坚固底盘。这个底盘越坚固,冰峰越稳固。

今天,国内市场上90%的插座用的开关还是阮立平最早设计的按钮式开关。公牛集团在各品类上均配备了专业的研发团队,以强研发保证拓新品的能力。为此,公牛集团配备了一支近百人的产品策划与工业设计团队,

研发费用占营业收入的比例达到4%。截至2018年，公牛集团的境内专利约700项，境外专利4项，相当于平均每年保持申获30项境内专利。根据2022年中报，公牛集团2022年上半年研发费用就达到2.49亿元，位列家居行业第二，是插座行业名副其实的冠军。

像国家电网这样的巨无霸企业，研发投入更是处于全球领先位置，从2010年研发投入214.09亿元到2021年超过500亿元，一直保持在中央企业研发投入前列，申请专利数量长期位居中国企业前列，2020年的发明专利4122件，列华为之后第二位。

五、"单纯"的力量，是一种无敌的特质

创业者也好，企业家也好，要保持单纯的心态，不要顾及太多，顾及太多将一事无成。关于这一点，乔布斯有一个说得直接但又绅士的话。2005年，他在斯坦福大学演讲，当谈及如何创造苹果、如何成功的时候，他说了一句话："Stay Hungry, Stay Foolish."（求知若饥，虚心若愚。）我的理解就是做人要永远保持好奇心，对知识永远保持一种如饥似渴的状态，同时要少一点小聪明，要傻一点、笨一点。这也是要求做人要单纯一点，想得太复杂，很多事情就做不成了。对此，我们的古代贤哲就说得比较经典，其中最为典型且广泛流传的是曾国藩说的"既往不恋，当时不杂，来者不迎"，就是要求领导者全神贯注地做好当下，用单纯的心态从繁杂的事务中抽离出来，全力做好自己想做且正在做的事情，尤其是做企业这样复杂且没有终点的事情（除非失败了或者自己不想做了）。

有人说，我的事情太多了，而且非常复杂，每天焦头烂额，怎么能够简单？从绩优企业领导者身上，我们发现，越是忙碌，领导者越需要安静、

冷静，越需要清空杂念，善于遗忘。只有这样，才能集中精力于需要解决的关键问题上。就像一个争夺世界冠军的乒乓球运动员，面对体育场山呼海啸的助威声、呐喊声，心中只有一个念头：盯住眼前的球。不少优秀的运动员，经常输掉看起来不应该输掉的比赛，就是因为他们的心理负担太重，想法太多。顶尖高手之间的比赛不再是技术的对抗，更重要的是"心"的对抗，"心"的杂质多了，动作就容易变形。

企业家更是如此，看起来是资源的竞争、技术的竞争、产品的竞争，本质上是企业家内心纯度的竞争，谁的内心更单纯、更全神贯注、更聚焦，谁就可能更强大，谁胜出的可能性就更大。

CHAPTER 13

第十三章

理解商业的本质

创业,做企业,就是从事商业活动,就要了解商业的本质,了解得越透彻,成功的可能性才越大。很多优秀人士之所以创业不成功,其原因不是不优秀,不是智商、情商不够高,而是没有透彻理解商业的本质。如果一定要对商业的本质有个提炼总结,我们从绩优企业领袖以及成功的企业家身上,也从诸多企业失败以及创业失败案例的观察中,发现有五个方面值得企业家朋友尤其是创业者思考。

一、对于盈利机会有高度的警觉性

凡是优秀的企业家,都肯定对盈利机会有着极高的警觉性。在别人看不到机会的地方,能发现很好的机会,是优秀企业家与众不同的特质。当年,阿里巴巴的创始人到美国看了一眼网络,就发现了电商"宝藏",硬生生地在国内开创了一个新的行业;在国内几乎所有家庭都在使用低端油烟机的市场中,茅忠群力排众议,推出高端油烟机,开辟了一条产业新赛道；宋志平则在水泥价格超低且行业乱象丛生的现象中体察到这个行业未来的空间，重新定义了水泥行业及相关建材行业；海康威视的创始人陈宗年、胡扬忠、龚虹嘉从2001年的9·11事件中洞察到安防领域监控视频产品的巨大发展空间，历经20年，携手成就了全球安防产业的霸主地位。基于此，英国经济学家伊斯雷尔·柯兹纳（Israel Kirzner）甚至把企业家精神等同于警觉性。他说："市场参与者的经济行为中的企业家精神成分由警觉构成，这种警觉留意到环境中先前未被注意到的变化，这使得他们得以可能通过提供任何东西进行交换，从中得到比以前更多的回报。"

俗话讲："机会总是留给有准备的人。"所谓"准备"其实就是像柯兹纳所说的要时刻保持警觉性，永远保持一种如饥似渴的学习习惯，以及一种持续反思的习惯。学习、反思、开放，成为一种习惯，追根究底成为一种特质。

拼多多创始人黄峥，就是一个非常善于思考的人，当电商行业不断发展并被很多业内人士意识到即将触及行业天花板的时候，当很多人都在大谈"消费互联网要让位于产业互联网"的时候，作为互联网老兵的黄峥也深深地陷入了思考，他觉得，电商的本质是人和商品的连接，核心在于解决效率问题，而在地大人多的中国，当前的电商显然并没有饱和，还有一部分人并没有充分体验到电商的好处，而中国大批的商品显然也没有达到销售的目的，存量规模超乎寻常的大。促使流通加快、加宽、加深依然是电商的主题。改善流通的方法，既可以是人找商品，即以商品为中心；也可以是商品找人，即以人为中心。前面的方法，阿里巴巴、京东等传统电商做到了极致，黄峥选择了后者，他认为以人为中心存在大量的可能性，用时间和空间的统一来促使整体效率更高、成本更低。在具体商业实践中，他采用"众筹"模式，先攒齐了一群人，锁定价格，把人们长周期、零散化的需求快速集结成同质化的批量需求，建构空间和时间双维度的集结，形成组织化"团购"。在这个基础上，直接打通供应链，连接田间地头、制造工厂，形成从顾客到工厂（Customer to Manufacture，C2M）规模化定制，大大降低了柔性化定制的难度，实现了商品的低价供给。这个模式的关键是把人作为促成交易的核心，从消费端的"最后一公里"变成"起始一公里"，从生产端的"最初一公里"变成了"中间环节"，所有参与的人都获得了实惠，商品流通的效率变得更高。

宋志平认为，"企业成长的重要机遇可能只有一两次，有的机遇可能十年甚至百年难遇"，将机遇变现，恰恰是优秀企业家的关键特质。他说："企业做什么、何时做，非常关键。市场不可能总给我们机会，关键要看机遇来了我们能不能抓住它，抓住了，企业就能发展起来，否则就可能永远失去机会，成为企业最大的失误。"

宋志平介绍，当年他操盘的中国建材重组就是一个重压之下与时间赛跑的故事。一方面因自身规模不大，又刚刚上市，资金、人才都面临巨大挑战；另一方面，整合重组那么多企业，是不是消化得了，会不会导致"大而不强"，所以，看好中国建材联合重组做法的人不是很多。他说："假如那时放弃重组，分分钟就能做到。一旦放弃，就意味着永远失去机会。看准了、想通了，就要坚决地前行。如果没有这种精神，患得患失，瞻前顾后，就成了叶公好龙，无法前进。最终，我们选择勇往直前，迎难而上。"

有分析师认为，中国建材的重组机遇抓得特别好。如果时间再早一些，大家都在建厂，都想鸡生蛋、蛋生鸡，都是宁当鸡头不当凤尾，收购谁都不行；如果时间再晚一点，让别人收购完了，收购成本就会很高；如果等到以后，行业开始减量发展了，收购一个关张一个，就会非常被动。宋志平算了一笔账,"我们这些年平均每吨水泥的收购成本是375元,现在建造的成本是400多元,收购的吨成本也要400多元,我们的收购是非常划算的。"

所以,宋志平的结论是:"要兵贵神速,当机遇来临时,我们需要做的就是跳起来,抓住它。"同样,他也认为:一个前提是要认真分析,这确实是个机遇;还有一个前提是,真的敢跳起来且有本事抓住。

二、对于商道有足够的敬畏心

俗话说,"在商言商。"当然,兵有兵道,商有商道。做企业,就要深入研究商道,并有足够的敬畏心。所谓敬畏心,就是要心无执念地去履行,而不是三心二意,甚至内心抵触,那样就很难达到经商的制高点。何谓商道?有人说,商道就是商人或企业家经商过程中需要把握的商业规则和规律。什么才能称得上是商业的规则呢?商道,本质上是以利益为基础而形成的规则。

杨思卓教授谈及商道的时候,说:"这可以归结到《易经》里的一句话,'一阴一阳之为道'。也就是说,规律会有两极,一个阴极一个阳极,阴阳一体叫作'道',失道者往往是失去了另一极。"在他的《统驭》一书中,对于商道的两极有系统的论述。

两极的第一对字是诚与精。商道在于诚,也就是诚实;精,就是精明。诚实是阳极,精明是阴极。也就是说,作为一名优秀的商人或企业家,既要诚实守信又要精明善变,行为果断。两极的第二对字是义与识。这是说,商道讲究既要讲义气又要有见识。所谓讲义气,就是说要有对利益相关者、对社会有责任感,同时要有辨识人与风险的能力。两极的第三对字是恩与威。恩,是要学会分享,施恩于他人;威,就是懂得树立威信,必要时要有霹雳手段。俗称"恩威并施"才能服人。

阴阳之道在于平衡,一高一低会发生倾斜。如果你想为利益相关者创造更大的价值但不善于知人善任、人性把握不够,不仅可能达不成结果而且可能事与愿违,好心办坏事。如果你恩多威少,经营中就会漏洞多多,形成经营风险;如果威多恩少,优秀人才就会离你远去,创新力会减弱。对于一名优秀的企业家而言,信誉和精明是有机融合的一体两面。

宋志平在担任中国建材董事长的时候,遇到了一个问题,水泥产量很大,价格竞争非常激烈。他觉得,在企业经营过程中,利润最重要,总是降价,产量和规模上去了,但是企业不赚钱,而且价格战没有止境,最后要么是劣币逐良币,搞假冒伪劣赢得竞争,要么是企业亏损严重而垮台了。他在大力推动水泥行业大规模整合以消弭无序竞争乱象的同时,提出"价本利"的理念,降本保价,绝不降价保量。但是,这样的想法被业内普遍视为"不现实"。2011年下半年,用电大省浙江、江苏开始限电。由于电力供应紧张,加上节能环保的需要,当地政府对工业企业分期分批控制用电量,其中包括水泥企业。一开始,不少水泥企业跑到电力局求情,说"千万别拉我们的闸",后来发现拉闸限电后,水泥价钱竟然每吨长了100元,虽然少生产了点,但是多赚了很多钱。这既得益于几年的水泥行业整合导致大批中小水泥厂消失,水泥行业集中度提升,也与中国建材提质增效、算好经济大账有关。2011年,整个水泥行业利润超过1000亿元。

宋志平总结道:"这件事提醒我们:以前大家把竞争放在'量上',价格不停往下降,企业不赚钱;现在减量了,大家反倒赚了很多钱。可见,行业的主要矛盾是价格,不是量。影响企业效益的是价格,影响价格的是供需关系,这就把逻辑理顺了。"所以,"做企业不能一味去降价、拼价格。

价格与销量存在矛盾,最理想的状态是价涨但份额不丢,量增但价格不跌。我们思考问题的原点应是确保合理利润,找到价格与销量的最佳平衡点。企业要有一定的市场话语权和定价主动权,否则只能靠天吃饭,像万顷波涛中的一叶小舟一样,无法左右自己的命运,一味牺牲价格增销量是行不通的。"

三、对于财商有清透的体悟

商道,主要是与竞争对手以及与关键利益相关者的关系。财商,则是一个人处理财富的心力智慧。做企业,就是财富积累、使用、分配与传承的过程。财富问题处理不当,不仅会给企业带来灭顶之灾,甚至可能会给企业家本人及其家庭带来致命影响。多少个首富消失的故事以及今天很多行业龙头企业遇到的困境都并非企业经营本身出了问题,而是一再演绎了企业家财商的至关重要性。

韩国作家崔仁浩的《商道》一书,写的是商道,背后更多的是展现了中国传统的财富智慧,其中提到了四个关键词:死、戒盈、鼎、梯。

所谓死,就是一切终将归零。只有感悟死亡,才能看透世间真相。世间最大的真相就是:人死了,所有财富就没有了意义。很多企业家,一生都在忙碌,直到离开这个世界前也没有搞清楚为什么活着,拥有那么多财富用来干什么,除了衍生出你死我活的财富争斗,为社会、为家族、为其他利益相关者也没有创造出应有的价值。搞清了死亡的意义,面对现实的财富就有了更加有意义的处理方式。

所谓戒盈,就是极盈即亏,盈到顶点必然是亏。做企业,追求极致,讲的是将事情做到极致,这种极致永无止境。那些一心做事、低调做人的企业家，在今天这样一个不确定的时代依然能够安全前行。《道德经》第24章说："企者不立，跨者不行；自见者，不明；自是者，不彰；自伐者，无功；自矜者，不长。其在道也，曰：余食赘行。物或恶之，故有道者不处也。"老子在这一章告诉我们：天之道，戒满、戒盈、戒急。永远有余力，才会绵绵不绝；因为自见、自是、自伐、自矜都是我们身上的肥肉、累赘，需要去掉。

所谓鼎，就是要学会分享。中国古代的鼎，因三足而稳固，现实中，企业家要懂得运用财富分享形成世间的利益平衡。所谓利益共同体，就是强者要学会财富分享、通过机制形成财富增值的良性生态。财聚人散、财散人聚，已经成为优秀企业家的共识。分好钱，与赚到钱，同样重要，一样都不能少，数不胜数的企业并不是由于没有赚到钱而倒塌了，而是由于内部分钱没有分好而消失了或者失去了发展的势头。这样的事情并不是企业发展壮大到一定规模才发生的，往往是在创业时期就因为没有建立良好的利益分配机制而产生的。

所谓梯，就是把财富视为成事成人的梯子。登高，就需要一架梯子。我们奋斗获取的财富其实只不过是一架梯子，需要攀登的高度越高，阶梯的形式和品质需要越不一样。

因此，创业者、企业家在增加财富的同时，一定要修炼财商，也就是运用财富的智慧。

四、竞合是大道，商场非战场

俗话讲："商场如战场"，讲的是，商场与战场一样，都是结果导向，取胜为王。其实，商场与战场，本质上是不同的。战场，以消灭对手为主要

第十三章　理解商业的本质

目的；商场，以利益最大化为主要目标。所以，现实中的优秀企业，往往既是对手，又是合作者。战场上，人死不能复生，可能彻底消灭敌人；商场上，你不可能彻底消灭对手，往往长期纠缠，耗费组织力量，于长期发展有害。商业的赢，往往是共赢，最好的办法是寻求与竞争对手的共同利益点。用杨思卓教授的话说，就是"打败竞争对手是下策，并购竞争对手是上策，与竞争对手联盟是上上策"。一般企业领导者擅于用兵法之"术"与对手斗得你死我活，绩优企业领导者则善于用"道"获得更大、更持续的利益。

宋志平先生在《企业迷思：北大公开管理课》一书里，仔细描述了当年消除水泥恶性竞争乱象而推动中国建材成为行业领袖的经历与体会。他说，竞争是市场经济的基本法则，但是以低价质劣为特征的恶性竞争，严重损害客户利益的同时也摧毁了整个行业，劣币驱逐良币成为一种"常态"。2009年6月，在安徽芜湖的一场行业会议上，有的行业巨头负责人就主张，要想日子过得好，就得打恶仗，把能打死的全部都打死。竞争，就是你死我活，这是市场竞争的本质。代表中国建材出席会议的宋志平不认同这一观点，他提出了两个观点：第一，所有企业都应该维护行业的利益，行业好，大家才能好，"覆巢之下没有完卵"，一个行业不应打恶仗；第二，水泥行业一天到晚打恶仗，说明这个行业不成熟，这个行业的企业家不成熟。恶性竞争的结果，就是：一个为国家经济建设做出重要贡献的国计民生大行业，变成了一群"穷困的制造者"。这是很可悲的。

如何走出"丛林"，成为宋志平的重要思考落脚点。他说："好的竞争不是不竞争，而是以更先进的方式竞争。一对一的方式是竞争，集团式的竞争也是竞争。但无论哪种方式，都要树立竞合的文化。市场竞争不是比勇斗狠，大家只有以合作的心态拧成一股绳，才能走出'丛林'，驶出你死我活的红海,进入共赢和谐的蓝海,最终驶向创新环保的蓝海。"

正是在这样的理念引导下,中国建材以行业发展为己任,开始了水泥行业的整合与重组,成就了行业领袖的地位。

随着全球化的深入、互联网技术的发展,以竞合为主要特质的新竞争格局正在出现,就是所谓的商业生态化。工业时代的产业划分,是从生产的角度纵向划分的,今天,越来越多的产业出现产业边界模糊,越来越多的跨界和横向整合创造出新物种、新奇迹。跨界、融合、产产互动、产融互动、产教融合……正在重塑各行各业,传统的竞争模式必然让位于"你中有我、我中有你"的新型竞合运动。

成立于1997年的深圳市怡亚通供应链股份有限公司(以下简称"怡亚通")原是一家典型的商贸物流企业,2007年登陆深圳证券交易所,成为中国第一家上市的供应链公司。伴随着深圳及广东经济的强势发展,无论从货物运输量还是货物周转量看,怡亚通的增长态势不错。不过,随着竞争对手的增加,尤其是国内外行业巨头的加入以及电商快递的发展,传统供应链物流服务面临红海竞争。从2009年开始,怡亚通的盈利能力持续下降,毛利率从2004年的近80%下降到2010年的9.54%,可谓断崖式下滑。穷则思变,怡亚通领导层启动了转型创新的新战略,首先决定进行纵向整合,从具有相对合作优势的食品饮料、酒水、日化、母婴等行业产品分销切入,向专业化物流要业绩,将价值链从物流运输环节延伸至整个B2B分销渠道链条。为此,公司启动了"380计划",就是在人口超过100万的380个城市中,通过并购、成立合资公司等方式拉拢"散、乱、弱"的地方经销商,以股权激励措施留住行业人才,整合传统线下分销环节,消除传统"中介商-经销商"的二层架构,成功为上游客户提供全国性的"深度供应链"服务,既为客户降低了渠道成本,又解决中小渠道商恶性竞争的乱象，而且帮助重点客户将货直接铺到三四线城市和农村，降低各个层面的库存，实现了厂家、供应链服务提供商和客户的共赢。

在这种格局下，一些大型品牌商主动要求与怡亚通合作，不少厂家的自营经销商也逐步与怡亚通形成整合，使得怡亚通上下游资源越来越丰富。到2015年前后，怡亚通基本形成了接通上下游的平台，正式确立了"生态型"企业定位，发布了"中国合伙人"计划，意图打造万亿级的线上线下相结合的供应链商业生态平台。

在海量数据优势、产业资源优势和资本优势的加持下，怡亚通加大产融结合的力度，运用多种金融手段为生态伙伴赋能，以消费者为核心，将互联网技术与供应链服务相结合，通过产品、技术、金融、服务等一系列平台，全面覆盖了生态圈内的500万家终端门店，紧密聚合品牌企业、物流商、金融机构、增值服务商等多个产业的合作方，形成了一个万亿级的"生态星系"，自身营业收入超过千亿。

五、精于商业模式的建构与创新

优秀的企业家都是建构商业模式并善于创新的高手。商业模式是一种工具，是一种思维，不是一成不变的教条。高级的商业模式犹如一把削铁如泥的宝刀，对使刀的高手来说，可以运用自如，但在不大会使刀的人手中，可能会成为伤害人的利器。顶尖的企业家，一定要建构更加高效的商业模式并不断创新。

最近几年经常听到一些企业家说自己的行业不好干了，快被互联网、高科技给取代了。这些企业家中有做机械制造、家具、快消品、餐饮、零售的，还有做软件开发应用的，甚至还有搞大数据、通信技术的。其实，没有被淘汰的行业，只有被淘汰的做法或模式。

爱迪生发明了电灯，但是蜡烛还是照样在卖。前几年电商恐惧症影响了多少人，现在看看各种新式的便利店等零售业态，发展态势依然很好。新的商业环境淘汰的根本不是行业，而是行业中过时的商业模式。

什么是商业模式？如果把采购、生产、销售等环节整合在一起为客户创造价值的同时也为企业自己创造价值的过程看成商业，那么构成这一过程的要素组合就是商业模式。

哪些因素会影响商业模式的建构与创新？我们发现，一种商业模式创新要想获得成功，至少需要满足三大因素：外部因素、内部因素和规则因素。

第一，外部因素，包括市场环境因素、科学技术因素等。比如在共享经济的大环境下，传统代步自行车生产销售的商业模式会被淘汰，但自行车行业依然存在，消费者的具体需求也在发生变化，企业的协作网络就要跟着发生变化。过去，人们是用蜡烛照明，用手表看时间；现在是用蜡烛营造氛围，用手表彰显个人品位。过去，企业的采购人员要一个个去找供应商，销售部门要组建业务团队；现在采购有电商，市场有新媒体平台。这些加在一起，就构成了商业模式创新背后的巨大推手。

第二，内部因素，包括核心资源和关键能力。以租车行业为例，过去的出租车公司的核心资源是旗下有多少辆出租车，有多少名经验丰富的司机。随着商业模式的创新，滴滴作为模式创新的领军企业，它的核心资源不再是拥有多少辆车，而是自动让乘客和司机匹配的平台和能够让乘客和司机都信得过的支付系统。为了保证平台的运营效率，它会加强数据处理和人工智能这两个方面能力的提升。随着区块链技术的发展，未来滴滴如果想提高支付的安全性，降低交易成本，也会在这些方面下足功夫。

第三，规则因素。 过去单车要买才能骑，现在租就可以了。这样还不够，租金都要免费。随着协作网络的不断调整，收入来源在变，收费方式在变，定价机制也在变。

狄更斯在一百年前曾说："这是最好的时代，这是最坏的时代，这是智慧的时代，这是愚蠢的时代。"

二十年前，如果你身无分文，就算胸怀大志，满腹韬略，也要从零开始，资源资金就像一条铁链束缚着你的发展。而今天，就算你和马云没有任何关系，也有可能拿到他的投资。途径就是拥有商业模式创新的能力。

商业模式创新的目的就是为了赢得市场，创新的方向要么是同样的价格，你为客户创造更高的价值，要么是提供同样的价值，你付出的成本更低。

不过，创业者往往是在一片混沌中设计自己的商业模式的，还不可能有这么清晰的思维，即使一些转型期的资深老板也不一定有清晰的观察。也就是说，很多人是无法比较系统地考虑到上述三大要素的。在这种情况下，该从哪里入手设计或创新自己的商业模式呢？

一般而言，创业者可以从以下四个角度入手来设计商业模式或进行商业模式的创新。

第一，资源或技术角度。 也就是说，创业者手中有什么？是拥有某些特定的核心资源，如零售系统的供应链资源（像怡亚通）、金融运营资源（国药融资租赁）、矿山或土地资源（最为常见的）等，或者拥有特殊的技术（专利或非专利的可以商业化的技术）等。这是最容易起步的，也是最容易想到的。不过，这也是最容易误导人们的，就是拥有资源和技术就可以在此基础上构建商业模式。避免此类错误认知最重要的一个方法就是，要认真分析以下几个问题：

（1）这些资源和技术能够带来多大的市场空间？

（2）这些资源和技术是用户或客户需要的吗？

（3）这些资源和技术在商业化过程中有没有致命的短板？比如，土地的性质和手续完备与否，资源的拥有方式是不是靠谱？资源的替代性有多强？等等。

第二，能力或产品角度。也就是说，创业者会干什么。既然你手中没有什么可利用的资源，那就求其次，你会干什么？是会发明相关技术还是会制造某类产品，或者会做某种设计，等等。因为商业模式无法凭空产生。

第三，市场需求角度。如果创业者没有核心技能或产品，还要创业，还要搞什么商业模式创新，那就要头脑灵活一点，能够找到市场的空白点，也就是能够预知或挖掘出客户或用户的需求。其实，这是对创业要求最高的一种，也是对商业敏感性的一个检测。黄峥创建拼多多就是一个商业创新。

第四，财务角度。如果连找到市场需求点的商业敏感性都比较弱，还有一条道，那就是看看能不能从财务的角度找到一种新的收入模式，即盈利模式创新，比如化妆品领域的"产品免费＋快递收费"模式、消费领域的会员卡模式、大件设备的金融租赁模式等。

当然，还有其他入口，关键看商业模式的设计者是否有足够的商业悟性，以及运用商业模式设计工具的熟练程度。

CHAPTER 14

第十四章

经得住磨砺

美国硅谷资深创业者，投资了Facebook、Twitter并被马克·扎克伯格（Mark Zuckerberg）称为"硅谷年轻企业家的管理导师"的本·霍洛维茨（Ben Horowitz），在《创业维艰：如何完成比难更难的事》一书中，叙述了他的创业与投资的经历和体会，引起全球投资家、企业家和创业者的共鸣。无独有偶，2019年，俞敏洪以自己的创业经历与体验写出了《我曾走在崩溃的边缘》，书中说道："我曾走在崩溃的边缘，想在20楼一跃而下。"两位知名的成功创业者，在不同的文化背景下，都体验到了创业难以言说的磨难和艰辛。任正非在《烧不死的鸟是凤凰》一文中，以更加具有感召性的语言体现了永不言弃的精神："'烧不死的鸟是凤凰'，这是华为人对待委屈和挫折的态度。没有一定的承受能力，今后如何能做大梁。其实一个人的命运，就掌握在自己手上。生活的评价，是会有误差的，但绝不至于黑白颠倒，差之千里。要深信，是太阳总会升起，哪怕暂时还在地平线上。"

这一寄语其实同样也是给创业者和其他做企业的人的忠告和提醒。

一、做企业，活下来才有话语权

做企业，就像下围棋，先做活，再求发展；做不活眼，再多的棋子也是死棋。很多企业家在经营过程中常犯的一个错误，就是还没把眼前的钱挣到手就天天想挣大钱、天天谈看起来令人兴奋的赚钱项目；有的企业家，热衷于到处听课和交流，美其名曰学习和整合资源，其实，最基本的学习是先把自己的核心产品搞好、先形成现金流，让自己的企业有了生存的基础。创业，就是做企业，做企业就是做生意。生意，生生为意，就是一生二、二生三、三生万物，人生才有了意义。做成生意，就是先把自己的产品卖出去。企业家，不能整天搞概念、搞想法，整天向别人说明自己能赚钱、自己的技术多么前沿、自己的商业模式多么好，而是要注重当下，把钱赚到自己公司的账户上。钱赚到了，企业就能活下来了，企业家也就能被称为企业家了，也就有话语权了。这时，企业家再谈发展，就会有更多的人相信。

一个初创企业需要先活下来，一个行业领军企业同样可能要面对活下来的话题。2018年，正当房地产一片欣欣向荣并催生了新首富的时候，万科掌门人郁亮在月度例会喊出了"万科未来三年的目标是活下来"的口号，从2022年的房地产形势可以看出，四年前的"活下来"目标并非作秀或无病呻吟，而是对危机的敏感嗅觉。当2022年8月任正非再喊"活下来"的时候，业界可能感到了实实在在的"寒气逼人"。初创企业更要为了"活下去"而拼命折腾，要抓住主要矛盾，不能眉毛胡子一把抓，更不能"撒芝麻盐"式的分配自己的精力、人力、财力和物力。其中最关键的问题是，公司是不是做出了有需求的产品，有没有人愿意为产品买单。公司规模发展到一定程度的时候，陆续是融资问题、管理提升问题等。企业家一定要具有解决关键问题的能力，因为解决不了关键问题，缺少核心能力，你做的其他事情是没有意义的，管理再到位也是徒有其表。

德鲁克在20世纪80年代中期出版了一本书，翻译过来的中文名叫《成果管理》，英文原名为 Managing for Results。其实，这本书的英文原名听起来更加准确地表达了作者的本意：为了获得结果而管理。他在书中阐述了管理的八大问题，其中第八个问题是，集中全力追求经济绩效，从而确定管理的本质，即集中全部资源和精力，全力以赴地为了经济成果而努力。

一些企业领导者可能会说，我们就是为了结果而管理的，怎么常常很努力但不能获得良好的效果、没能达到预期结果呢？究其原因，可能是结果定义不清楚，没有对结果进行清楚的界定和达成共识。做事的人很努力，也觉得目标清楚、结果明白，等结果出来了，企业领导者才发现，这不是组织需要的。有的时候，结果定义很模糊，管理过程就成了无头苍蝇，看着速度很快，大家也很忙，整天加班，但是结果很不理想。

先做对的事情，再把事情做对！

德鲁克提示我们，要想成为优秀的企业家，必须在任何管理行为中都要确定具体的任务以及成果的标准，"追根溯源认识问题、化繁为简揭示问题、重视实践重视成果"是他对经营管理行为的基本要求。

90%的结果往往是由10%的具体行动产生的。也就是说，其他90%的具体行动可能只贡献10%的结果。因此，企业家的管理行为不能盲目进行，不能有随随便便的差不多行动，而应该是紧盯结果，集中全身心的力量。企业事务当然很多，但作为一名优秀的企业领导者，应当把自己的优势、精力、注意力用在那些能够产生成效的工作上。如果结果很容易完成，如外部经济坏境特别有利，那么管理者就没有什么压力，有时候甚至没有必要管理。如果结果不能自动实现，那么管理者就需要付出更加艰苦的努力。

二、里子，比面子更重要

做企业，什么素质最重要？拉卡拉的创始人孙陶然有一次在北大创业营的课堂上说："首先要让自己有一个坚强的神经，坚强的大脑。"很多时候，企业领导者垮掉，并不是没有机会，也并不是到了山穷水尽的地步，而是心态先垮了，再坚持几分钟，再坚持几天，可能就柳暗花明了。阿里巴巴创始人说过一句话："今天很残酷，明天更残酷，后天很美好！但大多数都死在明天晚上，看不到后天的太阳。"成功往往就差那么一口气。人是怎么垮掉的？一般先不是体力上的垮掉，而是心理上的。其实，一个人的体力远远比他自己以为的要好，但会有无数个客观理由，会说"算了吧""没必要""何苦来呢"。然后，他就放弃了。这样的人是绝大多数。创业，是小概率事件！从你开始创业时，就要明白这个道理。所以，在创业之路上，企业领导者要强化自己的神经，不断提升心力，去应对各种各样的困难和问题。俗话讲："狭路相逢勇者胜。"创业中的问题都是这样解决的。

作为一名企业家，不要害怕别人说三道四，更不要想"如果失败了会怎样？"还能怎么样？大不了归零。很多人在乎面子，忘记了里子。如果太在乎面子，就不要创业，就不要做企业，因为你早晚有一天会遇到将你的面子"撕掉"的人和事。对很多人来说，放下身段是一个很艰难的过程，但这恰恰是修炼身心的过程。创业者就要有"给点阳光就灿烂"的劲头，你给我个线头，我就能织成一张网。对大多数人来说，身边大把的机会没有抓住，常常因为"不好意思"而浅尝辄止，或者因患得患失而走走停停。

就像打井一样，再坚持向下挖 10 米就能见到水了，你一定要坚持下去，不要顾及别人的眼光和流言蜚语，一心一意地打自己的井，既不要因为别人的井出了好多水而哀叹自己的命不好，也不要因为别人指指点点就不好意思继续挖井。在这个世界上，永远都是说的人多，做的人少；做成了，里子就有了，面子自然就来了；你不做了，别人也就不说了。

这个世界就是这样。别人做不到的事情，你做得到，你就成功了。理论上讲，谁都具备做成的能力，尤其是事后往前看。当哥伦布将鸡蛋"啪"的一下竖在桌上时，大家都会认为"这很简单，我也会做"，但是很少有人反思"为什么我没有成为第一个做的人呢？"所以，成功者与失败者之间的差别不是智商的差别、意识的差别，而是行动的差别，而是看谁更不在乎面子、看谁更放得下身段。绝大部分的人因为各种原因没动手或者半途而废，只有极少数人"连滚带爬"地坚持到最后，所以他们成功了。

三、伟大的背后都是苦难

做的事越大，肯定就越难。如果企业领导者没有超乎寻常的韧性，那么公司就很难成为一家绩优企业。当华为于 2015 年成为全球行业老大的时候，任正非用一幅满是伤痕的《芭蕾脚》照片作为当年的主题广告。他说："华为就是那么一只烂脚，它解释了我们如何走向世界……"在外人看来，华为足够光鲜，已经是全球行业的老大。但是有多少人明白，在光鲜的背后，是华为人肉体上、精神上、心性上、灵魂上的磨砺。利比亚战争、日本大地震福岛核泄漏、也门战争、尼泊尔地震，其他国家的人都撤退了，华为员工背上行囊向一线出发，因为那里有客户的呼唤！

哪一家做得持久的企业，领导者没有经历过至暗时刻？

在大多数人眼里，王兴是一个顺风顺水、极其成功的创业者，可是要看看他创业的历程，一般人可能会望而生畏，无人羡慕。2003年的圣诞节，王兴从美国辍学，带着明确的创业计划回国。他做的第一个项目叫多多友网站，很快倒闭；他换了一个游子图网站，还是不成；2005年，他开始做校内网，用户增长速度很快，但是不赚钱，连增加服务器和宽带的钱都没有，只能把校内网卖给了陈一舟，校内网改名为人人网。2007年5月，王兴创办了饭否，11月创办了海内网。2009年饭否的用户破百万，但随后由于种种原因饭否与海内网都关了门。

这一年，屡败屡战的王兴创办了美团网。

在"千团大战"最激烈的时候，王兴的压力非常大，友商疯狂挖人，长江三角洲地区的团队人心浮动，王兴自己订票，只带着手机和钱包坐飞机到上海，晚上安抚完团队后连夜赶往南京。动之以情、晓之以理后，上海团队还是被人家连锅端了。

历经一次次的失败与痛苦，王兴"皮实"了，就像郭广昌所说的"皮糙肉厚"，习惯了突如其来的打击，他能做的，就是一步一步地往前走。今天的美团已经成长为行业的巨头，截至2022年10月14日总市值9221亿港元，2022年上半年销售收入972.07亿港元，外卖骑手高达500万人，外卖用户达到2.5亿。不过，与其他的绩优企业相比，美团也只有13年的历史，仍然处于亏损状态，要成为一家真正的绩优企业，还有很长的路要走，但是，王兴"死缠烂打"的创业精神值得创业者学习。

四、凡是重要的决定只能靠自己

无论创业者还是已经成长起来的企业领导者，都应该有个心理准备：

第十四章 经得住磨砺

无论你有多么令人羡慕的团队和投资人，以及有多么给力的员工与合作伙伴，真要做重大决定或者遇到特别难的事情时，任何人可能都指望不上，最后只能靠自己解决。古人讲的领袖兵法中有一条"谋贵众，断贵独"，在很大程度上讲得就是这个道理。进行决策前，领导者可以与更多的伙伴进行讨论，真正要做出决断的时候，只能靠自己。从这个意义上讲，领导者，无论是创业者还是企业发展到一定规模的领导者，都注定是孤独的人。有人能帮你分担，那是你的福分，也是偶然，不要理解为"应该"或"必然"；没有人帮你，才是必然。遇到重大抉择时，集体讨论是不会有结论的，即使有结论，你也不会认同。所以，你一定要想清楚，集体讨论、找人商量，也只是进行印证，最后一定是自己拍板。拍了板，你就要承担拍板的责任；如果你不敢拍板或不愿意拍板，那么结果会更惨，问题会更严重，甚至你这个老大也就当不成了。即使有了大数据的帮助，最后还是需要企业领导者进行决断。

1993年，22岁的王卫创办了顺丰。顺丰最初的主要业务是深圳与香港之间的快递服务，需求增长很快。不久，顺丰以顺德为中心，将业务网络拓展到广东省以外，并在长江三角洲地区站稳了脚跟，进而辐射到华中、西南、华北，基本构成了全国性布局。顺丰的业务模式是，除了公司总部所在地的顺德，其他地区新建的快递网点大多采用类似加盟的方式。对各地公司放权以及利润的激励，激发了地方公司负责人及其团队的积极性，发展速度很快。1999年前，王卫曾短暂地离开过公司，过起了"甩手掌柜"式生活，据说每天陪太太喝喝茶，与合作伙伴打打高尔夫球，淡出了顺丰的日常管理。

然而，这种清静的富贵闲人生活很快就被残酷的现实打破了。放权管理出现破绽，加盟商和被"承包"的各个片区开始出现了各自为政、夹带私货的现象。如果不能及时加以控制，顺丰很有可能丧失好不容易经营起来的信誉和市场，而且总部的管理权威也会大打折扣，甚至可能产生"诸侯独立"局面。意识到危机的王卫展现了性格中的强硬内核。从1999年开始，王卫发起收权行动，一方面强制要求加盟商将股份卖给他，另一方面对加盟商以后的福利待遇给出了相当丰厚的条件。任何条件都可以谈，但是有一点是必须做到且不能谈的：股份转让必须完成。

改革自然遇到了各种阻力，王卫甚至受到了生命威胁，但他没有退却，依然铁腕执行。最终，经过两年的整顿，顺丰的组织架构和各分公司的产权明晰了起来。为了将话语权牢牢掌握在自己手里，即便是在创业中跟随了他十几年的人，王卫可以给予丰厚的待遇，但是股份却只能集中在自己手里，甚至将曾供职于公司的父亲和姐姐也拒之门外，这足以看出王卫的雷霆铁面。

对企业家而言，达成共识的问题容易下决心，但如果企业家的想法与周围大多数人不一致，甚至与核心团队或投资人等形成对抗的时候，才是考验企业家决断力的时候。有人总结说，优秀企业家的魄力，就是八个字：雷霆铁面，心慈刀快。

张维迎教授认为，企业家决策，不是所谓的"科学决策"。他说："科学决策是基于数据和计算的。给定数据，最优选择是唯一的。企业家决策是基于直觉、想象力和判断的。"因为同样的数据，不同的人有不同的想象力和判断，选择就会不同。因此，"科学决策能形成共识，有标准答案；企业家决策是非共识的，没有标准答案。换言之，有标准答案的决策都不是企业家决策。"而且，"多数人认为正确的很可能恰恰是错误的。所以，杰出的企业家做出的最重要的决策，最初常常是多数人不认同的，甚至被认为是荒谬的。"在他看来，"企业家不会按照多数人的意见做决策。当然，他一个人的意见,可能对也可能错,要由市场事后检验,事前我们没有办法判断。多数人的意见不能成为判断的标准。"关于这类问题,张维迎教授解释说,"我并不否定数据和科学决策在企业管理中的重要性。事实上,成熟企业 95% 以上的决策属于日常管理决策,都可以用学到的科学方法做出。但决定企业命运的往往是不同于日常管理决策的企业家决策。"而这样的决策只能由企业家本人孤独地完成,并承担因这样的决策而带来的结果,无论是好的还是坏的。

五、伟大挣扎中的领导力责任

美国学者小约瑟夫·巴达拉克(Joseph Badaracco)于 2013 年在哈佛商学院出版社出版了一本《伟大的挣扎:不确定时代的责任型领导力》,描述了创业维艰中领导者的真实心态以及应该承担的责任。他在第一章中写道:"都说领导力关乎希望和梦想、改变和成就,既然如此,怎么又提到'挣扎'了呢?"

巴达拉克的答案是,"挣扎"形容的是领导者们面临骇人危机和强大阻力时的状况。责任型领导力讲的是,在不确定性增强、业绩压力加大、风险和动荡围绕周边的时候,企业家所具备的关键领导力特质。"伟大的挣扎"则是在如此不确定和艰难的过程中勇于承担领导责任的企业家,在追求愿景的过程中,难逃"挣扎"或者主动引发"挣扎"但仍义无反顾地前行并承担领导责任。

就责任型领导力来说,勇气只是其基本特质,这种领导力更是一种持久的韧性,而非瞬间的满腔热血,它是由责任、理性、德行、知识、情感、甚至体能共同构成的能量。正是凭借这种能量,企业家能够就复杂、艰难的处境做出理性的反应，其核心是"责任"。

一个有抱负的创业者和企业家，无疑是希望能够展示自身才华、创造价值、证明自己，但是，并不是所有才华和抱负都能够实现自我价值并证明自己，在经营企业的过程中有着无数的"挣扎"，而战胜"挣扎"并能把才华发挥出来的前提，就是责任。有些人不断抱怨环境的复杂而不友好以及命运的不公平，其实最重要的是自己面对这些"挣扎"的心态。如果自己控制不好，缺乏责任的才华与抱负可能会形成伤害其他人和事情的负能量。只有强烈的责任感才能将"挣扎"变成动能，形成强大的领导力。当年面对海尔困境的张瑞敏、接手伊利困局的潘刚都不同程度地遭遇了"挣扎"。当记者问及潘刚："您在短短两年中让伊利从崩溃的边缘走出来，品牌价值得到了很大提升，伊利品牌建设的最大秘密是什么？"潘刚轻轻而坚定地说了两个字："责任"。只有勇于承担责任，特别是在困境"挣扎"中承担责任，才会有企业生存的可能，企业家也才会实现自己的价值。

那些在关键时刻敢于承担责任的人似乎总是看起来傻傻的！因为关键时刻往往是最危险的时候，而且往往是付出最大的时候。经济学理论一再强调一个被认为是颠扑不破的道理：人们总是趋利避害的。后来，有的经济学家发现这种说法不全面，就将它修正为：理性的人们都是趋利避害的。也就是说，那些不理性的"傻瓜"可能会做出"傻事"来。可是，在创业过程中，创业者和企业家往往会超出人们的理性预期，像一个非理性的"傻瓜"。事实证明，只有敢于付出理性之外能量的人，才能获得企业的成功，才能获得成就自我的机会。否则，他最多是个经济学理论中的"理性人"而已。

美国著名管理学家玛丽·福列特（Mary Follett）有一句名言：责任，是人类能力的伟大开发者。企业组织里"最重大责任岗位"，就是"企业家责任岗位";企业组织里"最重大责任承担者",是企业组织里的企业家,具体岗位可能是董事局主席、董事长、CEO,也可能是总裁、总经理或者是老板、企业主等。在这些称呼和权力符号的背后,意味着他们是企业组织里最重要的责任承担者。如果他们逐渐感受到权力的美好与个人私欲的扩张,而不是"挣扎"带来的风险意识与责任感,那么,可以肯定地说,不管企业处于什么阶段,刚刚创业不久也好或者已经成长为行业巨头也好,这家企业都已经开始悄悄滑向失败的边缘。现实中很多企业失败的案例中都包含着一个共同的基础原因:企业领导者责任的缺失。当年,稻盛和夫先生以78岁高龄、身患癌症且零工资的状态进入日航出任董事长,就形成了强大的感召力,当他裁员近三分之一、飞行员薪酬降幅20%、扣除退休人员养老金30%的时候,日航的员工没有太多的怨言。14个月后,日航就渡过了危机,扭亏为盈。2010年2月1日出任破产重建的日航董事长,到2011年3月底卸任共424天,一年创造了日航历史上空前的1884亿日元的利润。2012年9月,日航在东京证券交易所再次上市。可以说,稻盛和夫用一己的强大责任感挽救了日航是一个比较客观的评价。

CHAPTER 15

第十五章

掌握整合能力

企业家的核心内涵之一就是资源的整合者,企业领导者资源整合能力的强弱决定了企业发展的深度和广度。古代将军带兵打仗,讲究的是天时、地利、人和,三者缺一不可。诸葛亮"草船借箭"巧借天时,运用地利和人力,借来可用之箭;刘备整合来关羽、张飞、赵云和诸葛亮等人力资源,成就蜀国大业。国内绩优企业的领导者无一不是整合资源的提倡者和受益者。严格意义上讲,创业就是一个不断整合资源的过程。用戴尔创始人迈克·戴尔的话说:"你可以一个人开创公司,但别指望一个人推动其发展。"

一、整合者,要有"局"思维

整合是什么?整合就是利用。"用"就是善用彼此资源,"利"就是创造共同利益,"利用"就是充分发掘相关资源,创造共同价值,实现共赢结果。很多人都了解资源整合的重要性,甚至很多人整天忙着"整合资源",但为什么没有效果呢?其中最关键的一个原因,是缺少有效的目标引导。

资源的有效整合是一个系统化的思维方式。

用宁高宁的话说，资源整合需要具有"局"思维。在他看来，这个世界是由大大小小的、形式和内容各不相同的各种"局"组成的，最常见的有：局势、棋局、饭局、布局、格局、全局、做局、破局、变局、设局等。"局"到底是什么？"局"代表的是一种多元素组合的、经过设计的、进行中的工作和思维的态度，有着很强的目的性，一定有组织者、设计者、参与者，其关键特点是具有系统性，是系统思维的形象化和实践行动。

宁高宁认为，就企业家而言，"局"是一种方法，是领导力的重要组成部分与体现。第一，"局"是多种元素的整合，而不是单一的，而且如果需要的要素残缺，这个"局"就不会成功；即使成功了，也很难达到预期的效果。第二，"局"是复杂结构的相互依存，是关键要素的有机互动。第三，"局"里包含了实现目标的战略、策略、渠道等，俗称的"道（目标）、法（法则）、术（方法）、器（工具）"。既然"局"是一个系统，那就要求领导者既要看局部，又要看全局，而且要动态地看，不能教条，更不能"刻舟求剑"。作为一个优秀的领导者，企业家应该胸怀"大局"，学会"设局"、有能力"识局"、有本事"破局"，更要掌握整合"局"的关键要素，提出关于"局"的最佳解决方案。

在这种思维下，宁高宁认为，不能把创新简单理解为，开发一个酷炫的产品或者加大研发投入。在他看来，创新也是"局"。一个公司要想创新，就必须让整个公司从文化、价值观到组织开始转变，这样才能改变创新的局。他说："如果组织没有改变，这个企业是变不了的，你调动不了资源，也集中不了资源。所以，我们讲创新，就是讲从根本上改变一个企业。"

面对中央企业的创新之"局"，曾做过三大集团公司主要领导的宁高宁的经验是，要深刻认识改革之"局"的难度，要有系统思维，要有"局"中要素的逻辑顺序，找到切入点。他说："企业有自己的历史，有自身的骄傲，不能说我来了以后，你们都不对，我重新来过。"有一次，他刚到一家公司，听下属汇报，他回复说："那样做不行，应该这么干。"结果，对方回答："您说的方法五年前用过，不行。"宁高宁感叹："你会发现马上能想到的方法别人都想过，你不要以为你聪明。公司有近70年历史，换了多少代人了，他们都是很厉害的人，他们都试过。"他后来每到一家新公司，首先从统一理念开始，抓纲治企，先问大家想达到什么目标。等理念和目标都统一了，他就与大家一起通过经营企业实现这个目标，通过企业的发展完成个人的发展。

华立集团是一家创立于1970年的老集体企业，20世纪90年代改制为民营企业，是电能计量仪表领域龙头企业，通过多次并购、重组、投资等方式进行扩张，当前产业横跨医药、电子仪表、新材料等。2022年9月，华立集团位列"2022中国制造业民营企业"第233位，全球员工超过万人。公司创始人、董事局主席汪力成谈及如何解决多元化员工的文化冲突，他悟出了一个"搓麻将"的"局"。所谓"搓麻将"就是处理过程要柔和、慎重，慢慢协调，不能急于求成。这和"掺沙子"不同，"掺沙子"往往是派监督人员的代名词，是派自己人进行渗透的意思，具有强烈的冲击性和不信任感，如果"沙子"质量不好，就会导致更大的矛盾，影响了"大局"。"搓麻将"就要有耐心，"着急和不了牌"，讲究"组牌"手法，逐步形成"你中有我，我中有你"的良好"局面"。他看到了太多扩张中的企业由于不能有效处理新老员工的关系导致重组的失败，甚至给主体企业带来致命的副作用。

华立发源于浙江杭州余杭的一个小乡镇企业，最初的所有员工都是余杭人，大家过着彼此都熟悉的"本地人"生活。汪力成第一次遇到新、旧人的冲突局面是1984年，那是华立第一次在全国范围内招聘中专学生、专业人员、管理人员，承诺给予优厚待遇，结果，报名者踊跃，华立从中招聘了20多名工程师和技术人员。始料不及的是，老员工和这些新员工之间的冲突几乎到了水火不相容的地步，结果，大多数应聘者因种种原因离开了。通过这个教训，后来当上厂长的汪力成心中有了"公司要发展，这个问题必须解决"的想法。关于如何破这个局，他有两个解决方法：第一，公司要发展，必须搬出余杭，让老人离开自己的家门口；第二，解决新老员工矛盾不能操之过急，双方利益都要考量。

公司总部迁到杭州后，华立又招聘了大量杭州人和其他地方的人。汪力成心中有了"搓麻将"的意识，首先是中层干部的50%任用杭州人，使余杭人和杭州人在中层平分天下，让杭州人的观念"洗"余杭人的观念，同时，让双方通过工作对对方进行全面的了解。有了矛盾，怎么办？他就两手都要硬：一手是大会小会讲团结，对个别制造矛盾的员工动之以情，晓之以理；另一手是，凡是不顾大局引发冲突导致严重后果的，按制度进行严肃处理，决不含糊。经过2～3年的磨合，双方的距离拉近了，即使再有新的员工进入公司，老员工也知道了宽容和接纳。

汪力成深有体会地说："企业要搞大，必须搞'五湖四海'，人员的多元化必然会带来思想观念的多元化。只有这样，才能使我们的企业文化不断进化，才会形成集优秀人才之大成的格局，否则只会带来退化。"

针对海外雇员不断增加的新局面，汪力成再一次施展了"搓麻将"功夫，"我们在杭州也有个研发中心，我把加拿大的员工、美国的员工和杭州的员工互派，让他们在每个地方都待上几个月，看看这样能不能促进文化的融合，我们不仅要学习借鉴其他国家的文化，其他国家的员工也要适应中国的文化。"实践证明，制约企业发展规模的不是市场的广度，而是内部协调的成本。汪力成对此深有体会，而"搓麻将"就是他在具体操作中悟出来解决协调成本的"局"。今天的华力集团已经是拥有万名"五湖四海"员工的行业龙头了。

二、整合力，一切资源为我所用

今天，是一个竞合的时代，既有竞争也有合作。整合天下一切资源为我所用，成为每一位企业领导者的必修功夫。知名管理学者汤姆·彼得斯（Tom Peters）在《重新想象：激荡年代里的卓越商业》一书中指出：未来所有的资源和所有的企业，都必须重新想象，都可以重新创造，都可以创造出不可能。

名创优品集团控股有限公司（以下简称名创优品），于2022年7月13日在香港联交所上市了，截至2022年10月14日，总市值为125.83亿港元。从2013年到2022年，其门店数量从27家扩展到全球5199家。应该说，名创优品还是一家创业企业，但是它的创业与发展路径值得研究，它的创建者叶国富是一个资深的连续创业者，从20世纪90年代末就尝试创业，2001年在认识了销售化妆品的杨云云并结成夫妇后，开始了销售化妆品的创业之路。

当电商崛起，传统零售业面临竞争威胁的时候，叶国富根据自己的经验觉得传统零售仍然有很大的空间，关键是如何将资源整合到位。他之所以做出以上判断，基于两个原因：一方面，中国及海外市场需求量如此之大；另一方面，中国的产能潜力巨大。他的"一战成名"是2015年，成立名创优品两年后的一次"碰瓷"。2012年，CCTV中国经济年度人物颁奖典礼上，阿里巴巴创始人与王健林有一场赌局。阿里巴巴创始人断言，10 年后，电商将基本取代传统店铺经营，并愿意为此赌一个亿。王健林则认为"这不可能"并表示"奉陪到底"。仅仅一年后，这场赌局便在王老板的一句"玩笑"说中飘散无踪。"愣头青"叶国富此时冒了出来，说："实体店如果输了，我替王健林出一个亿。"一石激起千层浪，人们由此知道了叶国富的存在。

名创优品是用传统的方式做起了低价零售，而且是时尚生活用品，选择的收入来源是十元店模式。尽管遭受了人们的很多质疑，比如有的人说是仿制品（连标识都仿造优衣库的）、有点品质差、假洋鬼子（总部在日本），但是，名创优品还是做到了很大的规模，截至 2016 年年底，开店数达 1800 家，其中 1400 家设在中国；2016 年销售收入超过 50 亿元，毛利率 25%，堪称奇迹。2017 年 1 月"中国高成长连锁 50 强"榜单正式公布，名创优品再夺榜首。

名创优品的成长备受关注，如此迅速的发展，如此的低价但强势的盈利模式，叶国富的成功与极富特色的重要伙伴资源整合是分不开的，其中三类伙伴资源整合是具有决定性作用的。

第一类伙伴是分销伙伴。名创优品采取了"加盟 + 投资"模式，使用的是流行的有限合伙（LP）投资模式，声称不采取加盟连锁模式，而是采取 LP 模式，找各地有钱的投资人当 LP，有些投资人原来的生意可能不好做了但手中有闲钱，同时也可能有当地的旺铺资源。叶国富是这样计算的：以一家 150 平方米的标准名创优品店为例，加盟费 20 万元，货品保证金 80 万元，装修、货架等 50 万元，租金 + 流动资金 150 万元，合计总投资 300 万元。他设计了一套每天分钱的模型："你把自己当 LP 就行了，我让你享受当老板的感觉，我给你分钱，比如说昨天卖了 10 万元，按照合约的比例

38%（销售额）给你，第二天3.8万元打你账上。"按叶国富的说法，名创优品全国单店平均日营收2万元，如果每天都分38%（租金需LP承担），一年分得收入约为277.4万元，差不多回本，剩下都是赚的。

第二类伙伴是供货商伙伴。这是名创优品运营系统的关键环节，就是要货源正品、供货及时。适合的供货商也成了决定性的重要伙伴。为此，叶国富和他的核心团队跑遍了义乌及南方的各类小商品供货地。义乌等地的小商品生产商，生产这类小商品没有问题，物流没有问题，问题在于相关品质控制。因此，叶国富团队挑中的供货商都是给日本、韩国、美国和欧洲供货的厂家，但要求采购价更低，撒手锏就是"大规模买断模式"：一是每年开店200家的规模；二是"爆款"策略，每种商品不要求琳琅满目、花样繁多，而是先看市场中哪些是最受欢迎的，每种商品最多推出两款。这样与供应商伙伴建立了比较稳定的关系。

第三类伙伴至关重要但却容易被外界忽视，那就是商品品牌设计伙伴。叶国富做了多年的快消品品牌打造工作，深知一些消费者对于日本快消品品牌的喜爱心理，因此，他在日本东京注册了名创优品公司及商标，为品牌起了日本名字（MINISO），与优衣库、无印良品很类似。同时，他把日本知名设计师三宅顺也拉来做了联合品牌创始人，使这家源于中国并发轫于中国的商家有了日本品牌的味道。这个模式是20世纪90年代由广东化妆品企业绿丹兰发明的，后来被很多人滥用，一般都是用欧美品牌的名字。叶国富用日本品牌模式还是创举，尤其是拉日本设计师入伙并将公司注册在日本东京。至于其他伙伴资源就不一一列举了，比如连锁加盟伙伴，还有一开始比较相信他的战略投资人等。

上述三类伙伴都是重要商业伙伴，都是直接塑造并影响这个模式运营的关键资源。

三、整合术，从建构核心资源开始

资源整合是否取得更好的效果，有一个非常重要的前提——要有独特的核心资源。缺少了核心资源的支撑，你看到的资源并不一定整合得来，即使整合来，也不一定是你用得了的，资源为我所用的雄心可能都只是梦想。因此，核心资源的建构是整合资源的基本功。

一般而言，核心资源包括四类：实物资源（土地、厂房、设备等）、知识性资源（技术专利、自有技术、相关知识产权、企业家及关键人员的软知识、经验、配方、牌照等）、人力资源、金融资源。

雷军为什么敢造车？从宏观角度分析，新能源汽车是燃油汽车的后继者，是汽车行业下一个阶段的风向标，而汽车产业又是地表产业规模最大的行业，尽管当前不少新能源汽车厂家都处于亏损状态，但风口的趋势正逐渐形成。从小米自身的角度分析，雷军还是有心人，对于自身拥有的资源体系做了比较深入的盘点。除了他谈到的"我们有钱"，小米造车更重要的核心资源有以下三个方面。

（1）庞大的用户基础。小米是世界第三大手机出货商，每年高达上亿的出货量使得小米拥有广泛的用户基础，尤其是小米特有的"粉丝模式"让小米对自己的用户忠诚度更有信心。

（2）提前的核心技术布局。从小米诞生的第五年，雷军就开始布局新能源汽车的相关技术。据报道，截至2022年6月，小米与新能源汽车有关的专利已经达到840件，价值超过1亿美元，其中96%是发明专利，无线通信网络、数字信息传输、导航、交通汽车零部件等方面的专利占比较低。2022年6月发布的新专利可以实现车对车的充电，被形容为"移动的充电宝"，有望彻底解决电动车的续航问题。

（3）小米模式的高性价比也将成为电动车竞争的低成本核心优势，仍然走"便宜好用"的路线。至于与代工厂家的资源整合都属于雷军进行资源整合的常规套路，我们在此不再叙述。至于小米汽车是否如雷军所说的如此好用，我们将拭目以待。

谈及资源整合，不能不谈我国光伏产业，这是一个产业链资源、技术资源、人才资源、资金资源高度密集的行业，能够在这样高强度资源整合的行业杀出一条血路并成为行业领军企业，实属不易。在这一点上，晶澳科技董事长靳保芳值得关注。

在与晶澳科技的有关人员交流时，他们声称：除了硅料，晶澳科技介入了产业链上的所有环节。不过，2022年9月传出消息，考虑到整体的成本及产业链安全，公司也正在与硅料及相关上游材料厂家进行更加紧密的互动。从我国光伏产业的发展路线看，目前成为行业巨头的都是产业链的整合者，因为大家都清楚，单一组装企业或产业链过于单薄，其经营风险巨大且成本不好控制。产业资源整合从21世纪初光伏行业第一轮崛起时期就成为有雄心壮志的企业家在战略上的重要选项。但是，当初的不少巨头在资源整合过程中出现了各种各样的问题，从而导致公司的严重危机，为什么晶澳科技能在资源整合大战中取得相应的成功？根据我们的研究，这与靳保芳对于核心资源的认知并聚焦于建构核心技术系统有关。

晶澳科技立足于光伏产业链的垂直一体化模式，但是其核心产品是电池组件，这既是光伏行业的最核心环节，又是竞争最为激烈的环节，更是受到上游材料和下游客户需求影响比较大的环节。通过一体化战略以及聚焦组件关键环节的技术优势、品质优势和成本优势，晶澳科技成就了自己的"必杀器"。2015年以来，晶澳科技的太阳能组件出货量连续排名全球前五位，2018年以后位居全球前两位，荣获彭博社颁发的"欧洲顶级光伏品牌""澳大利亚顶级光伏品牌"等顶级荣誉，也获得了国内中电投等中央企业客户的认可。晶澳科技旗下182旗舰产品DeepBlue3.0组件的全球累计出货量已经突破12吉瓦，覆盖全球86个国家和地区。

核心资源建构需要核心技术的"硬核"支撑。晶澳科技的产业资源优势与其敢于在研发方面的高强度投入密不可分，2020年公司研发支出达到14.53亿元，比上一年度增长了50%多；2021年，研发投入进一步提升到27.18亿元，还是接近50%的增长，位列光伏行业第二位。

从晶澳科技的成长路线图中，我们可以发现，抓住行业最为关键的核心环节，全力以赴建构具有竞争优势的核心资源是其稳健成长的重要基石。随着光伏行业的发展变化以及竞争的加剧，晶澳科技以强固核心资源为基础从而掌控整个产业链的战略越来越清晰、执行也越来越坚决。截至2021年年底，晶澳科技的组件产能超过40吉瓦，硅片和电池环节产能也达到组件产能的80%左右，已经成为全球光伏产业的领先者。

四、有定力，关于核心资源的非常识

客观地讲，很多人都知道资源的重要性，甚至把资源的多少看成成败的关键，也了解核心资源的不可或缺性，动不动说"我如果有资源会如何如何"，似乎资源决定了成败。

这只是真相的一部分，并不是全部。在关于核心资源这个关键要素上，有很多看起来似是而非的常识，其中有四个是最常说的。我们在此纠偏，有利于各位创业者和企业家在资源问题上找到更好的切入点。

第一个非常识：核心资源不是企业家天生就有的，而是需要根据企业的战略目标逐步有意识积累起来的。这是一个长期积累的过程，资源也可以通过交往、并购、联盟、合作、特许等方式获取。晶澳科技也好，方太集团也好，它们创立之初，产业资源到处都有，很多都是现成的，但是创始人都是用心进行了逐渐积累和整合。即使是一些出身确实好的富二代如果不能很好地整合父辈留下来的资源，曾经最重要的资源都会消失殆尽。所以，有人总结说"企业可以传承，资源无法传承"。任正非也好，茅忠群也好，靳保芳也好，都是懂得珍惜资源并进行逐步积累的有心人。

第二个非常识：核心资源既是战胜竞争对手的重要武器装备，也是防备竞争对手的重要壁垒。一个优秀的商业模式会有关键的壁垒，如果说好的产品就是坚硬的进攻之矛，那么独特的核心资源就应该是坚固的盾了。尤其是在今天这样一个知识产权受到尊重的时代，这一点非常重要。华为的很多做法都具有独特性，而且掌握了"核心武器"——行业标准和核心产品专利，这既是护城河，也是竞争壁垒。2017年大批共享单车倒下，不是因为这些企业的技术不行，也不是产品不行，而是它们几乎没有护城河，壁垒单薄，根本撑不住。

第三个非常识：核心技术及其独特性本身不会成为核心资源，只有被充分使用在为客户提供优质的价值主张上，只有能够商业化的，才能成为核心资源。钱，也是如此，不是钱多就是核心资源丰富。谁都知道，中国的商品产能全球第一，关键是绝大部分从事零售业的企业家不能把它变成核心资源，只是将它变成了谋生的手段，而名创优品将这些都变成了自己的核心资源。

一位科研机构的专家朋友专门负责推广知名科研机构的技术，参观他的技术展示，让我们很震撼，各项技术几乎都是国内甚至全球首创，但是绝大部分很难实现商业化，很多企业家看完后都望而却步。还有一位朋友推荐了一项新能源技术，如果该项技术能够应用于商业实践，那么新能源汽车的续航能力可以达到上千公里，而充电只需要不到半小时。但是，专家团和投委会反复论证，发现这项技术还不成熟，如果放到这家规模不大的企业里，企业估计等不到商用就破产了。这样的技术是高新技术，但对企业还构不成核心资源。

第四个非常识：人际关系不是核心资源，品牌也不是。可以说，任何人际关系都不构成核心资源，我认识谁谁，这不管用，甚至很可能存在风险。核心资源是通过整合后能够形成持续经营力量的要素。品牌也不是核心资源，品牌只是结果。据说，可口可乐CEO曾经说，如果一把火把可口可乐的所有工厂烧毁，可口可乐通过无形的品牌力量，依然会有人投资重新崛起。这也就是说说而已，真要是烧没了，可口可乐也就消失了。品牌也构不成竞争壁垒，是品牌载体的价值主张的实现程度及背后的资产构成了壁垒。如果品牌是壁垒，诺基亚不会被兼并，摩托罗拉也不会被收购，柯达更不会破产。在移动互联网时代，最脆弱的就是品牌。

这是关于核心资源的四个误区，看起来是常识的问题，其实似是而非，这些问题常常将创业者引入误区。

五、沉下心，整合资源的基础功夫

了解了对于核心资源的认知，就能理解了为什么有的人号称资源丰富，但是创业没戏，一事无成；资源都是一样的，但是为什么创业成功者仍为少数；不少企业家都说手中有好多资源，最后依然倒台。其根本的原因就是对核心资源的认知有问题的，同时，也与不大会积累资源和培育资源有关。任何有价值的核心资源都是有心积累起来的。

何谓有心？资源犹如长江大海，而你能够利用的资源也就一瓢足矣。

但是，这样的一瓢是否有价值呢？这要有足够的热身，而这种热身就是一种需要长期加以练习的功夫。

第一种功夫：首先要明确实现你的目标需要哪些核心资源。一个人不能看到别人做什么赚钱自己就做什么，别人有什么资源，自己也要有什么资源。比如，有的企业员工觉得拿到了客户资源就可以创业，其实不然；你可以成功拿下1～2个项目，但是你要因此成功，构建商业模式，那还差得很远。有人说我只需要资金，但投资方看中的是你手中的牌，如果你手中的牌不吸引人，就没用，投资人不是慈善机构。一个特别重要的功夫，就是首先要围绕自己的目标寻找资源。有的人号称自己拥有丰富的人际关系资源，一说起来，谁都认识，还拍了很多照片，但是一事无成，而且一旦真要用这些资源了，他们都躲起来不见了。这说明，这些资源都是没有价值的资源，都是不能为你的价值主张提供支撑的，而真正的资源首先要满足于你的价值主张。你千万不要以为，在会议上与这些老总们递了多少张名片，扫了几次微信，就是资源了。其实，大家仍然只是普通朋友，甚至绝大多数连普通朋友也不是。

第二种功夫：分清哪些是近期要用的核心资源，哪些是具有长远意义的核心资源。有的创业者，资源可能很丰富，比如很多创业者挺善于积累资源的，几乎好多圈子，有的人似乎都能搭上话；还有的创业者，手上拿着一大堆的核心技术和各类经营资源，让很多小城市的创业者羡慕不已。可是，创业者自己却不大会利用，甚至被资源牵着走，耗费了精力，但是距离成功却越来越远。很多创业者不是缺少资源，而是缺少梳理资源的能力和方法论，其中首先要厘清哪些是近期可用的资源，哪些是未来的战略性资源。很多近期可用的资源在过去的时间里也可能是未来的战略性资源，有些资源等你急需的时候不一定能够用得上。对此，在过去，企业流行一句话:"吃着碗里的,看着锅里的,想着地里的。"这句话主要讲的是产品的类型,其实用于核心资源的积累也非常实用。

第三种功夫:运用SWOT方法分析哪些核心资源具有竞争优势,哪些有竞争劣势。面对核心资源的问题时,我们凭感觉是无法识别其作用的,为此我给读者提供一个简易方法——SWOT方法:优势(Strengths)、劣势(Weaknesses)、机会(Opportunities)、威胁(Threats)。你可以按照以上四个要素分析手中的核心资源是否可用,或者是否是真的核心资源,这种资源能否为你所用。如果你拥有了某项关键技术,这项技术是不是真的能够成为你的核心资源。这项技术的最大优势是什么,特别与对手的技术相比,最为致命的短板是什么。现在你还有没有机会,如果使用这种技术是否存在成本、核心人才、复制性、复杂性等方面的危险。

这是识别与建构核心资源的三项基本功:第一,为了目标而积累资源;第二,厘清资源的性质,是长远的还是近期的;第三,用SWOT方法对核心资源进行分析。

CONCLUSION

结语

中国绩优企业的成功源于创造的实践

绩优企业是中国企业成长过程的代表。不少人认为，绩优企业获得的成就是享受了时代的红利，如大规模的市场、廉价的劳动力、生态环境、获取知识产权的宽松政策等。国有企业，尤其是中央企业，或者是拥有一定的资源垄断或市场垄断，还有可能是获得政策的倾斜与支持等。这些说法都描述了某种程度的事实。但是，这些"红利"都体现为客观条件，是对所有中国企业开放的，所有的中国企业都可以使用这些条件，或者所有的国有企业都可以获得相关的政策支持。绩优企业获得长时间的持续发展一定有其内在的原因，其秘诀就在于一批优秀企业家的崛起，这批企业家展现了中国人特有的创造性基因，其中有三项基因不仅创造了现在的中国绩优企业，还将创造未来。

第一个基因：如饥似渴地学习

求知若饥的状态是中国优秀企业家根深蒂固的基因，他们深知，如果不学习,甚至如果不疯狂地学习,就跟不上这个时代,随时可能被淘汰。

即使华为面临美国政府的制裁,任正非仍强调继续学习美国,他在2021年接受采访时说:"中国是不是全球的一部分?是。所以,我们坚持全球化也就包含了国产化,我们不可能走向封闭,必须走向开放。我们仍然要坚持向美国学习,它百年的积累,灵活的机制,在科学、技术上还是比我们强很多。"

复星集团,历经28年,从一个无技术、无资金、无人才的"三无"公司发展成今天的全球化企业,核心力量是什么?郭广昌的结论是:强大的学习能力。他在2019年说道:"25年走过来,我深刻地明白要实现多个目标真的不容易。如果不是精英组织,一定没法成功。所以,复星从来都是要打造一个精英组织。所谓精英,我想可以用'0.01'来概括,即我们需要找到那些能够比最快的人还要快0.01的人;我们希望找到那些比我们的学习上更强0.01的人;我们更愿意雇用那些能够比别人多积累0.01的人。"郭广昌是一个热衷学习的人,他说:"复星唯一提倡的就是学习,要比别人学得更快,懂得更多。学习是我们最最重要的一个堡垒,是和别人竞争的最重要的堡垒。企业家的格局、眼界,决定了企业发展境界;企业家的学习能力,关系着企业的发展速度与生死存亡。"

绩优中央企业的学习不仅体现为领导干部自身的学习,还体现在系统化的学习力上。"对标卓越"是中国海油系统化学习的重要形式。尽管在不同发展时期,中国海油对"卓越公司"的理解和对标对象的选择有所不同,但是坚持"对标先进补短板、追赶超越再对标",并进行持续改革、持续创新和取得持续进步。这也使得中国海油曾经仰望的对标对象已在身后,新的对标对象不断升级,中国海油与"中国特色国际一流能源公司"的总目标的距离越来越近。中国海油的"对标卓越"式学习体系在不同的阶段有不同的具体学习方法和目标，呈现出从低级到高级的成长曲线特征。第一阶段是行为式学习的对标管理，主要是从基础学习，学习国际化的行为准则，按照国际化的准则来办事、定标准、定政策，干中学，潜心学习国外发达国家形成的规范以及国际法规与交易行为规则，还有跨国公司的管理模式和具体方法。第二阶段是自强式学习的对标管理。中国海油在坚持"行为式学习"的基础上，着力培育和发展自营勘探开发能力，注重公司自身"内核"修炼，同时也更注重中国特色的现代经营管理理念的培育。第三阶段是超越式学习的对标管理。中国海油以上学习的目标是把中国海油打造成一个超强的石油公司，寻求"走出去"的开放合作是中国海油实现自我超越的必然选择，更是通过与国际对手展开真正竞争并在竞争中实现超越的必然选择。到了2022年，中国海油已经成为中国海上最大油气生产商，连续三年国内原油增量位居三大油气公司之首。

第二个基因：行于"天道酬勤"

如果将第一个基因视为"知"，那么绩优企业领导者和企业家以"行"为特点的行动基因也将超常地强大，无不突出行动中的学习、干中学，尤其信奉"天道酬勤"，体现了始终充满激情的中国企业家精神。"天行健，君子以自强不息"永远都是中华优秀企业家的行为准则。勤劳，是全球公认的华人优秀品质，而企业家就是其中最突出的代表之一。这可能源于中国人自古以来遗传的极强的生存意识。华人走到哪里，不管面临怎样的恶劣环境，都能够生存下来，而且生存得很好，往往会成为当地相对富庶、受教育程度较高的族群。勤奋、自强、不辞辛苦，可能是中国人祖祖代代传承下来的基因，正像国家领导人提出的"对美好生活的向往"是中国人的共同追求，而且这种追求是靠勤奋与行动获得的。正是有了"天道酬勤"的品质，才使得中国的企业家有着普通人难以理解的"自律"，在遇到困难的时候，不后退、不逃避，而是迎难而上，坚持到底。

2022年刚刚退休的海尔创始人张瑞敏不仅善于学习和思考，更善于行动，更有着超常的自律。多年来，他长期保持每天在公司工作12小时以上，没有给自己放过节假日。据说，就算出差，他也会尽量选在周四，这样他就可以充分利用双休日办事，周一就能准时回公司上班。而且，张瑞敏有写日记的习惯，爱读书、善用书，写得一手好文章。有人说，正是张瑞敏自身的勤奋和良好的自律习惯带动了海尔自律文化的建立。任正非、刘永好、宗庆后等民营企业家同样都是每天工作超过十几个小时的企业家，而绩优国有企业的主要领导者每天工作超过十多个小时也已是常态。

企业家作为企业的一把手，经常面对千头万绪的各类问题，甚至危机，大多数都是工作狂，没有睡到自然醒、没有周末、没有节假日，工作时间长、作息不太规律。这似乎可以用中国历史上流传的一段话进行解释："天降大任于斯人也，必先苦其心志，劳其筋骨，饿其体肤，空乏其身，行拂乱其所为也，所以动心忍性，增益其所不能。"中国有一群坚持奔日子的人，一群愿意做大事的人，企业家正是这样的人，他们肩负重任几十年如一日，兢兢业业地工作，心里装的是国家的强盛、是成千上万的家庭过上好日子。每个人都有权利选择这样活着，但是选择了企业家的职业，从此只能全力以赴地奔跑，坚持前行，只有勤奋、只有坚持。

第三个基因：投身创造的使命

"敢为天下先"的创新精神以及"没有条件，创造条件也要上"的不服输精神已经成为中国企业家精神的基本特征。今天的中国企业，所承担的使命不仅是创新，更重要的是创造。从这个角度讲，创新是手段，创造才是目的；创新是行为，创造则是创新的成果。

今天，我们已经站在了世界第一制造业大国的位置，赢得了更大份额市场。摆在中国企业家面前的不再是快速增长的数字，而应该是确立"中国创造"的新高度。只有中国的企业家及其管理团队具备了价值思维，中国制造才能真正从价格竞争型转换为价值创造型，也才能成为更具生命力的绩优企业。

绩优企业领导者是中国优秀企业家集群的代表，承担着新时代的重任，不仅肩负着带领企业走向新高度、形成持续发展新态势的责任，而且承载着引领中国企业创建全球社会经济新秩序的使命。

在调研与考察的过程中，我们看到了优秀的企业家在思考、在行动，衷心期望中国的绩优企业能够承担起时代的伟大使命。

参考文献

[1] 国务院国资委考核分配局.成为绩优央企：八家央企连续15年绩优的密码［M］.北京：机械工业出版社，2020.

[2] 中国航天科技集团有限公司.国梦天圆：以系统工程方法助推中国航天迈向新高度［M］.北京：机械工业出版社，2020.

[3] 中国电科公司治理与管理模式研究课题组.网信基石：解读中国电科改革发展之路［M］.北京：机械工业出版社，2020.

[4] 国家电网有限公司编写组.大国经脉，创新引领：国家电网由大到强的转型发展之路［M］.北京：机械工业出版社，2020.

[5] 国家开发投资集团有限公司编写组.国投的逻辑：解码国投集团15A［M］.北京：机械工业出版社，2020.

[6] 唐旭，等.海纳百川，石油报国：中国海油公司治理和管理模式研究［M］.北京：机械工业出版社，2020.

[7] 招商局集团公司治理与管理模式课题组.招商局集团：公司治理与管理模式探索与实践［M］.北京：机械工业出版社，2020.

[8] 中国兵器工业集团有限公司课题组.铸魂成器：兵器工业持续绩优的道与术［M］.北京：机械工业出版社，2020.

[9] 国家能源集团管理干部学院编写组.勇于创新[M].北京：机械工业出版社，2021.

[10] 中共国家能源集团党校编写组.兴企有为[M].北京：机械工业出版社，2021.

[11] 中共国家能源集团党校编写组.治企有方[M].北京：机械工业出版社，2021.

[12] 周留征.华为哲学：任正非的企业之道[M].北京：机械工业出版社，2016.

[13] 宋志平.企业迷思：北大管理公开课[M].北京：机械工业出版社，2020.

[14] 胡泳，郝亚洲.知识论导言：张瑞敏的实践智慧[M].北京：机械工业出版社，2015.

[15] 朱岩，郑晓明，等.北新建材系列案例[M].北京：清华大学出版社，2018.

[16] 中国式管理研究团队.中国式企业管理科学基础研究总报告[M].北京：机械工业出版社，2013.

[17] 李维安，陈小洪，袁庆宏.中国公司治理转型完善之路[M].北京：机械工业出版社，2013.

[18] 吴贵生.技术创新管理：中国企业自主创新之路[M].北京：机械工业出版社，2012.

[19] 中国企业成功之道海信案例研究组.海信成功之道[M].北京：机械工业出版社，2013.

[20] 中国企业成功之道蓝星案例研究组.蓝星成功之道[M].北京：机械工业出版社，2013.

[21] 韩笑妍，等.国有企业中长期激励实操与案例研究[M].北京：机械工业出版社，2020.

[22] 张磊.价值：我对投资的思考[M].杭州：浙江教育出版社，2020.

[23] 塔什曼，奥赖利三世.创新跃迁：打造决胜未来的高潜能组织[M].苏健，译.成都：四川人民出版社，2018.

[24] 左哈尔.量子领导者：商业思维和实践革命[M].杨壮，施诺，译.北京：机械工业出版社，2016.

[25] 科特.变革加速器[M].徐中，译.北京：机械工业出版社，2016.

[26] 哈克.新商业文明：从利润到价值[M].吕莉，译.北京：中国人民大学，2016.

[27] 巴达拉克.伟大的挣扎：不确定时代的责任型领导力[M].孙莹莹，译.杭州：浙江人民出版社，2016.

[28] 卡尔森，威尔莫特.创新：变革时代的成长之道[M].蒋怡，黄水平，译.北京：北京师范大学出版社，2007.

[29] 北京大学校友工作办公室，北京大学党委政策研究室.北大15堂创业课[M].北京：北京大学出版社，2016.

[30] 夏中毅.从偶然到必然：华为研发投资与管理实践[M].北京：清华大学出版社，2019.

[31] 斯莱沃斯基，韦伯.需求：缔造伟大商业传奇的根本力量[M].龙志勇，魏薇，译.杭州：浙江人民出版社，2013.

[32] 德鲁克.管理：使命、责任、事务（使命篇）[M].王永贵，译.北京：机械工业出版社，2006.

[33] 王育琨.苦难英雄任正非[M].南京：江苏凤凰文艺出版社，2019.

[34] 张维迎.重新理解企业家精神[M].海口：海南出版社，2022.

［35］杨思卓.统驭［M］.北京：北京联合出版公司，2012.

［36］耿宁.人生第一等事：王阳明及其后学论"致良知"［M］.北京：商务印书馆，2016.

［37］周永亮.结果导向的领导力［M］.北京：机械工业出版社，2013.

［38］周永亮，孙虹钢，庞金玲.方太文化［M］.北京：机械工业出版社，2022.